国際
マーケティング・ケイパビリティ

諸上茂登【編著】

橋本雅隆・内田康郎・内堀敬則・馬場　一
臼井哲也・深澤琢也・鈴木仁里【著】

戦略計画から実行能力へ

同文舘出版

執筆者紹介（執筆順）

第1章　諸　上　茂　登（明治大学商学部教授）

第1章　臼　井　哲　也（日本大学法学部教授）

第2章　内　堀　敬　則（白鷗大学経営学部教授）

第3章　馬　場　　　一（関西大学商学部准教授）

第4章　臼　井　哲　也

第5章　臼　井　哲　也

第6章　内　田　康　郎（兵庫県立大学大学院経営研究科教授）

第7章　橋　本　雅　隆（明治大学専門職大学院グローバル・ビジネス研究科教授）

第8章　深　澤　琢　也（東京富士大学経営学部准教授）

第8章　鈴　木　仁　里（白鷗大学経営学部専任講師）

第9章　馬　場　　　一

第9章　臼　井　哲　也

第10章　諸　上　茂　登

はしがき

本書では，国際マーケティング研究において「戦略からケイパビリティへ（戦略計画から実行能力へ）」という研究ドメインのシフトの必要性について検討し，国際マーケティング戦略の新しいガイドラインを提供することを目的とする。多国籍企業が実務的に適切かつ効果的なマーケティング戦略を実践するためには，その前提としてそれ相応の戦略策定と実行の組織能力，すなわちマーケティング・ケイパビリティを有していなければならない。本書は，これを明らかにすることを目的としている。

多くの経営者，実務家にとってはそんなことは当たり前のことだと思われるかもしれない。だが，これまでのほとんどの国際マーケティング研究は，企業がそうしたマーケティング・ケイパビリティを持つことを暗黙の前提としており，とくに深く掘り下げてこなかった。しかし，実際には国際マーケティング戦略の策定も実行もマーケティング・ケイパビリティに大きく依存しており，それらは有効な国際マーケティング実践の両輪というべきものである。

これまでの国際マーケティング研究では市場環境と戦略の適合性，とくにSTP（Segmentation, Targeting, Positioning）と4P（Product, Price, Promotion, Place）の進出先市場での適合性についての知見が蓄積されてきた。そして，マーケティングの国際標準化と現地適応化のバランスをうまくとることやそれらを同時達成することが成功の要諦とされてきた。しかし，長い間採用されてきた標準化－適応化のパラダイムでは，企業の現地市場やより広い国際市場での市場成果や財務的成果を必ずしもうまく説明できないことが知られている。そうした経営成果（事業成果）は，国際マーケティング戦略の巧拙にだけ依存しているのではなく，当該企業のグローバルな研究・製品開発，調達，製造，ロジスティックス，人的資源管理などの関連業務との内部調整や現地市場での顧客，パートナー企業，流通企業などとの対外調整や協働の仕方などにも大きく依存しているからである。さらに，当然のことながら関連市場の集中度，市場変化のスピードや技術の専有度と変化スピードなどの市場構造的要因によっても影響を受ける。これらの諸要因に関する抜かりがないセンシングと市場志向的なマネジメントが必要であることは言を俟たないのであるが，これまでのほとんどの国際マーケティング戦略研究においては，企業がそうしたマーケティング・ケイパビリティの多くをすでに有していることが暗黙の前提とされてきたのである。

我々は国際マーケティングの標準化－適応化の適切なバランスないし同時達成戦略も大事であると考えているが，従来の暗黙の前提を外して見ると，実際にはマーケティング・ケイパビリティの方が経営成果の向上にはより強く効いているという仮説をもつに至ったのである。確かに，近年において種々のマーケティング・ケイパビリティと経営成果との関係の検証は部分的にではあるがいくつか試みられてきたが，我々の研究はそれらをより包括的な分析フレームの下で，しかも多国籍企業を対象として検証を試みているところに特長がある。

本書は従来の国際マーケティング研究者が積み残してきたもう１つの重要な課題である戦略とケイパビリティとの統合的研究を試みたものである。学術研究書ではあるが，実務界の方々にとっても改めてマーケティング・ケイパビリティの重要性を再確認していただき，国際マーケティングの総合力を鍛えていただく上でのご参考になるものと考えている。

ともあれ，我々は「戦略からケイパビリティへ」という新しい国際マーケティング研究の地平を切り拓くことを試みた。失敗を恐れず，好奇心だけを頼りに。あの有名なアインシュタインの言葉に背中を押されて。“失敗をしたことがない人間は，新しいことを試みたことのない人間である”（*Anyone who has never made a mistake has never tried anything new.*）。

最後に，本書の出版に当たり多くの方々に感謝申し上げたい。何よりも門下の研究者たちや研究仲間と企画段階から何度も湘南の葉山で合宿したのが良い思い出となった。楽しく有意義であった研究会への参加者の皆さん，そして今回は執筆には参加してもらえなかったが崔在濬氏（中央学院大学教授）と進藤昭寿氏（ウォルマート・ジャパン株式会社）からも様々な貴重なアイデアをいただいた。また，地頭所里沙氏（関西外国語大学助教）にもデータ解析のお手伝いをいただいた。定性調査，定量調査では数多くの実務家諸氏にご協力をいただきました。皆さんに深謝いたします。

実は，編者は今年古希を迎えます。本書はそれを祝って，親しい研究仲間たちによって企画していただいたものです。ありがたく，心より感謝したいと思います。また，出版に当たりましては，永い間ご厚誼を賜っている同文舘出版の市川良之取締役編集局長に大変お世話になりました。この場を借りて改めて感謝申し上げます。

尚，本書は，科学研究費助成事業，学術研究助成基金助成金，基盤研究（C）(一般)「多国籍企業における国際マーケティング・ケイパビリティの理論的・実証的研究」（課題番号 18K01811，研究代表者 諸上茂登）による助成を受けて実施された研究成果の一部である。

2019 年 3 月

編者　諸上 茂登

目　次

第Ⅱ部　実　証　編
—企業事例とアンケートによる検証—

第Ⅲ部 考 察 編
—実践ガイドラインの開発と新時代の国際マーケティング研究—

第9章 国際マーケティング・ケイパビリティが示唆するもの——200
—実践ガイドラインの開発—

第10章 新時代の国際マーケティング研究——225

索 引——247

第Ⅰ部

理　論　編

—国際マーケティング・ケイパビリティの登場—

理論編では，国際マーケティング・ケイパビリティ研究の理論的基礎を描く。まず近年の日系多国籍企業による国際マーケティングの現状につき，統計データを用いて確認する。続いて，日系多国籍企業の登場と発展の歴史と共に歩んできたわが国の国際マーケティング研究の系譜を紡ぎ出し，国際マーケティング・ケイパビリティ研究への関心の移行を見ていく。国際マーケティング・ケイパビリティ研究の起源，定義と特徴，そして何をどこまで説明できるのかについて検討し，多国籍企業に固有の国際マーケティング・ケイパビリティの概念フレームワークと命題を開発する。「戦略計画から実行能力へ」と繋がる研究の流れと意義，そして期待される研究成果について，その全体像を描く。

第1章

国際マーケティング研究のフロンティア

第1節　はじめに

新興国市場の急速な成長，デジタル社会のさらなる進展，AI（Artificial Intelligence: 人工知能），自動運転技術，ロボティックス，VR（Virtual Reality: 仮想現実）に代表される先端技術の加速度的な進化，シェアリングエコノミーによる新しい消費やビジネスモデルの到来など，未来の国際マーケティングを取り巻く環境は不確実性に満ちている。激しい技術と市場の変化はオープン・エコノミーを進展させ，多国籍企業に戦略的な柔軟性を求める（諸上 2012）。このように不確実で非連続な市場においても，国際マーケターは何かを「道標」として着実に前へ歩を進めていかなくてはならない。実務家が市場をコントロールできるのはほんのわずかであることは自明であるにもかかわらず，実務家は挑戦し成果を出さなくてはならない。現実は過酷である。

この過酷な現実を前に我々研究者は，学術的な知見に基づき，実務家が目指すべき方向，すなわち「道標（＝ガイドライン）」を提示することが期待されている。一体国際マーケターは何に向かって努力を続ければ，事業成果（ないしは経営成果）を上げることができるのだろうか。この問いに対する答えへ接近することこそが，アカデミックの使命である。

以下本章では，本書の各部と各章の内容を簡潔に紹介しておく。これらを通じて，本書の問題の所在と目的そして貢献につき，あらかじめ読者へ示しておきたい。

第2節　問題の所在と本書の目的

「優れた国際マーケティングは競争優位を説明できるのか」（Takeuchi and Porter 1986, 諸上 1988, 臼井 2006），「優れた国際マーケティングとはいかなる取り組みなのか」（馬場 2004）。本書はこの問いの答えへ接近する試みである。なぜ今，この問いに注目するのだろうか。その理由は，日系企業の国際化・多国籍化の歴史とともに歩んできた我が国の国際マーケティング論壇の学説史の中に見出すことができる。

国際マーケティング論は，マーケティングの「国際化」における独自問題を扱う研究領域である。大別すれば比較マーケティング論と貿易マーケティング論（または輸出マーケティング論）の2つの分野より発展してきた。比較マーケティング論はBartels（1968）をその嚆矢とし，本国と海外市場の間における環境と流通システムの違いから生じるマーケティングの多様性を分析する。国市場が変われば企業を取り巻く環境条件が異なるため企業は現地市場環境への適応を迫られる。消費者行動，文化と言語，競争相手の規模と数，法規制，経済発展度（流通システムを含む）は国市場間で異なる。例えば，流通システムの根幹をなす道路や物流拠点の整備状況，インターネットやスマートフォン，電子決済の普及率は世界で実に多様である。比較マーケティング論はこれら異質性を出発点とし，企業が現地市場で選択すべき行動と事業成果の関係を分析対象としてきた。消費行動の国際比較，国際市場細分化（諸上 1993），4Pを中核とするマーケティング・ミックスの標準化－適応化戦略などの研究分野は比較マーケティング論にその基礎をおいている。

一方，貿易マーケティング論は輸出マーケティング論とも呼ばれ，我が国の貿易立国としての地位の向上に呼応して関心を高めてきた。我が国では主に総合商社における貿易実務と融合する形で独自に発展したが（石田 1974），欧米においては取引費用経済学を応用した海外市場参入モード研究として開花した（藤澤 2000）。進出先市場の選定，輸出パートナーの選択，交渉におけるパワー関係（コントロール力）の調整，パートナーによる機会主義行動の抑制策などの変数の導入により輸出成果の説明を試みてきた。現地市場の環境条件と参入モード（輸出，ライセンシング，直接投資による事業展開など）の関係分析も盛んとなった。いかなる条件においてどのような参入モードを選択すれば事業成果を高められるのかというコンティンジェント（状況適合的）な問いの解明である。

その後，1980年代に我が国では直接投資を通じた企業の多国籍化が本格化する。この現実を受けて1990年代に入ると世界的な機能配置が進展した多国籍企業を主体とするグローバル・マーケティングに関心が集まった。統合グローバル段階に到達した多国籍企業は，本社が保有する経営資源（技術，生産技術，流通システム，マーケティング・ノウハウ，ブランドなど）の活用と現地市場での新たな経営資源の獲得，そしてそれら世界的に分散する経営資源や機能の調整を通じて世界中の顧客への価値提供を企図する。グローバル・マーケティングは，巨大なネットワーク組織である多国籍企業を前提とした国際マーケティングの現代的形態として捉えられる（Keegan 1974, Kotabe and Helsen 2000, 竹田 1985, 大石 1996）。グローバル・マーケティングは国際マーケティングの最終発展段階の１つであり，国際マーケティングの一形態である。そこで2000年代以降には，多国籍企業を対象としたグローバル製品開発，グローバルSCM（山下・諸上・村田 2003），グローバルブランド管理（大石他 2004），グローバル・マス・カスタマイゼーション（臼井 2006）などの研究テーマに注目が集まった。本書においても国際マーケティングを，輸出マーケティング，グローバル・マーケティングなどを包含する上位概念（広義の国際マーケティング）と位置付ける。国際マーケティング研究の系譜については第3章と第4章において詳しく検討する。

企業の多国籍化が加速していく中，国際マーケティング研究では，国境を越えた交換（ないしは取引）の量と質が分析対象となった。この頃の国際マーケティング研究は国内マーケティングとは異なる国境を越えるマーケティングにとって新たに注視しなければならない要因を識別し，あるべきマーケティングとの関係を実証的に検討している。あるべきマーケティングとは，STPやマーケティング・ミックス（4P），そして海外市場参入モードに代表される「戦略」の適切な計画である。4章にて詳述するが，現地市場におけるターゲット顧客の選定，ポジショニング，4P（製品，価格，流通，プロモーション）などの戦略の計画と実行は，次々と海外市場を開拓していく多国籍企業の国際マーケティング実務において中心的な課題であった。いかなる条件下で企業は戦略を標準化するのかあるいは適応化するのか，戦略のどの部分をどのように適応化するのかという問題に対する関心が高まった。90年代から2000年代初頭にかけて，世界の国際マーケティング研究はこの標準化と適応化戦略を軸に展開するようになる。

2000年代後半になると世界の論壇では，標準化－適応化戦略や海外市場参入モード選択のような戦略研究より，そもそも優れた戦略を立案し実行する組織能力の解明へと研究の関心が移行していく。「戦略からケイパビリティ（戦略計画から実行能力）」への流れである。「優れた国際マーケティング戦略を立案し，これを優れて実行するために，いかなる組織能力を備えるべきなのか」という問いである。この組織能力研究の推進において国際マーケティング研究は，資源ベース・ヴュー，ケイパビリティ論などの戦略経営論の知見を援用するようになる（諸上 2012）。しかし国際マーケティング戦略に関する研究蓄積と比較すると，戦略を精度高く立案し実行する国際マーケティング・ケイパビリティに関する研究蓄積は未だ脆弱と言わざるを得ない（Morgan *et al.* 2018, 諸上 2012）。いうまでもなく，国際マーケティングの成果は，精度高い計画と実行能力の双方によってすべからく達成されるのである。

多国籍企業において国際マーケティングの実践主体であるGMO（Global Marketing Officer），現地子会社経営陣，そして現地マーケティング・マネジャーが求める学術的な成果とは，「国際マーケターはどのような仕組みの構築に投資をすれば，世界各国の市場において持続可能な競争優位が獲得できるのか」という問いに対して，理論的，経験的な知見に基づき命題を開発し，定量・定性的な証拠（エビデンス）に基づいて体系的なガイドライン（＝道標）を提示することに他ならない。国際マーケティング行動の体系とそれらを実証する頑健なデータこそが実務家の意思決定と業務遂行を支援する。

もちろん個別企業あるいは個別事業は，それぞれのコンテクストに根ざした特殊解を追い求める（琴坂 2018）。もし全ての企業がガイドラインを正しく理解し，十分に実践できるのであれば，ガイドラインの実践のみでは競争優位は獲得できない（競争均衡に陥る）。しかし現実には，ガイドラインの理解と実践には企業間で優劣がある（例えば，藤田 2006，三品 2004, 山下他 2011 を参照）。企業が成果を出せない原因は２つしかない。目指すべき方向（道標ないしはガイドライン）を正しく理解していないか，あるいは理解しているものの実現力が不十分かのいずれかである。本書の目的は，目指すべき方向を質し，実現力を高める方策を示すことにある。特殊解も必要ではあるが，まずもってガイドラインを十分に理解し，確実に実現できる組織能力を備えることを優先すべきであるというのが本書の前提である。

そこで国際マーケティングを成功裏に実行する組織能力を解明するため，本書では従来の国際マーケティング論に加え，戦略経営論，国際経営論そして多国籍企業論のレンズを通して，国際マーケティング「論」が備えるべき「事業成果を高める論理」の解明に挑む。我々は，これまで国際マーケティング研究の中核であった標準化－適応化戦略をケイパビリティ概念を用いて捉え直すことにより，競争優位の獲得と維持を説明する論理の開発を企図する。加えて多国籍企業論は国際マーケティングのみならず多国籍企業組織固有の戦略問題について有益な知見を提供する。現地マーケティングの計画と実行は子会社のマーケティング部門で完結しているのではなく，国際マーケティングの一環として，本国本社ならびに研究開発・生産・ロジスティックスなどの他部門との調整と大いに関係している。先行研究は，国境を越えた本社と子会社間の調整が多国籍企業による国際マーケティング成果に大いに影響を与えていることを示す数多くの証拠を世に送り出してきた。戦略経営論，国際経営論，多国籍企業論の導入は，国際マーケティング・ケイパビリティの内容を解明し，多国籍企業が現地市場とグローバル市場の双方において競争優位を獲得する論理の開発に貢献する。そしてこの論理こそが国際マーケターへのガイドラインとなる。

第3節　本書の構成と概要

本書はⅢ部構成である。第Ⅰ部は理論編である。国際マーケティング・ケイパビリティ研究が登場するまでの理論的な展開を学説史と共に紡ぎだす。まず第2章では理論的な展開に先立ち，近年の日系多国籍企業による国際マーケティングの現状につき統計データを用いて確認しておく。方向を質すにはまずは現状分析を通じた問題の特定が欠かせない。日系企業，欧米企業，アジア企業の競争力について産業別の比較を通じて，日系企業の相対的な位置づけを客観視することに努める。これら作業を通じて本書の問題意識を明確にしておく。

そして第3章において我が国における国際マーケティング研究の系譜につい

て詳細にレビューする。日本経済の発展と日系企業の多国籍企業化の歴史とともに歩んできた先人たちはどのような国際マーケティング問題に挑み，どのような研究成果を世に送り出してきたのだろうか。ここでは「経路依存性」と「文脈依存性」の２つを鍵概念として，我が国の論壇を彩った学説を紹介する。これまでの研究蓄積の上に現在と未来の研究課題，実務的課題は位置付けられる。続く第４章では国際マーケティング研究の中核である標準化－適応化研究の意義と限界を確認し，国際マーケティング・ケイパビリティ研究への関心の移行を見ていく。国際マーケティング・ケイパビリティ研究の起源，国際マーケティング・ケイパビリティの定義と特徴，そして何をどこまで説明できるのかあるいは期待されているのかについて，近年の欧米の諸研究に基づき検討する。ここでは多国籍企業に固有の国際マーケティング・ケイパビリティの概念フレームワークならびに命題を開発する。

第Ⅱ部は実証編である。ここでは定性分析（企業事例）と定量分析（企業アンケート）の双方を用いて，国際マーケティング・ケイパビリティと事業成果の関係を検証する。まず３つの章において，消費財メーカーを対象とした事例研究を行う。定性分析を用いて，国際マーケティング・ケイパビリティと事業成果の関係ロジックについて，そのプロセスを詳細に検討していく。第５章では米国3M社のグローバル製品であるポスト・イット製品を対象とし，日本市場への現地適応製品の開発とグローバル製品化プロセスを追う。日本市場での実験的販売と米国本社－日本子会社のマーケティング部門間での緊密な調整が，ポスト・イットのグローバル製品としての普及に大いに貢献している。本社と子会社間の調整は国際マーケティング・ケイパビリティの一部であり，多国籍企業固有のケイパビリティである。本社と子会社間の調整プロセスをつぶさに観察することを通じて，調整の内容と事業成果（製品成果）への影響メカニズムを解明する。第６章では，スズキ（マルチ・スズキ社）のインド市場での新たな販売チャネル開発と優れた現地適応製品の開発プロセスを分析する。マルチ・スズキ社は近年インド市場において新たな販売チャネルを開発し，一時は落ち込んだ市場シェアの回復を実現している。また競合よりも優れた現地適応製品開発の仕組みも備えている。このプロセスを国際マーケティング・ケイパビリティの視点より分析する。そして第７章では，日本コカ・コーラ社による現地流通パートナー（卸売業，大手小売チェーン）との協働を通じた競争力の獲得の歴史について検討する。現地流通パートナーとの緊密な関係構築と活用は，国際マーケティング・ケイパビリティの中核をなす。また，この現地市場での協働を通じた新製品開発や新たなマーケティング戦略の計画と実行においては，米国本社と日本子会社の間での緊密な調整の存在が確認できる。

第8章は，定量データ分析である。第4章の概念フレームワークと命題に基づき仮説を構築し，日系多国籍企業の現地子会社262社を対象とした大規模アンケート調査によってこれを実証する。定量的なデータを用いて国際マーケティング・ケイパビリティと事業成果の関係について一般化を試みる。

そして第Ⅲ部において結論を提示し，今後の研究の方向性を見通す。第9章では，Ⅱ部での検証結果を受けて考察を行う。定性分析，定量分析の結果と先行研究の関係つき検討を重ね，理論的なインプリケーションを示す。この作業を通じて，本書の目的である国際マーケターに向けたガイドラインを導出する。そして終章の第10章では，新時代の国際マーケティング研究を展望する。

第4節　本書の特徴と貢献

本書は仮説検証型の実証研究として構成している。そのため，本書は書籍でありながらも，一般的な学術論文の形式を採用している。すなわち，先行研究のレビューを通じて国際マーケティング・ケイパビリティ研究を位置づけ，概念フレームワークと命題を開発し，定量・定性データを用いて仮説を実証する。本書全体を通じて国際マーケティング・ケイパビリティと事業成果の関係を理論的，実証的に検証し，考察する。また本書は学術論文の形式を取りながら，書籍という分量的な利点を活かしていくつかの工夫も施している。以下に本書の特徴と貢献について整理しておく。

まずは理論編の特徴である。本書では，国際マーケティング研究の系譜を包括的に検討した上で（第3章），国際マーケティング・ケイパビリティ研究の意義と目的を位置付ける（第4章）。このように理論編では，国際マーケティングの初学者，大学院生，研究者，実務家にも国際マーケティング研究の潮流が理解できるように工夫している。特に初学者には，国際マーケティング研究の基礎を学ぶ際に本書を活用いただきたい。また第2章において産業別に日系多国籍企業の国際マーケティングの実態を数字で確認することにより，より俯瞰した目をもって本書の問題意識に対する理解が進むように工夫している。これらの日系多国籍企業の実態を解説する2次データは，資料としても様々な場面で活用できる。

次に実証編の特徴である。本書では，定性分析と定量分析の双方を採用することにより，頑健なデータセットを用いて国際マーケティング・ケイパビリティの内容分析を行うとともに，事業成果への影響を実証的に検討している。本書ではまず3つの事例を用いて国際マーケティング・ケイパビリティの内容と事業成果の関係につき，具体的かつ動態的に分析する。これら個別企業に関する事例分析は，初学者や実務家による理解を促進する。また日系多国籍企業の現地子会社へのアンケート調査により，定量的な証拠を示すことを通じて，国際マーケティング・ケイパビリティ成果の一般化も試みている。これらデータセットは，実証科学としての国際マーケティング研究への貢献はもちろんのこと，実務家が国際マーケティング・ケイパビリティの開発に着手する場合にも役立つ。他社の取り組み（定性データ）は実務家が具体的イメージを掴むのに有効であり，大規模な定量データは計画の妥当性を示すエビデンスとして意思決定を支援する。

理論編と実証編の特徴に加えて，本書は全体構成においても特徴を有する。本書は，国際マーケティング研究の過去，現在，未来についてその全体像を通観して理解できるように編纂している。終章の第10章では，技術進化のさらなる加速を前提とした近未来における国際マーケティング研究の方向性を提示している。本書は，国際マーケティング研究者にとって，今後進むべき研究の方向性（リサーチ・ダイレクション）を示すことにも努めている。

本書には2つの貢献があると考えている。第1の貢献は，「戦略からケイパビリティへ（戦略計画から実行能力へ）」という方向性，すなわち国際マーケティングの新たな研究ドメインの開拓に他ならない。長らく国際マーケティングは，戦略研究（STP，4P，ブランド，参入モードなど）を中心に展開してきた。特に国際市場間の比較に基づく標準化－適応化戦略について長らく議論が展開された。現地市場にとって優れた戦略とは何かを解明する営みである。しかし本書は，そもそも優れた戦略を立案し，実行する組織能力（ケイパビリティ）の内容分析こそが事業成果への説明力が高いことを示す。これは，国際マーケターに対して優れた国際マーケティングの実践ガイドラインを提供する。つまり，多国籍企業の本社と子会社において，どのような仕組みの構築に投資をすべきかについて，本書は具体的な行動指針を特定している。もちろん，企業ごとのカスタム化は必要であるが，まずは基本の「型」の開発が本書の目指すところである。「何をすべきか（戦略）」から「どうすればできるのか（ケイパビリティ）」。これである。

第２の貢献は，多国籍企業における国際マーケティング・ケイパビリティの内容分析にある。欧米の先行研究は輸出企業や新規国際化企業を対象とした定量分析を豊富に蓄積しているが，内容分析はほとんど進んでいない。世界の研究において国際マーケティング・ケイパビリティの内容分析は研究課題となっている（Morgan *et al.* 2018）。とりわけ，多国籍企業を対象とした分析は数少ない。そこで本書では，定性分析を採用し，世界的に機能の配置が進展した多国籍企業を対象として国際マーケティング・ケイパビリティの内容について詳細に分析している。定性分析は，国際マーケティング・ケイパビリティと事業成果の因果ロジックについて，具体的な取り組みと意思決定，そして成果の関係を解明するのに適している。また多国籍企業固有の国際マーケティング・ケイパビリティ要素として，本社と子会社間の調整を新たに発見したことも本書の貢献である。本書は，定性分析と定量分析の双方を採用し，多国籍企業における国際マーケティング・ケイパビリティの概念化と研究ドメインの確立に道筋をつけている。この概念化と研究ドメインの確立は，欧米の先行研究に対する学術的な貢献のみならず，国際マーケターに対するガイドラインの開発にも貢献できると確信する。

［参考文献］

馬場　一（2004）「国際マーケティング標準化－適応化フレームワークの再構築」『商学論集』49(2) 関西大学商学会。

Bartels, R. (1968), "Are Domestic & International Marketing Dissimilar?" *Journal of Marketing*, 32(3): pp. 56-61.

藤澤武史（2000）『多国籍企業の市場参入行動』文眞堂。

藤田　誠（2007）『企業評価の組織論的研究：経営資源と組織能力の測定』中央経済社。

石田貞夫（1974）『貿易マーケティング―貿易実務の戦略』白桃書房。

琴坂将広（2018）『経営戦略原論』東洋経済新報社。

三品和広（2004）『戦略不全の論理―慢性的な低収益の病からどう抜け出すか』東洋経済新報社。

Morgan, N. A., H. Feng and K. A. Whitler (2018), "Marketing Capabilities in International Marketing," *Journal of International Marketing*, 26(1): pp. 61-95.

諸上茂登（1988）「国際マーケティング戦略の進化」，根本孝・諸上茂登編著（1988）『国際経営の進化』学文社。

――――（1993）『国際市場細分化の研究』同文舘出版。
――――（2012）「グローバル・マーケティングの研究パラダイムの変遷」，藤澤武史編著（2012）『グローバル・マーケティング・イノベーション』同文舘出版。
Keegan, W. J. (1974), *Multinational Marketing Management*, Prentice Hall.
Kotabe, M. and Helsen, K. (2000), *Global Marketing Management*, John Wiley & Sons; 2nd edition.
大石芳裕（1996）「グローバル・マーケティング戦略」，角松正雄・大石芳裕編著『国際マーケティング体系』ミネルヴァ書房。
大石芳裕・原田将・井上真里・小野寺健司・小山諭（2004）『グローバル・ブランド管理』白桃書房。
竹田志郎（1985）『日本企業の国際マーケティング』同文舘出版。
Takeuchi, H. and Porter, M. E. (1986), "The Strategic Role of International Marketing: Managing the Nature and Extent of Worldwide Coordination," in Porter, M. E. (ed.), *Competition in Global Industries*, Cambridge, Mass. Harvard Graduate School of Business Administration.（土岐坤・中辻萬治・小野寺武夫訳（1989）『グローバル企業の競争戦略』ダイヤモンド社。）
臼井哲也（2006）『戦略的マス・カスタマイゼーション研究－国際市場戦略の新視角－』文眞堂。
山下洋史・諸上茂登・村田潔（2003）『グローバル SCM―サプライチェーン・マネジメントの新しい潮流』有斐閣。
山下裕子・福冨言・福地宏之・上原渉・佐々木将人（2012）『日本企業のマーケティング力』有斐閣。

（諸上茂登・臼井哲也）

第2章

日本企業のグローバル化
—その歴史的展開と課題—

第1節　はじめに

日本で義務教育を受けた者ならば，社会科で「天然資源に乏しい日本は，国内の人的資源を活用して加工した製品を海外に輸出することによって経済を発展させる」という「貿易立国論」が日本の経済的豊かさを実現したと教わった記憶があるだろう。たしかに，日本は1960年代の繊維産業の輸出に始まり，重厚長大産業やメカトロニクス産業にその担い手が変化しながら，輸出主導の経済発展を遂げてきた。1980年代には世界の人口の2.6%程度を占めていた日本は，世界貿易の約1割を担うようになった。対外的には貿易摩擦が外交問題として浮上する一方で，日本型の経済・社会システムの優位性が世界的に注目されるまでになった[1)]。こうした潮流のもと，国際マーケティング研究の初期段階において，国際貿易の動向に焦点をあてた貿易マーケティング論が登場したことは必然的であったといえよう。

その後，日本企業はさらなる市場の獲得や海外立地の優位性の活用，貿易摩擦への配慮といった様々な要因を背景に海外直接投資を加速してきた。その対象も米国や西欧の先進国だけでなく，1990年代には統制経済から市場経済に体制が移行した旧社会主義諸国，21世紀に入ってからはBRICs[2)]やBOP[3)]といった新興国にまで拡大した。このように日本企業の多国籍化は進展し，現在では世界各地にネットワーク状に張り巡らされた海外現地法人をどのようにマネージするかが国際ビジネスを遂行するうえでの重要課題となった。国際マーケティング論はこうした変化を背景に登場し，進化し続けているといえよう。

本章は日本企業のグローバル化の経緯や課題についてマクロとミクロのデータを融合しながら，概観することを狙う。まずは日本企業が貿易マーケティング志向から現地法人を通したグローバル経営志向に変化するに至った道のりについて整理する。そして，海外現地法人の売上状況について地域別・業種別の状況を確認し，米国企業の現地法人との比較を行う。最後に，近年の日本企業の立ち位置の変化について乗用車産業などの事情を確認し，国際マーケティング戦略上かかえる課題について考察する。

第2節　「貿易立国」から「投資立国」への変貌

戦後の日本経済の復興・発展に貿易，特に輸出が大きな役割を果たしたことは論を待たない。勤勉な労働力にQCサークルのような優れた品質管理手法の導入，安価な為替水準にGATT・ブレトンウッズ体制下による自由貿易の推進といった様々な好条件に恵まれ，輸出は日本経済の重要な成長エンジンとなった。前述の通り，「日本は貿易を振興することにより豊かになる貿易立国である」という見方が多くの日本人の間で自明の理として共有されることになった。

一方で，1980年代より直接投資を通じて海外に設立した現地法人を活用して国際ビジネスを推進する流れが定着し，現地法人が計上する売上高は急拡大した。図表2-1は1988年からの輸出総額と世界に設立された現地法人の売上高の合計を示したものである。現地法人の売上は2016年度に258兆円となり，輸出額の3.7倍，GDPの約5割の規模になった。国際ビジネスの「主役」は海外に設立された現地法人にあるといえよう。

こうした現地法人を通したビジネス活動の重要性を「国境ベース」と「企業ベース」の貿易収支を試算することによって検討したい（図表2-2)。「国境ベースの貿易収支」は通常用いられている指標であり，財の輸出－輸入で算出される。日本の貿易収支は1970年代より黒字基調になり，外貨獲得の源泉として定着したものの，2011年には1980年以来の赤字を記録した。この背景として，同年の東日本大震災の影響により化石燃料の国内需要が急増し，資源価

図表 2-1　日本の輸出総額と日系現地法人の売上の推移

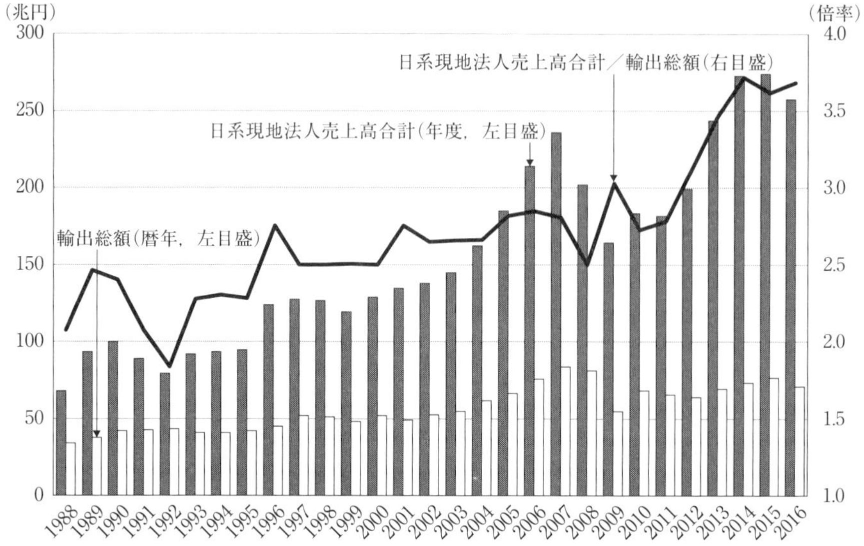

出典：経済産業省「海外事業活動基本調査」，財務省「貿易統計」により作成。

図表 2-2 「国境ベース」と「企業ベース」の貿易収支と貿易の企業内取引

	国境ベースの貿易収支	企業ベースの貿易収支	輸出に占める企業内取引	輸入に占める企業内取引
	兆円	兆円	%	%
2009	2.7	30.0	77.9	29.7
2010	6.6	44.6	68.8	29.6
2011	−2.6	30.9	63.2	25.5
2012	−6.9	34.4	77.6	27.6
2013	−11.5	28.7	75.2	28.2
2014	−12.8	25.5	79.8	31.9
2015	−2.8	31.8	71.0	30.5
2016	4.0	38.0	82.7	36.1

（注）　国境ベースの貿易収支＝輸出－輸入，企業ベースの貿易収支＝（輸出＋現地法人の現地販売＋現地法人の第3国販売＋在日外資の日本での調達）－（輸入＋現地法人の現地調達＋現地法人の第3国調達＋在日外資の日本での販売），輸出に占める企業内取引＝現地法人の対日調達／輸出額，輸入に占める企業内取引＝現地法人の対日販売／輸入額で算出。貿易額は暦年，現地法人統計は年度。

出典：経済産業省「海外事業活動調査」，同「外資系企業動向調査」，財務省「貿易統計」により作成。

格高や円安効果もあり輸入額が伸びたことが指摘されている。さらに，近年ではスマートフォンのような製品輸入も定着し，収支黒字化に足かせがかかっている状態にある。

一方で，さきほど指摘したように日本企業は海外現地法人で巨額の売上を計上している。この売上を日本からの迂回輸出，現地法人の海外での調達を迂回輸入ととらえ，収支を試算したのが「企業ベースの貿易収支」である。企業ベースの貿易収支は2016年に国境ベース収支の9.5倍[4)]の38.0兆円と巨額の黒字を計上しており，日本企業が国外の経営資源を生かしながら競争力を高めている姿がうかがえる。また，海外現地法人は大量の中間財や生産財を日本から調達することによって事業を展開している。この対日輸入額が日本の輸出総額に占める割合を計算したのが「輸出に占める企業内取引」であり，2016年は82.7%に達した。同時に，海外現地法人で生産した製品を日本市場で販売するいわゆる「逆輸入」が日本の輸入総額に占める割合を計算したのが「輸入に占める企業内取引」であり，2016年は36.1%となった。このように，現地法人を通した取引の内部化の進展ぶりも，貿易データからうかがえるのである。

貿易の重要性は今も昔も変わるものではないが，海外現地法人を通した国際ビジネス活動のマグニチュードの大きさは突出している。日本はいまや「貿易立国」というよりは「投資立国[5)]」になっており，海外現地法人の競争力を強化することは企業レベルだけでなく，国民経済レベルでも極めて重要な課題になっているといえよう。

第３節　海外現地法人の売上構造分析

1．地域別・産業別売上構成の特徴

日本企業の海外現地法人の販売活動は地域別・産業別ではどのような特徴があるのだろうか。また，米国企業の現地法人と比較するとどのような違いがあるのだろうか。

図表2-3は日本企業がアジア，北米，欧州，中南米，オセアニア，アフリカに設立した現地法人の売上高の推移をまとめたものである。日本企業が注力し

てきた地域は，アジア，北米，欧州を軸に時代により大きく変化してきたことがわかる。まず，1980年代までは米国や欧州といった先進国が中心であった。豊かで市場規模の大きな地域に販路を求め，新たな市場開拓に注力してきた[6)]。その後，急速に売上高が伸びたのはアジアであり，1996年には欧州を，2006年には北米を上回る水準になった。アジアはNIEs（韓国，台湾，香港，シンガポール）を皮切りに，ASEAN（東南アジア諸国連合），中国，インドと工業化の波が順に押し寄せ，極めて早いスピードで所得水準が向上した[7)]。当初は低廉な労働力を活用した輸出生産拠点として現地法人を設立した日本企業も，現地での旺盛な需要に対応すべく，販売機能を強化し，足元ではアジアが世界で最も売上高が大きな地域になった。

次に，輸送機械，電気機械，化学，食料品，鉄鋼，非鉄金属，繊維といった主要製造業別の現地法人の売上高の推移をまとめたのが図表2-4である。製造業のなかでは，加工組立型産業を代表する輸送機械と電気機械がリードしており，2000年代に入るまでは両者の水準は同程度であった。しかし，世界的に普及が進展するスマートフォンなどのデジタル機器で，生産のグローバルな水平分業体制や製品のコモディティ化が進展したことや，最終アッセンブリー工程においてアジア勢企業が台頭したことにより，電気機械の売上高は失速するようになった。一方で，自動車は日本企業が得意とする「すり合わせ型」が特徴となっており，一貫生産体制によるものつくりに優位性があるとされている。21世紀に入り，急拡大した新興国での需要を取り込みながら，輸送機械の売上は他の産業に比べ圧倒的な規模になった。

日本企業の海外現地法人は，地域別ではアジアを筆頭に次いで欧米，製造業のなかでは加工組立型，特に自動車が売上を牽引しているといえよう。

2. 日米の現地法人比較

企業経営の多国籍化に先鞭を付け，第二次世界大戦前よりグローバル展開してきたコカコーラやゼネラルモーターズ（GM）が国際ビジネス論の教科書の常連になっているように，米国企業は海外現地法人の展開で世界をリードしてきた。こうした米国企業と，日本企業との間には現地法人経営でどのような違いがあるのだろうか。

日米の現地法人の業種別・地域別の売上シェアを集計したのが，図表2-5で

図表 2-3　日系現地法人の地域別売上高推移

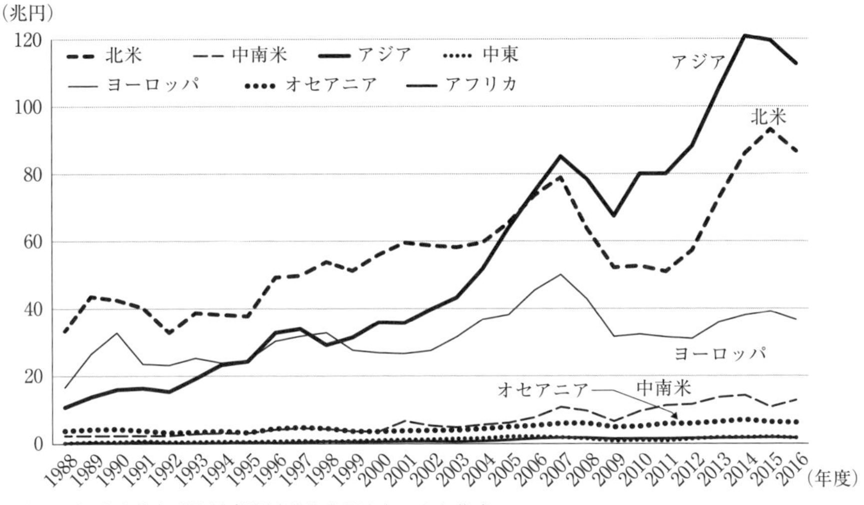

出典：経済産業省「海外事業活動基本調査」により作成。

図表 2-4　日系現地法人の主要製造業別の売上高推移

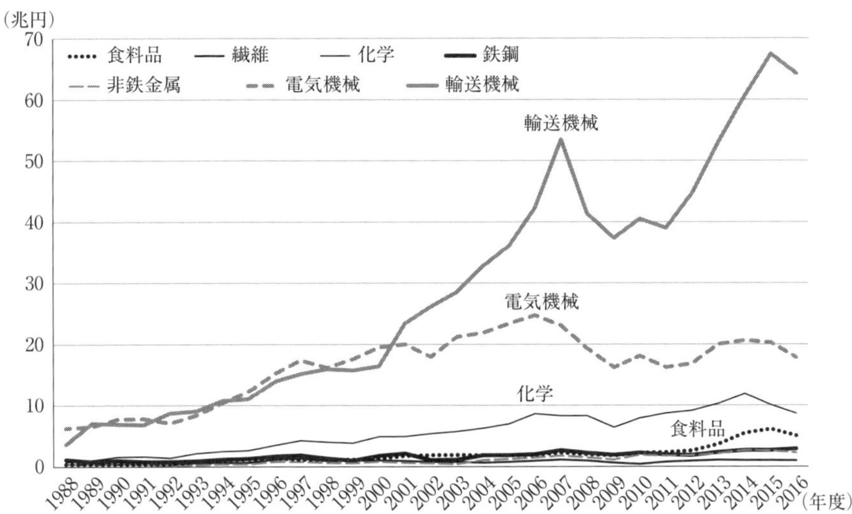

(注)　2001年度以降の「電気機械」は「情報通信機械」を含む。
出典：経済産業省「海外事業活動基本調査」により作成。

ある。まず，製造業の比較をすると，日本企業が自動車を中心とした輸送機械への依存度が圧倒的に高いのに対し，米国企業は化学，情報通信機械を筆頭としながら，業種別の構成は比較的均質になっている。また，非製造業のシェアは米国企業がやや高いものの，内訳では卸売が高いという点では共通している。

そして地域別にみると，日本企業がアジア，とりわけ中国に対する依存度が高い一方で，米国企業は日本企業に比べ欧州や中南米でのシェアが高い。日米ともに地理的・文化的に近い地域でのエキスポージャーの高さが，目立つ結果になっているといえよう。

次に，日米企業の現地法人の収益性や研究開発への取り組み動向について分析したい。図表2-6は，2009年から2016年までの現地法人の売上高に当期純利益と研究開発費が占める割合をまとめたものである。売上高当期純利益率では，全業種ベースで米国企業が20%に近い高い水準を維持しているのに対し，日本企業は2～4%台と大きく見劣りしている。また，製造業で日米を比較すると全業種ベースと同様の傾向があるものの，日本企業内では製造業よりは全業種ベース，米国企業内では全業種ベースよりは製造業の方が高い利益率を計上している。つまり，日本企業は製造業が，米国企業は非製造業の方が高い収益性を確保しており，日米企業の産業構造の違いが浮き彫りになっている。

一方，売上高研究開発費率では，全業種ベースで日本企業の方が米国企業に比べ2倍ほど比率が高く，海外現地法人において研究開発に注力している日本企業の姿勢が浮き彫りになった。日米ともに製造業の方が全業種ベースよりも高い水準にあり，製造業が研究開発の推進役になっていることがうかがえる。

日米の現地法人をデータで比較すると，①地域や業種で売上構成の傾向が異なること，②収益性の高い事業展開を行っている米国企業に対し，研究開発投資に注力しながらも，それが必ずしも収益につながっていない日本企業の経営パフォーマンス，といった実態が明らかになったといえよう。

図表 2-5　日米企業の海外現地法人の業種別・地域別売上シェア

（単位：%）

			日系現地法人	米系現地法人
合計			100.0	100.0
	製造業		48.0	42.6
		化学	3.4	9.1
		電気機械	2.1	1.0
		情報通信機械	5.0	9.1
		輸送機械	24.9	7.2
	非製造業		52.0	57.4
		卸売	36.9	22.6
		小売	3.1	5.9
		サービス	4.6	4.9
	北米		33.4	9.3
		米国	31.3	NA
	中南米		5.2	12.5
	アジア太平洋		45.9	27.4
		日本	NA	4.0
		中国	15.4	6.0
	欧州		14.2	48.4

（注）現地法人売上総計のうち，業種別，地域別のそれぞれのシェアを示す。着色したセルは日米のうち構成比が大きい方を示すが，「北米，米国，日本」は本国市場を含むため着色していない。日本企業は2016年度，米国は2016年データ。「アジア太平洋」はアジアとオセアニアの合計。米国企業はマジョリティ出資の現地法人のデータ。

出典：経済産業省「海外事業活動基本調査」，米国商務省 Bureau of Economic Analysis, "U.S. Direct Investment Abroad" により作成。

図表 2-6　日米企業の海外現地法人の売上高利益率・R&D 比率の推移

（単位：%）

			2009	2010	2011	2012	2013	2014	2015	2016
売上高当期純利益率	日系全業種		2.9	4.2	4.0	3.1	3.0	2.8	2.7	3.5
		日系製造業	3.3	4.7	3.7	3.5	3.4	3.4	3.6	4.4
	米系全業種		17.9	21.8	20.4	19.7	19.1	19.7	19.7	19.3
		米系製造業	5.2	7.3	7.6	7.1	6.5	6.5	8.7	8.0
売上高研究開発費率	日系全業種		1.5	1.3	2.0	2.1	1.6	1.6	1.4	1.5
		日系製造業	1.8	1.6	1.7	2.0	1.7	1.8	1.7	1.7
	米系全業種		0.8	0.8	0.8	0.8	0.8	0.8	0.9	0.9
		米系製造業	1.3	1.2	1.2	1.2	1.2	1.2	1.3	1.3

（注）米国企業はマジョリティ出資の現地法人のデータ。日本は年度，米国は暦年。

出典：経済産業省「海外事業活動基本調査」，米国商務省 Bureau of Economic Analysis, "U.S. Direct Investment Abroad" により作成。

第4節　日本企業の「凋落」と軽視されるマーケティング能力

1. グローバル市場における製造業のプレゼンスと乗用車産業の事例

日本の製造業は一時期，世界を席巻するかに見えたことがあった。1980年代後半には低燃費で故障の少ない自動車，長時間録画が可能なビデオデッキ，高音質で超小型の携帯音楽プレーヤー，オートフォーカスの一眼レフカメラなど日本企業による技術的ブレークスルーによって登場した製品が続出し，世界の消費者を魅了した。そして，欧米の経営者や政策当局者の間で造船，鉄鋼の重厚長大産業からメカトロニクス産業まで日本の産業競争力の高さが注目されることになった。こうした産業力を背景に，日本経済のプレゼンスは目を見張るほど高まり，ピーク時の1994年には日本だけで全世界の名目GDPの17.6%を占め，一時は「日米逆転」が迫っているとの見方さえ浮上した[8)]。

しかし，21世紀に入ったころから，日本企業の世界における存在感は陰りを帯びるようになる。例えば，米誌Fortuneが発表している多国籍企業の売上上位500社ランキングでは，1995年には149社を占めた日本企業は2017年には51社まで減少した[9)]。また，日本機械輸出組合（2017）が集計した主要19産業の日米欧アジア企業の売上高世界シェアをみると，2015年時点で日本企業がシェア1位となった産業は事務機械と工作機械の2つにとどまり，北米企業の8つ，アジア企業の6つ，欧州企業の3つに比べ見劣りする結果となった（図表2-7）。19産業のなかで，日本企業はシェアゼロに限りなく近い産業は見受けられないものの[10)]，過去にあった勢いは後退したといえよう。

こうした日本企業の状況について，日本の主力産業であるとともに，グローバル展開の代表例である乗用車メーカーの取り組みを通してみてみたい。図表2-8は1980年から35年間の世界の主要乗用車市場における日米欧韓メーカーの市場シェアをまとめたものである。トヨタ，日産，本田などの日本の乗用車メーカーの市場シェアは，進出先の国ごとに異なる様相を呈している。2015年時点では，米国，タイ，インドネシア，インド[11)]の各市場では最大のシェアを占めているものの，ドイツ，英国，中国では欧州車の後塵を拝している。

日本メーカーは，海外進出をするにあたり，1970年代より当時の世界最大の自動車市場だった米国に着目し，市場開拓に取り組んできた。進出当初は米国メーカーとは競合しない小型車市場を開拓し，その後円高や貿易摩擦への対応を狙い現地生産を本格化，さらには高級ラインのブランド展開を進展させた。また，2009年にはGMが経営破綻したこともあり，米国における日本メーカーの市場シェアは2010年にはトップの45.0%にまで上昇した。タイやインドネシアにおいても，当該市場においていち早く進出し，高額な乗用車輸入関税を回避するためにも現地生産に積極的に取り組み，高い市場シェアを実現してきた。また，1997年に発生したアジア通貨危機時には，事業の縮小を

図表2-7　主要19産業における日米欧アジア企業の売上高世界シェア（2015年度）

（単位：%）

	日本企業	北米企業	欧州企業	アジア企業
事務機械	56.7	43.0	0.2	0.0
工作機械	42.6	6.4	31.9	19.1
半導体製造装置	32.8	50.1	13.3	3.5
家電	32.7	16.3	13.2	37.7
サービス・ソフト	30.5	36.6	28.4	3.5
重電・産業機械	29.4	36.7	24.6	9.3
自動車	26.7	16.5	34.9	22.0
自動車部品	24.3	21.6	38.6	15.4
鉄鋼	21.9	8.5	32.8	36.7
建設・農業機械	19.1	46.4	25.9	8.6
化学	17.3	25.5	30.9	26.4
船舶	16.8	1.5	15.5	66.2
電子部品	16.8	34.7	6.2	42.4
プラント・エンジニアリング	12.2	41.8	29.3	16.8
コンピューター	11.4	53.2	0.6	34.8
医療機器	10.5	58.5	29.4	1.5
鉄道・交通	6.2	25.9	22.1	45.8
航空宇宙	4.2	57.5	35.5	2.8
情報・通信機器	4.0	37.7	4.6	53.8
上記19業種のうち、シェア1位の業種数	2	8	3	6

（注）　各産業の世界市場における売上金額シェアを示す。網掛けは産業ごとのシェア1位を示す。

出典：日本機械輸出組合（2017）「我が国製造業の国際競争力最下位，米国断トツ―2016年版日米欧アジア製造業の国際競争力分析―」により作成。

図表 2-8　主要市場における乗用車のブランド国籍別販売シェアの推移

（単位：%）

		1980	1985	1990	1995	2000	2005	2010	2015
米国市場	日本車	21.2	21.8	29.9	29.8	31.7	41.2	45.0	43.8
	米国車	71.3	71.9	62.5	62.9	52.8	41.3	31.7	29.6
	欧州車	7.4	6.3	4.7	5.1	11.2	11.3	16.2	13.0
	韓国車	na	na	2.5	2.1	4.5	6.2	10.7	13.3
ドイツ市場	日本車	10.4	13.3	15.9	11.9	9.9	11.6	9.8	9.0
	米国車	27.1	26.2	27.6	37.8	22.0	20.5	15.9	14.7
	欧州車	61.6	59.9	55.9	47.4	66.1	64.1	67.8	67.5
	韓国車	na	na	na	1.5	1.7	3.1	3.8	5.2
英国市場	日本車	11.9	10.8	11.7	12.5	14.6	17.7	16.3	16.2
	米国車	34.0	41.5	42.0	32.2	35.6	34.1	13.0	10.7
	欧州車	45.0	42.9	42.3	51.0	48.5	44.6	46.0	47.7
	韓国車	na	0.3	0.4	1.6	3.3	3.3	5.8	6.4
タイ市場	日本車	na	na	na	68.9	84.8	88.9	91.2	88.5
	米国車	na	na	na	2.2	4.4	5.6	4.3	2.3
	欧州車	na	na	na	20.2	8.1	4.0	2.3	7.2
	韓国車	na	na	na	6.5	1.3	0.1	0.8	0.3
インドネシア市場	日本車	na	na	na	63.3	67.5	80.2	95.1	82.5
	米国車	na	na	na	7.6	0.2	2.3	1.4	1.1
	欧州車	na	na	na	18.7	8.0	4.0	1.0	1.0
	韓国車	na	na	na	4.7	23.9	12.3	1.9	0.5
中国市場	日本車	na	na	na	na	na	na	na	18.6
	米国車	na	na	na	na	na	na	na	17.3
	欧州車	na	na	na	na	na	na	na	32.9
	韓国車	na	na	na	na	na	na	na	10.1
インド市場	日本車	na	na	na	na	na	na	na	64.9
	米国車	na	na	na	na	na	na	na	2.7
	欧州車	na	na	na	na	na	na	na	5.3
	韓国車	na	na	na	na	na	na	na	21.1

（注）各国メーカーのブランドごとの登録台数を集計したものであり，現地生産や第3国からの輸入も当該ブランドに合算。GM傘下のオペル，ボクスホールは米国車，フォード傘下時代のボルボ，ジャガー，ランドローバーは米国車，日産は日本車，フィアットは欧州車として集計。1990年までのドイツは「旧西ドイツ」。

出典：日本自動車工業会「主要国自動車統計」，「世界自動車統計年報」各年版。

選択する傾向が強かった欧米勢に対し，日本勢は現地生産車の輸出に着手するなど設備の維持・拡大に注力，結果的に2000年代には圧倒的なシェアを占めるようになった。

一方，ドイツや英国では，地元の欧州勢が一貫して高い市場シェアを占め，日本勢の苦戦ぶりがうかがえる。日本車はドイツにおいては1990年をピークにシェアが低迷し，一桁台まで低下，英国においても，欧州最大の生産拠点があるにも関わらず2005年をピークに後退している。なかでも，注目すべきは韓国勢で，破格の長期保証を提示しながら市場を取り込み，その後の品質の向上により着実に市場シェアを高めてきた。ドイツにおいては2015年の日本勢とのシェア差はわずか3.8ポイントとなり，「日本勢の背中が見える」状況になったことがうかがえる。さらに，世界最大の乗用車市場となった中国では，欧州勢の強さが際立っている[12)]。中国市場は長い間外資系自動車メーカーに門戸を閉ざしてきたものの，1980年代に誘致された独・フォルクスワーゲンが風穴を開け，圧倒的な地位を築いた。1990年代後半の市場の自由化と拡大に着実に対応した欧米勢に対し，日本勢の本格的な参入は21世紀に入ってからであり，事業拡大のペースが市場の伸びに追いつかない状況が続いている。全世界規模における自動車の市場シェアにおいても，欧州勢が日本勢を上回っているが（欧州企業34.9%に対し日本企業26.7%，図表2-7参照），その背景として中国市場における両者の販売台数の違いが最大の要因になっていることが指摘できる。

日本企業のグローバル化を牽引してきた乗用車産業でさえ，世界的に一定のプレゼンスを構築しながらも，①米国や東南アジアなど市場シェアの高い地域においては競合先の衰退が日本企業の地位を相対的に押し上げた，②欧米及びインド市場においては，現地のニーズに即したマーケティング戦略を展開する韓国企業の存在感が高まっており，日本企業と競合する市場セグメントを浸食している，③世界最大の市場である中国においては日本企業の対応が後手に回り，市場の成長に販売の伸びが追い付かない「取りこぼし」が生じている，といったことが指摘できる。こうした状況は，海外において構築してきた現地法人ネットワークからもうかがうことができる。日本の乗用車メーカー8社の海外現地法人数を機能別に集計すると，205ある「製造機能拠点」が圧倒的に多く，次いで「販売サービス拠点（129）」，「統括・管理拠点（44）」となっている（図表2-9）。つまり，乗用車メーカーの国際ビジネスの能力構築は，現地向

図表 2-9　乗用車メーカーの機能別海外現地法人設立状況

（単位：現地法人数）		製造拠点	R&D 拠点	統括・管理拠点	金融・調達拠点	販売・サービス拠点	物流・倉庫拠点	合　計
トヨタ自動車	北　米	10	1	3		1		15
	アジア	24	2	3	2	8	1	40
	欧　州	8	2	3		7		20
	その他	7			1	2		10
合　計		49	5	9	3	18	1	85
日産自動車	北　米	2	1		1	1		5
	アジア	15	3	9	4	16		47
	欧　州	3	3	4		11		21
	その他	6		1	2	8		17
合　計		26	7	14	7	36	0	90
本田技研工業	北　米	21	2	2	2	2		29
	アジア	42	4	2	1	9	1	59
	欧　州	6	3	2	2	2	1	16
	その他	13		1	1	7		22
合　計		82	9	7	6	20	2	126
マツダ	北　米			1		1		2
	アジア	5		3		2		10
	欧　州	1		1		12		14
	その他	1				5		6
合　計		7	0	5	0	20	0	32
三菱自動車	北　米	1	1		1	2		5
	アジア	10		2		3		15
	欧　州	1	1		1	6		9
	その他					2		2
合　計		12	2	2	2	13	0	31
スバル	北　米	1	1	1		2		5
	アジア	1				1		2
	欧　州			1		3	1	5
	その他							0
合　計		2	1	2	0	6	1	12
スズキ	北　米	1				2		3
	アジア	20	2	2	2	1		27
	欧　州	1		1	1	9		12
	その他	1				4		5
合　計		23	2	3	3	16	0	47
ダイハツ	北　米							0
	アジア	4		2	1			7
	欧　州							0
	その他							0
合　計		4	0	2	1	0	0	7
上記8社合計	北　米	36	6	7	4	11	0	64
	アジア	121	11	23	10	40	2	207
	欧　州	20	9	12	4	50	2	97
	その他	28	0	2	4	28	0	62
総　計		**205**	26	44	22	129	4	430

（注）複数の事業内容を提示している現地法人のうち，製造機能を持つものは「製造拠点」に分類。メキシコは「その他」，トルコは「欧州」に分類。

出典：東洋経済「海外進出企業総覧 2018」より作成。

けの販売・マーケティング能力よりは，製造能力の強化に力点が置かれてきた。

欧米市場におけるシェアのピークアウトや新興国市場における多様なニーズへの対応に迫られるなか，日本メーカーがマーケティング能力を適切に展開することは喫緊の課題となっており，その成り行きが注目されているといえよう。

2. 新局面に対応できる国際マーケティング・ケイパビリティ構築の必要性

日本の多国籍製造業は継続的に研究開発投資を行うことにより，国際特許出願[13)]でも高い件数を維持するなど高度な要素技術を保持しており，「高性能・高品質なものつくり」では依然として世界的に強い地位にある。また，前述したデータでも確認したように，海外現地法人の売上の絶対額は伸びており，これまでになく強固なグローバル組織を展開している。そうであるにも係わらず，どうしてグローバル市場におけるプレゼンスは低迷するようになったのであろうか。

その理由は多岐に渡るものの，大きな要因の 1 つとして，一定以上の所得水準を満たす市場に対し，高性能・高品質な製品を受け入れられるように工夫するという「1990 年代までの成功モデル」だけでは通用しなくなったことが指摘できよう。このモデルでは先進国の顧客や新興国の富裕層のようなマーケットを開拓するには好都合であるものの，21 世紀に入ってから急成長している新興国の中間層以下のボリュームゾーン市場において取りこぼしが生じているのである。こうした市場は近代的な流通チャネルやインフラが整備されていないことも多く，従来とは異なる市場開発能力が欠かせない。さらに，韓国や中国の企業が技術水準を向上させ，デジタル革命の波に乗りながら急速に多国籍化し，世界的なボリュームゾーンに浸透することに成功したことも，日本企業の相対的な地位の低下に帰結したといえよう。

つまり，日本企業は従来とは異なる性質のグローバル市場の登場や，台頭する新たな競合先に適切に対応できていないということであり，新局面における国際マーケティングへの取り組みが十分ではないことが指摘できよう。それでは，日本企業が海外市場において本来のマーケティング機能を取り戻すにはどうすればよいだろうか。その鍵はマーケティング・ケイパビリティ（能力）の適切な構築と運用にあり，その詳細については次章以下において検討したい。

［注］

1）Vogel (1979) のように「日本的経営」を評価する論評が続々と登場した。
2）Wilson and Purushotaman (2003) においてBRICS，すなわちブラジル，インド，ロシア，中国が2050年に経済大国になると予測され，注目された。
3）Prahalad (2006) において企業が，途上国のBase of the Pyramid（貧困）層も顧客にする必然性について論じられた。
4）三和銀行（1997）によると，1994年度の企業ベースの貿易収支は国境ベースの貿易収支の4.4倍となっており，長期に渡り乖離幅が増大していることがわかる。
5）日本の国際収支は長年黒字を計上しているが，黒字に最大の寄与をしているのは貿易収支ではなく，海外現地法人からの利益が中心の所得収支という状況が2000年代半ばより続いている。
6）例えば，1985年時点の世界の名目GDPの構成比をみると，米国34.9%，欧州25.7%，日本11.2%であり，アジアは6.7%に過ぎなかった（データ出典はIMF, "World Economic Outlook database"）。当時の国際ビジネスは日米欧の三極に集中しており，その重要性が大前研一（1989)「トライアド・パワー―21世紀の国際企業戦略」などで指摘されていた。
7）こうした流れを分析した1993年に世界銀行が発表したレポート（"EAST ASIA MIRACLE: Economic Growth and Public Policy," *A World Bank Research Report*）により，アジアの成長力が世界的に注目されることになった。
8）米国のGDPが世界に占める割合は1980年代に30%台半ばだったものが1994年には26.3%にまで低下した。なお，日本のGDPシェアは2010年に中国に追い越され，2017年には6.1%になり，「世界第3位」の地位にある（IMF, "World Economic Outlook database" より)。
9）なお，米国企業は1995年に151社，2107年には132社ランクインしている。
10）例えば，北米企業の船舶（1.5%），欧州企業の事務機械（0.2%），コンピューター（0.6%），アジア企業の事務機械（0.0%），医療機器（1.5%）のように欧米アジア企業は極端にシェアの少ない分野が散見される。
11）インドにおいてはスズキが外資系のなかで先行したことにより日本勢が高いシェアを占めているものの，韓国勢の台頭も注目されている。詳細は，第6章の事例参照。
12）2016年の乗用車登録（販売）台数と世界シェアは1位中国（2,438万台，35.1%），2位米国（687万台，9.9%），3位日本（415万台，6.0%），4位ドイツ（335万台，4.8%）と中国が圧倒的な規模になっている（出典：日本自動車工業会「主要国自動車統計」)
13）世界知的所有権機関（WIPO）によると，2017年の特許協力条約に基づく日本の国際出願件数は48,208件であり，米国（56,624件），中国（48,882件）に次ぐ水準にある。なお，中国は同年に日本を追い越した（平成30年版「科学技術白書」)。

［参考文献］

日本機械輸出組合（2017)「我が国製造業の国際競争力最下位，米国断トツ―2016年版日米欧アジア製造業の国際競争力分析―」《http://www.jmcti.org/info/170120_press.pdf》(2018年11月19日)。

Prahalad C. K. (2006), "*The Fortune at the Bottom of the Pyramid: Eradicating Poverty Through Profits,*" Wharton School Publishing.（スカイライト コンサルティング訳

(2010)『ネクスト・マーケット―「貧困層」を「顧客」に変える次世代ビジネス戦略』英治出版。)

三和銀行（1997）「企業国籍ベースでみた貿易収支」『三和銀行経済月報』第723号。

内堀敬則（2003）「拡大する中国自動車市場―日米欧企業の対応と今後の展望」みずほ総合研究所。

Vogel Ezra F.（1979）, *Japan as Number One: Lessons for America.*（広中和歌子・木本彰子訳（1979）『ジャパン・アズ・ナンバーワン―アメリカへの教訓』阪急コミュニケーションズ。)

Wilson, Dominic and Roopa Purushotaman（2003）, "Dreaming With BRICs: The Path to 2050," *Goldman Sachs Global Economics Paper*, No.99.

World Bank（1993）, "EAST ASIA MIRACLE: Economic Growth and Public Policy", *A World Bank Research Report.*

"The Fortune Global 500", *Fortune*, Aug. 7, 1995

"The Fortune Global 500", *Fortune*, Aug. 1, 2017

（内堀敬則）

第3章

国際マーケティング研究の進化
—日本におけるその歩み—

第1節　はじめに

国際マーケティング研究の進化は，文脈依存性と経路依存性に特徴付けられるだろう。まず，本章における文脈依存性とは，特定の研究が実施される文脈によって研究の進化経路が規定されることを意味している。これは，言語学における文脈と意味の関係や，コミュニケーションの場（高コンテクスト社会と低コンテクスト社会）が，コミュニケーション・スタイルを規定するといった議論（Hall 1976）とは異なる。むしろ，ここでの文脈依存性は，国や文化や経済状況や研究スタイルといった特定の研究の文脈が，研究の方向性に影響を与えることを意味している。とりわけ，初期の国際マーケティング研究において研究の文脈は，研究内容の選択に強い影響を与える。

アメリカと日本の初期の国際マーケティング研究を見てみよう。国際マーケティング研究は，1960年代のアメリカにおいて本格化した（Bartels 1988）。初期の研究トピックの1つは，比較マーケティング（comparative marketing）であった。これは，アメリカ企業の海外市場参入への失敗に起因する（Wind and Douglas 1980）。第二次世界大戦後，アメリカ企業は海外市場への参入を活発化させた。いわゆる，アメリカナイゼーションである。ホスト国側から見ると，例えば，Servan-Schreiberは，1960年代におけるアメリカ企業の欧州進出を「アメリカの挑戦」と呼び，警鐘を鳴らした（Servan-Schreiber 1968）。アメリカ企業は，海外市場の本国とは異なる経営環境下で様々な課題に直面した。そのため，自国のマーケティングないし流通システムとの比較に基づいて，海外市場のマーケティングないし流通システムを理解する必要があった。海外市場における「失敗」と「理解」，これが比較マーケティング研究の根本的な問題意識である。

これに対して，日本における初期の国際マーケティング研究では，輸出マーケティングに焦点が当てられていた。1950年代および1960年代の日本企業による海外直接投資は，極めて限定的だった。それは，第二次世界大戦後の資本および経営資源の欠如に起因し，大半の日本企業は，輸出を通じて海外市場にアクセスしていた。換言すれば，当時の日本においては，一部の例外（例えば，戦前から国際化を果たしていた総合商社）を除いて，企業の多国籍化は見られなかった。菱沼勇は，1955年に，日本生産性本部のマーケティング調査団団長として訪米し，1957年に『エキスポート・マーケティング』を記した。この書籍では，日本から海外市場への輸出促進，海外市場調査，輸出品の販売経路，輸出品のマーチャンダイジングといったトピックスに各章が割かれている。産業界がアメリカにおける先進的なマーケティングの理論と実践の視察を通じて，日本にもそれらを導入しようとしていた時期に，菱沼（1957）は，いち早く海外市場向けのマーケティングの実践を提示した。この点において，当該書籍は，日本における国際マーケティング研究の嚆矢と言える。

日米の初期の国際マーケティング研究のテーマは，様々な研究文脈の中でも経済状況，とりわけ，企業の国際化の程度に規定されていることが分かる。アメリカにおいて比較マーケティングが登場したのは，多国籍化によって直面する課題の解決にあった。比較を通じて本国との異質性や現地の特殊性を検討することが，現地マーケティングの諸問題に対処するために必要であった。また，比較マーケティングは，国際マーケティング研究の中核的な視点としての異質性・特殊性に対する認識の必要性を提示したのみならず，後の時代の国際マーケティング・リサーチ方法論（Craig and Douglas 2005）の理論的基礎となった。日本における輸出マーケティングの登場は，第二次世界大戦後の輸出立国としての国家モデルに適合したものであった。すなわち，日本においてほとんど多国籍企業が見られず，国際化段階は輸出に留まっていた。輸出マーケティングは，後述する，貿易経営論ないし貿易商務論といった日本で独自に発達した貿易への実践的アプローチとも親和性が高かった。

国際マーケティング研究の進化を特徴付けるもう1つの要素は，経路依存性である。経路依存性は，比較制度論や進化経済学など様々な分野で用いられる概念であるが，広い意味では，過去の歴史（あるいは，選択）によって現在の状況ないし制度（あるいは，選択肢）が制約されることを意味する。例えば，QWERTY 配列は，タイプライター時代にジャミング防止目的で入力速度をあえて落とすために考案されたにも関わらず，現在のキーボードにも受け継がれている。このように経路依存性という考え方は，しばしば，負の慣性や将来的選択肢の少なさといったネガティブな側面を強調するために用いられる。しかし，本章では，現在の研究が過去の研究に深く根ざしている点が重要である。

研究の経路依存性には，2つの側面がある。1つは，影響力のある理論や概念の登場とそれに対する追随者の存在である。国際マーケティング研究は，ポーターの競争戦略論やバートレットとゴシャールのトランスナショナル・ソリューションやバーニーの資源ベース理論など様々な研究から影響を受けてきた。優れたコンセプト・メーカーの提示した理論・概念を，コンセプト・ユーザー達は，理論的に整理し，そして，実証的に検証することで特定の研究は発展していく。

もう1つの側面は，人的関係を通じた研究間の影響関係である。もちろん，現在のアカデミック・ソサエティーが，人的交流を通じて，研究の発展を促進する場となっているのは言うまでもない。むしろ，ここで強調したいのは，学問的影響と緊密な人間関係を通じて，世代を超えて研究が進化していくプロセスである。「われにかわりてわが槍をになえ」（青山 1951，46 頁）。1889 年のベルリン大学における学位論文の公開討論の中で古代史の権威テオドール・モムンゼンが若き日のマックス・ウェーバーに送った言葉である。これは，学問の継承を端的に表している。アカデミック・ソサエティが学会における水平的な人間関係を前提としているのに対して，学問的継承は世代の異なる研究者間の人間関係を基盤とした垂直的関係という特徴を有する。当然ながら，革新的な理論・概念の登場と人的な学問的継承が同時に起こることもある。

研究の経路依存性がポジティブな結果をもたらす条件は，次の世代の研究が，過去の研究を，理論的に精緻化したか，それに実証的証拠を示したか，体系化したか，あるいは，より革新的な理論・概念を提示したかのいずれかである。逆に，経路依存性がネガティブな影響をもたらすこともある。たとえ優れた理論や概念であっても年長者の言をドグマとして崇拝するのみならば，研究は停滞，あるいは，退行するだろう。こうした状況は，理論や概念の影響力が強ければ強いほど，そして，垂直的人間関係の圧力が強ければ強いほど，生じやすくなる。

本章では，文脈依存性と経路依存性の観点から，日本における国際マーケティング研究を検討する。様々な文脈のなかでも，日本企業の国際化ないし多国籍化が，国際マーケティング研究に与えた影響に焦点が当てられる。それは，第二次世界大戦後の輸出による国際化を行った期間（第２節），日本企業が多国籍化を本格化した期間（第３節），そして，多くの多国籍企業が世界各国に拠点の配置を終了した期間（第４節）に区分されている。また，経路依存性については，優れた理論・概念の影響力と学問の継承に力点が置かれる。こうした学説史的検討によって，本書のテーマである「国際マーケティング能力」を研究する必要性が論じられる。それは，次の３つの視角から行われる。第１に，日本における国際マーケティングが，「何を明らかにしてきたか」という視角である。日本企業の国際化や海外からの知識流入を通じて，国際マーケティング研究がこれまでに何を説明してきたかを学説史的に記述する。第２に，日本における国際マーケティングが，「何を明らかにしてこなかったか」を示す。国際マーケティング研究の批判的検討を通じて，それぞれの時代の日本における国際マーケティング研究の限界を提示する。第３に，日本における国際マーケティング研究が，「何を明らかにすべきか」について論じる。最近の国際マーケティング研究のレビューを通じて，国際マーケティング能力研究の重要性が明らかとなる。そこで，なぜ，国際マーケティング能力研究を遂行すべきか，に関する論理を示す。

本章の構成は次の通りである。次節では，初期の国際マーケティング研究をレビューする。第３節では，国際マーケティング研究の多様化についてレビューする。そして，最後に，国際マーケティング能力研究の必要性について論じる。

第2節　初期の国際マーケティング研究

1. 国際マーケティング研究の源流と初期の研究プログラム

日本における国際マーケティング研究の源流は，貿易実務論とマルクス経済学に求めることができる。貿易実務論は，早稲田大学の上坂酉蔵によって体系化された。彼の多数の著書のなかで，『貿易慣習』（1960），『貿易契約』（1960），『貿易実務：新訂版』（1965）の三部作は，大きな影響力を持った。他にも早稲田大学の浜谷源蔵（浜谷 1948, 1954, 1956）や明治大学の石田貞夫（石田 1957, 1959a, 1959b, 1960）は，貿易の実務に関する多くの著作を残し，貿易実務に関する知識の大衆化に大きく貢献した。第二次世界大戦後の貿易を通じた経済復興期において，貿易に関する知識に関心が集まったのはまさに文脈依存性の証左である。

貿易実務論の流れをくむ国際マーケティング論は，「輸出（エキスポート）マーケティング」ないし「貿易マーケティング」と呼ばれた。1960年代には日本商業学会編（1963）『海外マーケティング』千倉書房，生島廣治郎編（1964）『輸出マーケティング戦略論』，深見義一編（1967）『国際マーケティング』，津田昇（1968）『輸出マーケティング論』，髙井眞（1968b）『輸出マーケティング計画』が出版されている。では，貿易実務論と国際マーケティング論はいかにして接合するのであろうか。これを理論的に説明したのは髙井（1963a）である。髙井は，効果的な海外販売において当時における新しい意味のマーケティング，すなわち，マネジリアル・マーケティング（経営者的視点によるマーケティング）が果たす意義を強調する。貿易は企業経済的，国民経済的，そして，世界経済的性格を持つ（上坂 1960ab）。企業経済的性格の根底には売買契約があり，生産と消費の架橋を通じて国民経済的性格が形成され，そして，国境を越えた取引は国際的な市場経済社会，すなわち，世界経済的性格を成立させる。同時に，海外販売には，国境を越えた異質な自然・社会条件への適応を要する。こうした中で，貿易経営の主体が，マネジリアル・マーケティングの理論や技術を用いて，海外販売のあり方を追求することが要請されるのである。

第二次世界大戦後から1960年代にかけての輸出マーケティング研究には，次の3つの特徴がある。第1に，海外市場調査（マーケティング・リサーチ）と販売経路（チャネル）が重視されている点である。海外市場調査では「事実」の把握を通じた経営意思決定が重視されている（菱沼 1957，髙井 1963a，1968a）。ただし，現在のように精緻なミクロ・データないし一次データではなく，国別のマクロ・データや二次データの収集に焦点が当てられている。また，販売経路に関する議論も，製造業者によるチャネル開発というよりはむしろ，様々な中間業者へのアクセスに対して力点が置かれている（髙井 1963b）。第2に，マーケティング・コンセプトの観点から，輸出マーケティングが論じられている。すなわち，顧客志向を全社的な理念としたマーケティング・マネジメントを貿易実務へと組み込んでいったのである（例えば，髙井 1967）。第3に，マーケティング・ミックスごとの輸出マーケティング実践が検討されている。例えば，生島（1964）や髙井（1968b）は，今日の言葉で言うところの，製品，価格，販売促進，チャネルに対して章を割いて分析を行っている。

しかしながら，アメリカからの国際マーケティング理論の安易な導入に対する異論があったのも事実である。1960年代までの日本で，輸出マーケティングを越えて，より広範な国際マーケティングを遂行しうる主体は例外的であった。石田（1967）によれば，当時，国際マーケティング活動を行いうる貿易企業は，輸出入取扱額1000億円以上の78社（総企業数の1%）に過ぎなかった。同時に，大規模総合商社の国際活動に比して，大規模製造企業のそれは，質的にも量的にも劣るものであった。そこで，「…米国的な国際マーケティングや英国的な貿易マーケティングをただ無批判に翻訳して導入してみても，異なる貿易的環境を土台として成立したそれら欧米の理論が，わが国の貿易に適応できる範囲と進度については悲観的とならざるをえない」（石田 1968，19-20頁）。端的に言えば，日本において国際マーケティング研究が発展するためには，国際マーケティングを遂行しうる主体としての多国籍企業の登場を待たねばならなかったのである。

もう1つの源流は，マルクス経済学である。これは，関西地域の大学を中心として，後のマーケティング研究に多大なる影響を与えた。とりわけ影響力を持った著者のひとりは大阪市立大学の森下二次也であった。森下（1959a）によると，マーケティングは，アメリカにおける資本主義の独占段階において成立する。すなわち，狭隘化した国内市場問題を解決する方策としてマーケティングが登場する。やがて，第二次世界大戦後のアメリカにおいて，全社的問題としてのマーケティング管理（ないし，マネジリアル・マーケティング）の成立を見る（森下 1959b）。森下二次也の論理について詳述することは本章の目的から逸脱するので例えば，Usui（2000）を参照されたい。ここで指摘したい点は，森下の考察が，後の日本のマーケティング研究者に与えた影響である。森下の影響を受けて，マルクス経済学ベースの日本のマーケティング研究者は永らく，マーケティングを「寡占的製造企業の対市場活動」として捉えてきた。これは，アメリカ・マーケティング協会の「交換」を中核概念とした定義と対照的である。

森下（1967）は，ワールド・マーケティングの成立を，1950 年代以降のアメリカの歴史的条件に帰している。ワールド・マーケティングの成立に関するここでの重要な論点の 1 つは，アメリカ全体として生産力が国内市場での総需要を超えたこと，そして，大規模の少数独占資本（大規模企業）だけが海外市場に進出する理由と能力を持っただけではなく，「主な個々の独占資本の多くがそうなったとき」（森下 1967, 70 頁）を説明した点である。この説明の論拠は，国内の競争圧力と国際取引の急速な発展である。もう 1 つの論点は，この時期には，アメリカ政府による資本輸出が劇的に減少し，第二次世界大戦の復興によって欧州系および日系の企業がアメリカ企業の強力な競争相手として登場したことである。こうした競争対応として，アメリカ企業は，海外直接投資を通じて現地生産を行い，国内市場と海外市場を統合し，そして，企業全体としての利益最大化を追求したのである。なお，萩野（1970）は，森下（1967）の歴史的考察に加えて，EEC の形成が国際マーケティングの成立に果たした役割を強調している。

森下（1967）の先見性は，国際マーケティングの進化に関する洞察にある。それは，森下の言葉では，エクスポート・マーケティング，インターナショナル・マーケティング（在外投資会社のためのマーケティングとエクスポート・マーケティングの総称），そして，ワールド・マーケティング（ワールド・エンタープライズによるマーケティング）といった進化経路である。これらは，輸出マーケティング，現地マーケティング（狭義の国際マーケティング），そして，グローバル・マーケティングと読み替えることができるだろう。特に，ワールド・エンタープライズ（多国籍企業）の特徴を「国内事業部をも世界的組織の一部門としてとりあつかうことを要求する」ものとして捉えている点は，現代の多国籍企業認識の重要な諸側面をいち早く指摘していると言える。

以上の様な，国際マーケティング研究の2つの源流とそれに基づく研究群は，次の様に評価することができる。第1に，研究の実践性と理論性についての評価である。貿易実務論ベースの国際マーケティング研究は，一部を除いて，極めて実践的であり，貿易業務に従事する実務家に対して実用的知識を提供したと言える。それに対して，マルクス経済学ベースの研究プログラムは，歴史的な分析に基づいた理論的ないし原理的な研究であった。第2に，文脈依存性と経路依存性についてである。貿易実務論ベースの国際マーケティング研究は，第二次世界大戦後の輸出立国という文脈に即したものであった。経路依存性の観点からは，すでにあった貿易実務論と，新しいディシプリンとしてのマーケティング論を結合することで，新たな理論展開を求めた。マルクス経済学ベースの研究群は，高度に理論的，歴史的，抽象的な議論を通じた，文脈依存性に拘泥されない研究であった。経路依存性に関しては，マルクス経済学的な原理によるマーケティング現象の説明のみならず，森下二次也が与えた後の時代の研究者に対する強い影響を評価することができる。その影響は，必ずしもマルクス経済学を理論的基盤としない研究者にも及んだ（例えば，萩野1970，諸上 1978, 1979)。最後に，これらの研究は「何を明らかにして」，そして，「何を明らかにしてこなかったのか」。貿易実務論ベースの国際マーケティング研究は，アメリカで生まれたマーケティングを，日本的な文脈のなかで捉えようと試みた。これは他方で，日本的文脈における国際マーケティングの主体認識の問題も引き起こしてきた。すなわち，大規模総合商社を主体とするか，大規模製造業者を主体とするかの問題である。この問題は，日本企業の多国籍化を通じた文脈の変化によって解消されていくこととなる。マルクス経済学ベースの研究は，マーケティングや国際マーケティングの「成立」を歴史的かつ理論的に説明することに成功し，後の研究に多大な影響を与えてきた。しかしながら，その高い抽象性と一般性の追求ゆえに，企業における意思決定問題や定量的・定性的な分析に対する解を持ち得なかった。また，論理の美しさゆえに，多くの日本のマーケティング研究者が，その研究対象を「寡占的製造企業」に狭く限定するという事態も引き起こした。

2. 多国籍企業と国際マーケティング

初期の輸出マーケティング研究が，国際マーケティング研究へと学問的に進化していくには，日本企業の多国籍化が必要であった。日本企業の多国籍化が実質的な意味で本格化するのは1980年代においてであるが，1970年代においてすでに理論的予測がなされていた。角松（1972）は，貿易論から国際マーケティングへの重心移行を，①多国籍企業の急速な発展により，市場問題の解決法が貿易から直接投資へと変化している点，②販売市場の確保を前提とした海外生産の増大により，現地での綜合的マーケティング活動の展開が要請される点，そして，③企業内貿易が拡大している点から説明している。こうした理論的予測は，アメリカからの知識流入に根ざしているように思われる。

高井（1973）は，多国籍企業のマーケティングの問題領域として次の2つを挙げている。それは，各国での活動の統合と各国市場への適応である。これは，後の国際マーケティング研究で一大研究プログラムとなった標準化－適応化問題と同じ論理構造である。統合と適応は，多国籍企業全体としての利益最大化の目的の下で，同時的に達成される。さらに，地理的に分散した子会社を全体として統合するために，拠点間の人材交流が強調される（高井 1976）。高井（1973）では，国際マーケティング研究以外にも，当時アメリカを中心に展開されていた国際経営研究からの影響がうかがえる。

上の研究が理論的予測であったのに対して，竹田（1977）は，日本企業の置かれている経済的文脈の中での多国籍化を現象的に検討し，そこでのマーケティングの役割を論じている。アメリカ企業が先進国に対して現地販売を目的とした生産拠点を立地するのに対して，日本企業は低廉な労働力の確保のために発展途上国に生産拠点を立地し，先進国に本国からの輸出のための販売拠点を立地していた。すなわち，日本企業にとっては，「販売の完結」（自社製品の目的（海外）市場における消費者に対する販売）が未成熟であった。そうした状況下でも3つの方向で日本企業の多国籍化の兆しが観察される。それは，本国からの完成品輸出の進展，発展途上国の生産拠点の輸出・中間加工拠点としての利用，そして，先進国での市場開発目的の生産拠点立地と発展途上国拠点との連動である。これは，日本の製造企業の国際ロジスティクスの構築に他ならない。日本企業の多国籍化の途上において，マーケティングは，販売の完結を目指す統括的な戦略行動として，多国籍化に対して促進的役割を果たすのである。

以上の様な日本企業の多国籍化の兆候の中で，輸出マーケティングから脱却した国際マーケティング論の成立に関して議論が行われるようになった（例えば，角松 1981）。国際マーケティング「現象」が第二次世界大戦後のアメリカにおいて成立したことはすでに見てきた通りである（森下 1967）。1970 年代中葉から 1980 年代の初めにかけての国際マーケティング論の成立に関わる議論は，単なるアメリカからの理論・概念の直輸入ではなく，日本企業の多国籍化と日本の文脈（経済的・社会的基盤）をふまえた理論化の試みであった（石田 1974，竹田 1977）。

国際マーケティング論の成立を検討する中での重要な視点は，日本のマーケティング研究で培われた論理を基礎として国際マーケティングの概念規定が行われたことである。これは，経路依存性の現れということができる。諸上（1978）は，国際マーケティングの概念規定においてマーケティングの「歴史性」と「マーケティング主体」の特性が欠如していたことを指摘する。アメリカ・マーケティング協会は，1935 年にマーケティングを「生産から消費にいたる財の流れに関わる一連の活動」と定義した。アメリカにおける国際マーケティングの定義は，これを単に「複数国」で遂行されるものと適用したのみで，それが日本に直輸入されていた。そこで，諸上（1978）は，国際マーケティングを「寡占的大企業による国際市場環境への積極的な働きかけの様式」（110 頁）と規定する。歴史性に関しては，森下（1967）の論理をすでに見てきた通りである。主体たる寡占的大企業には，輸出マーケティングの担い手であった大規模総合商社のみならず，寡占的製造企業，そして，多国籍企業までもが含まれている。

日本企業の多国籍化の方向性は，理論的予測と事象の分析を通じて，確からしいものと認識されてきた。そうした中で，多国籍企業を主体とした国際マーケティングの概念規定がなされていった。しかしながら，こうした議論に欠落していたのは，理論的用具であった。例えば，髙井（1980）は，初期の経営戦略論に国際マーケティングの理論的基盤を求めた。また，角松（1982）は，多国籍企業理論におけるマーケティングの重要性を強調している。こうした研究の潮流において多国籍企業理論や経済学ベースのマーケティング論の原論ともいえる「産業組織論」に国際マーケティング理論の拠り所を求める研究が登場した。諸上（1979, 1980a, 1980b）は，Richard J. Caves による海外直接投資論や J. S. Naver と R. Savitt の市場構造分析の諸説に依拠し，産業組織論を批判的に検討しながら国際マーケティング論の確立を試みた。特に重要な指摘は次の通りである。第1に，産業組織論と国際マーケティング論の適合関係である。産業組織論も国際マーケティング論も共に寡占的製造企業を分析対象としている。それだけではなく，後のポーターによる競争戦略論も産業組織論を理論的なバックグラウンドとしている。第2に，主体と環境の相互作用に関する指摘である。寡占的製造企業は，原子的な企業とは異なり，単に環境ないし構造に制約されるのみならず，主体的に直接環境に影響を与えうる主体である。この指摘は，社会学における構造化理論や経営学における実践としての戦略論につながる先駆的な指摘である。第3に，市場行動と成果の関係に関する指摘である。周知の通り，1980 年代以降のマーケティングや経営学の分野では，市場行動と成果との関係を実証的に検証することに膨大な労力が捧げられてきた。

以上見てきたように，日本企業が多国籍化し始めるという文脈変化の中で，日本の国際マーケティング研究は，多国籍企業（ないし，寡占的製造企業）を主体としたより精緻な概念規定と理論ベースの模索を行い始めた。では，経路依存性に関しては，どうであろうか。端的に言えば，貿易実務論ベースの国際マーケティング研究の発展的解消と，マルクス経済学ベースの国際マーケティング研究の継承との二側面が見出される。前者に関しては，日本における国際マーケティングの主体が，総合商社から寡占的製造企業へと変遷したことに起因する。後者は，森下（1957ab, 1967）のマーケティング研究，そして，国際マーケティング研究への強い影響力に基づく。

日本企業の多国籍化の萌芽期において，国際マーケティング研究は何を説明してきたのであろうか。第1は，日本企業の多国籍化の駆動因としてのマーケティングの役割である。日本における国際マーケティングの主体変化は，輸出マーケティングからの脱却のみならず，国際マーケティングの概念規定を要請した。それだけではなく，多国籍企業において国際マーケティングが積極的な役割を果たすことが主張されることで，研究対象としての国際マーケティングの重要性が増大した。第2は，次の時代における国際マーケティングの理論的な拠り所としての産業組織論の重視である。産業組織論的アプローチは，次の時代の「行動→成果」仮説検証型研究や主体と環境の相互作用という今日的な研究の方法やテーマへの足がかりとなった。

では，この時期の国際マーケティング研究の限界はどこにあったのであろうか。第 1 に，国際マーケティングの主体規定の問題である。日本企業の多国籍化に伴って，多国籍企業，あるいは，海外に拠点を有する寡占的製造企業が，国際マーケティングの主体として認識されるようになった。しかし，これは総合商社が国際マーケティングの担い手になりうるかに関する議論を残している。第 2 に，海外で開発された理論や概念の咀嚼に関する問題である。単に横文字を縦文字にした直訳マーケティングではなく，日本の文脈に根ざして深く考察された研究は少ない。第 3 に，実証的研究の少なさである。一部の例外を除いて（萩野 1977），実証的に国際マーケティング現象を解明しようとした研究は見られなかった。これらは，当時の国際マーケティング研究が「明らかにしてこなかった」課題として次の時代につながっていく。

第 3 節　国際マーケティング研究の多様化

日本企業の多国籍化は，1985 年のプラザ合意による円高により本格化する。日系の主に製造企業が海外に進出し，世界中に拠点のネットワークを構築していった。この時期において国際マーケティングの典型的主体としての多国籍企業が，実態を伴って想定されるに至るのである。同時に，この時期には欧米からマーケティングおよび関連分野に関する膨大な知識が流入してきた。これには，海外文献に対するアクセスのみならず，日本の研究者が在外研究を通じて獲得した知識も含まれる。そうした中で，国際マーケティング研究は，多様化していった。本章においてそのすべてを網羅的にレビューすることは困難である。そこで，①輸入学問からの脱却，②国際マーケティング研究の射程，そして，③標準化－適応化研究の 3 点に焦点を当てて議論する。

1. 輸入学問からの脱却

大石（2003）によると，日本の多国籍企業研究や国際経営研究が「輸入学問」の域を脱したことを受けて，国際マーケティング研究の新たな地平が開けたという。では，いかにして，国際マーケティング研究は，輸入学問，あるいは，直訳マーケティングを脱却したのであろうか。これを，国際マーケティングの主体認識，そして，チャネル先行仮説の二側面から確認してみよう。

日本企業の多国籍化に伴って，国際マーケティングの主体が，理論的にも現象的にも寡占的製造企業となったたことはすでに見てきた通りである。しかしながら，このことは総合商社が国際マーケティングの主体たり得るかに関する判断を保留している。角松（1994）によると，総合商社を代表的な，あるいは，日本特有の多国籍企業と理解する論者は多い。であるならば，寡占的製造企業と総合商社のいずれに国際マーケティングの主体を想定するかに応じて，国際マーケティングの概念規定は異なったものとなるであろう。そこで，総合商社のとらえ方で異なる見解を示す竹田（1985）と鈴木（1989）を手がかりにこの問題に接近してみよう。

竹田（1985）は，国際マーケティングの推進主体として総合商社を規定しない。なぜなら，第1に，総合商社は，製造企業とは異なり，経営機能の「統合化された」パッケージを形成せずとも，単独の経営機能で事業化が可能だからである。総合商社は，取引機能，金融機能，情報収集機能，輸送・保管機能，組織化機能，そして，コンバーター機能といった諸機能を個別に，統合化せずとも事業展開ができる。これに対して，製造企業では，経営諸機能（今日的な言葉に置き換えれば，ポーターの付加価値活動）が全体として密接に結びついたパッケージとして展開される必要がある。第2に，総合商社と製造企業では経営資源のパッケージ（資本，技術，企業家能力）のあり方が異なるからである。総合商社の経営資源は，人的資本に依存し，比較的に短期的なパースペクティブに立つ。これに対し，製造企業の経営資源は，より統合的で，長期的なパースペクティブを取っている。これら総合商社と製造企業の経営機能および経営資源のあり方の違いゆえに，総合商社は製造企業のマーケティング機能を完全に代替・補完できないのである。

これに対して，鈴木（1989）は，商社行動モデルの開発の必要性を説く。その文脈的背景として，日本企業の輸出において商社が果たす役割に注目している。また，欧米の輸出マーケティング研究が，その主体を製造企業とし，商社活動の研究がなされていないことも商社行動モデル開発の動機として挙げられている。ここでの重要なのは，欧米における輸出マーケティング研究と同じフレームワークの中に商社を位置付けるべきという指摘である。かくして，商社の輸出入の仲介機能のみに焦点を当てて，消費財と産業財それぞれの商社行動モデルが提示されるのである。

ここで総合商社が国際マーケティングの主体になるかどうかに結論を下すことは，本稿の範疇を超えている。そこで，いくつかの視角から竹田（1985）と鈴木（1989）が，日本の国際マーケティング研究の輸入学問からの脱却に果たした貢献を示してみよう。第1に，日本企業の実態の詳細な観察に基づいた立論が行われた。竹田（1985）の理論的考察は，すでに見てきた通り，日本企業の観察に基づいて行われている。これは，無批判に欧米の文脈で構築された理論を直輸入するのではなく，現実のリトマス試験紙を経た論理構築として評価できる。第2の点は，日本の国際マーケティング研究と海外のリサーチ・コミュニティとのリンケージの問題である。鈴木（1989）の貢献は，商社行動を欧米の研究と同じやり方でモデル化することによって，海外の研究に伍する日本の国際マーケティング研究のあり方をいち早く示したことにある。これもまた，単なる輸入学問からの脱却を促したという意味で重要なメッセージであるといえよう。

しかしながら，他方で，国際マーケティングの主体認識の厳密性と柔軟性が相反するという問題も残っている。先述の通り，マルクス経済学ベースのマーケティング論は，その主体を寡占的製造企業に狭く限定してきた。竹田（1985）は，現実と理論の相互作用を重視しながら厳密に国際マーケティングの主体を規定した。これに対して，鈴木（1989）は，より幅広く，商社主体の輸出マーケティングの理論化の必要性を説いた。こうした先行研究の検討からわかることは，国際マーケティングの主体を限定すればするほど，ディシプリンとしての国際マーケティング研究の範囲が狭まるという矛盾である。やがて日本の小売企業が国際化を始めるようになると，国際マーケティングの主体として小売企業を捉えるべきかといった問題や，越境eコマースを国際マーケティング研究にどう位置づけるかといった問題が生ずることとなる。こうした国際マーケティングの主体規定の問題は，時代を超えて新たなプレイヤーが国際市場に登場するたびに問い直される問題として現在まで残っているのである。

もう1つ，日本の国際マーケティング研究が輸入学問を脱却する上で重要な研究として竹田志郎によるいわゆる「チャネル先行仮説」が挙げられる。竹田（1982）は，国際マーケティングにおけるチャネル構築の「先行的役割」を指摘する。欧米の研究は，マーケティング・ミックスのうち，製品政策を重視する傾向にあった。しかし，国内マーケティングとは異なり，国際マーケティングではチャネル構築こそがマーケティング展開の「絶対的条件」とされている。竹田（1992）ではさらに，在日外資系企業の分析を通じて，初期参入段階におけるチャネル構築の優先的実施を一般法則として再論している。これはまさに，国際マーケティング研究のアメリカ的特殊性から脱却し，理論の一般性を問い直した重要な貢献であると言える（角松 1994）。

以上，国際マーケティング主体とチャネル先行仮説の検討を通じて，輸入学問からの脱却について検討してきた。ここから分かることは，日本の国際マーケティングが，日本的特質をふまえながら，欧米の理論や概念を，批判的に検討してきた努力によって，輸入学問からの脱却が図られたことである。同時に，次のステージとして，海外でも通用する日本の国際マーケティング研究という今日極めて重要視されている方向性が示されたのもこの時代に入ってからである。

2. 国際マーケティング研究の射程

日本企業の多国籍化が本格化するに伴い，日本の国際マーケティング研究はその射程を拡げ，多様化していった。欧米も日本も国際マーケティングの典型的主体として多国籍製造企業を想定して理論構築が行われるようになったこの時代，研究の多様化を促した次のような理由が考えられる。第1は，海外からの知識流入である。特に，ポーターの競争戦略論とバートレットとゴシャールのトランスナショナル・ソリューションの登場により，これらの理論から影響を受けた国際マーケティング研究が日本において展開されるようになった。特に，国際マーケティングと競争優位の関係，そして，統合と分化の同時達成という視角は，日本の国際マーケティング研究に多大な影響を与えたと言える。第2に，実証分析の手法が日本の国際マーケティング研究に取り入れられたことが挙げられる。すでに欧米では消費者行動論を中心として仮説検証型の定量的な実証分析が多くのジャーナルに投稿されるようになっていた。海外ジャーナルへのアクセシビリティの向上や日本人研究者の在外研究を通じて，定量的手法を採用した研究が見られるようになっていった。また，かつてジャパン・アズ・ナンバーワンと言われた時代には，日本企業の事例研究が世界各国で行われていた。こうした時代背景もあり，事例に基づいた定性的研究がパブリッシュされた。

本稿においてこの時代の日本における国際マーケティング研究を網羅的にレビューするのは困難ではあるが，2000年代以前の代表的な書籍として次のようなものが挙げられる。角松正雄（1983）『国際マーケティング論』，竹田志郎（1985）『日本企業の国際マーケティング』，鈴木典比古（1989）『国際マーケティング』，下川浩一（1991）『マーケティング：歴史と国際比較』，諸上茂登（1993）『市場細分化の研究』，角松正雄（1995）『日本企業のマーケティング』，諸上茂登・根本孝（1996）『グローバル経営の調整メカニズム』，黒田重雄（1996）『比較マーケティング』，角松正雄・大石芳裕（1996）『国際マーケティング体系』などである。

同時に，この期間は，日本における国際マーケティング研究が細分化していった時代でもある。図表3-1は，Cavusgil and Li（1992），Li and Cavusgil（1995），Aulakh and Kotabe（1993）のレビュー論文およびビブリオグラフィーから国際マーケティングの研究領域をまとめたものである。この表に見られるように，主要領域は大きく5つに分けることができる。第1の，国際マーケティング環境に関する研究は，国家間における市場や文化や制度や企業国籍の異質性を前提とした研究群である（諸上 1984, 1989, 1990, 1991, 1992ab, 1997）。これらは，比較マーケティングにその源流を持ち，国際マーケティングのディシプリンとしての独自性を最も代表する研究であると言える。第2の，国際マーケティング・リサーチに関する領域は，国境を超えたマーケティング・リサーチの方法論を検討するものである（諸上 1985, 諸上・藤澤 2004, Craig and Douglas 2005）。定量的な研究を行う上で，国内で調査するよりも，国家間で調査する方が検討すべき課題が多い。例えば，国際比較を行う上での構成概念や尺度の等価性と比較可能性，サンプリング，尺度開発，データの収

図表3-1　国際マーケティング研究の射程

主要領域	説　　明
国際マーケティング環境	マクロ・ミクロ環境，国際マーケティングの環境側面，地域志向の比較研究，市場システムの比較研究
国際マーケティング・リサーチ	分析手法，国際マーケティング意思決定ツール
国際化プロセス	市場参入意思決定，国際化プロセス，国際的なSTP
国際マーケティング管理	マーケティング・ミックス意思決定
グローバル戦略	グローバル化のプロセスや問題
その他	本社－子会社間調整問題

集・分析・解釈など多岐にわたる。第3は，国際化のプロセスに関する研究である。多国籍企業理論ベースの参入モデルや企業の国際化プロセス，そして，国際的なSTP（セグメンテーション，ポジショニング，ターゲティング）といったテーマが含まれる。とりわけ国際市場細分化に関しては多大な研究蓄積がなされている（諸上 1981, 1987b, 1988ab, 1989, 1992c, 1993）。第4は，マーケティング・ミックスの意思決定問題である。中でも標準化－適応化意思決定に関する研究は，日本でも盛んに研究された領域である。この点については，後で詳しく検討する。第5は，グローバル戦略に関わる研究である。とりわけ，ポーターの国際戦略のタイポロジーが示されると，日本の国際マーケティング研究でもグローバル化を1つの着地点とした理論的・実証的研究がなされるようになった（根本・諸上 1986）。また，国際マーケティングが企業の国際化に伴っていかにグローバル化するかに関する理論的検討も行われた。最後に，その他の領域としてバートレットとゴシャールのトランスナショナル・ソリューションから影響を受けた本社－子会社間調整（諸上 1994, 諸上・根本 1996）や手続き公正（諸上 2005b）といった管理問題に関する研究も登場した。

本章においてこれらの研究をすべて検討することはできないが，次に標準化－適応化意思決定に関する日本の研究を取り上げることで本書のテーマであるマーケティング・ケイパビリティ研究への研究進化の道筋を明らかにしよう。

3. 標準化－適応化意思決定

標準化－適応化意思決定問題は，国際マーケティング研究の中で最も研究されてきたテーマの1つと言える（包括的な議論に関しては諸上茂登『国際マーケティング論の系譜と新展開』（2012）を参照されたい）。ここでは，その論理構造を簡単に説明することから始めよう。企業は，海外の異質な経営環境で活動するとき，自国とほぼ同様のマーケティング活動を行うか（標準化），あるいは，現地のやり方に合わせるか（適応化）のジレンマに直面する。このジレンマを効率的かつ効果的に解消することが，企業の事業成果や競争優位に資すると考えられていた。この論理構造は，国際経営論にも応用されI-Rグリッドと呼ばれるようになった。すなわち，戦略のグローバルな統合（Integration）と現地への分化ないし対応（Responsiveness）を両立し，広範な学習を通じた知識移転を行うという理念型としてのトランスナショナル企業が示されたのである（Bartlett and Ghoshal 1987）。日本における標準化－適応化研究は，その戦略的意思決定と競争優位および事業成果との関係，そして，標準化と適応化の同時達成という2つの軸を中心に展開していく。

日本の国際マーケティング研究において標準化－適応化問題の代表的な論者として，共に明治大学に所属する諸上茂登と大石芳裕が挙げられる。大石（1993abc）では，標準化－適応化と共にグローバル・マーケティング概念に関する理論的整理が行われている。特に，大石（1993a）では，標準化決定要因（企業要因，製品・産業要因，環境要因），標準化対象（プロセスとプログラム），そして，標準化利益（コスト節約，世界的イメージの形成，組織の簡素化／統制の改善，優れたアイデアの活用，迅速な投資回収，規格統一化，需要創造）を精緻に検討している。諸上（1985, 1986, 1987b, 2000, 2001, 2003）は，標準化－適応化問題に対して実証的にアプローチしている。諸上（1985, 1986, 1987b）では，広告活動の国際的標準化度に対する市場環境の類似度と企業要因の影響を検証している。

当初，標準化か適応化かの二者択一問題として捉えられていた。しかし，Takeuchi and Porter（1986）による標準化と適応化の両立を通じた競争優位の確立というアイデアによって同時達成問題へとシフトしていく。例えば，大石（1997）はこれを複合化（duplication）と呼んでいる。標準化と適応化の同時達成は，国際マーケティング活動の配置と調整，そして，製造や研究開発といった非マーケティング活動との連結を通じて行われる。すなわち，標準化－適応化問題は，マーケティング・ミックスの意思決定問題から他の付加価値活動との連結も含んだ国際マネジメント・ミックスの問題（諸上 2000）へと拡張するのである。

諸上茂登による一連の標準化－適応化研究の中で特に重要なのは，「国際マーケティング研究における「標準化 VS. 適応化」フレームは不毛か」と題された論文である（諸上 2000）。この論文では，1994年と1998年の調査を比較することで日系海外製造子会社の標準化パターンが極めて類似していることを発見している。また，標準化－適応化行動が海外子会社の経営成果に影響を与えていないこと，そして，製品標準化がロジスティクス戦略と結び付いて経営成果に影響を与えていることが見出された。こうした実証結果を受けて，諸上（2001）では，標準化－適応化行動と国際ロジスティクス行動が世界連結ベースの経営成果に影響を与えているかどうかが実証的に検討された。この調査では，諸上（2000）と同様に標準化の類似パターン化現象が観察され，そして，標準化－適応化行動が企業グループ全体の経営成果に影響を与えていないことが実証された。そして，マーケティング関連行動ではなく，国際ロジスティクス行動やその他の経営行動（積極的な海外市場シェアの拡大政策や海外生産の強化）や市場環境・構造的要因が，経営成果に影響を与えていることが明らかになったのである。こうした実証結果は，国際マーケティング研究における標準化－適応化意思決定問題の理論的な予測能力に疑念を投げかけることとなったのである。

以上のような，日本企業が多国籍化を本格化した時期における日本における国際マーケティング研究の学説史的検討を通じて次のようなことが指摘できる。第1に，文脈依存性の希薄化である。日本企業が欧米企業と同じように多国籍化するに従い，初期の輸出マーケティングという問題意識から脱却し，多国籍製造企業を典型とする国際マーケティング主体による国際マーケティング研究が展開されるようになった。このことは必ずしも日本の国際マーケティング研究が，日本という文脈を無視して研究を行ってきたことを意味しない。むしろ，海外の理論の批判的な検討を通じた輸入学問からの脱却がこの時期に果たされたのである。

第2に，研究の経路依存性に関する問題である。欧米からの知識流入は，日本の国際マーケティング研究の多様化，そして，細分化を促した。特に，ポーターによる国際戦略のタイポロジーやバートレットとゴシャールによるトランスナショナル・ソリューションは，日本の国際マーケティング研究全体に多大なる影響を及ぼした。さらに，Takeuchi and Porter（1986）による標準化－適応化と競争優位の関係に関する指摘は，日本の標準化－適応化研究において支配的なアイデアとなった。要約すると，この時期の日本における国際マーケティング研究は，海外からの理論やフレームワークの強い影響を受けながら，多国籍企業のマーケティング行動を解明することに焦点が当てられたと言える。

第3に，この時期の日本の国際マーケティング研究が説明してきたことについて言及する。最大の特徴は，主に日系企業や日本市場・企業のデータを用いながら実証的に理論検証を本格化させたことであろう。日本企業の対外マーケティング，外資系企業の対日マーケティング，そして，国際市場細分化といった多様なマーケティング行動・現象に対する実証的証拠の蓄積こそ，この時期の国際マーケティング研究者が果たした貢献と言える。必ずしも定量的なデータのみならず，事例研究に基づいた定性的研究もまた，国際マーケティング研究を大きく進展させてきた。

最後に，この時期の日本の国際マーケティング研究が説明してこなかったことは何であろうか。まず，全体的傾向として，この時期における日本の国際マーケティング研究の世界に対する発信力は限定的であったと言わざるを得ない。欧米のいわゆるトップ・ジャーナルへの日本人研究者の投稿は極めて限られていた。欧米からの理論や概念の積極的な摂取と日本の文脈に根ざしたデータや事例の収集にも関わらず，輸入学問からの脱却の次の段階としての海外への理論輸出や実証的証拠の積み上げは，次の時代を待たねばならなかった。

そして，本書の「戦略からケイパビリティへ」という国際マーケティングにおける問題意識の基礎が築かれたのはまさにこの時代であった。すなわち，国際マーケティング標準化－適応化の意思決定問題が必ずしも企業の事業成果に寄与しないことが明らかとなったのである。理論的には標準化－適応化の同時達成が，競争優位，ひいては，事業成果に結びつくものとされていた。しかしながら，実証的証拠は，これを支持しなかった。むしろ，標準化行動はパターン化され，マーケティング以外の要因が成果に寄与している可能性が示唆されたのである。こうした検証結果の帰結は2つある。1つは，国際マーケティングから多国籍企業全体のマネジメントへの問題領域の拡張である（諸上 2000, 2001）。換言すれば，国際マーケティング現象の解明には，国際マーケティングのみならず，他の付加価値活動や本社－子会社の管理問題や市場環境・構造的要因の検証を要請するのである。もう1つの帰結は，マーケティング研究からもたらされた理論や概念の深耕である。戦略的意思決定の事業成果に対する説明力が限定的ならば，第3の道を探らねばならない。かくして，日本の国際マーケティング研究の新たな解明すべき問題として「マーケティング・ケイパビリティ」へとつながっていくのである。

第4節　戦略からマーケティング・ケイパビリティへ

2000年以降における日本における経済的文脈は次の2点に特徴付けられる。第1に，多国籍企業が世界中に拠点を配置した世界観である。Douglas and

Craig（1989）によると初期参入段階では，本国とは異質的な経営環境における参入問題が企業にとって大きな課題となる。参入する国，参入形態，参入の順序とタイミングを考慮しながら，マーケティング・ミックスの標準化ないし適応化の意思決定に関心が向けられる。やがて現地市場拡大段階では，複数国間でマーケティング戦略が修正され，新ブランドの開発と獲得が行われ，そして，コストの共有が行われる。例えば，汎ヨーロッパ的な広告の標準化はその好例である。そして，グローバル合理化段階では，国や地域間でのマーケティング・ミックスの調整や，マーケティングと調達・生産の統合や，国家間での資源配分が行われる。グローバルブランドの構築やサプライチェーン・マネジメント（山下・諸上・村田 2003, 諸上 2005a, 諸上・大石・小田部・小林 2007）といった多国籍企業のネットワーク全体の問題が顕在化する。多国籍企業がグローバル合理化を推進する中で海外市場においてさらなる経験を獲得していくと，もはやマーケティング活動の標準化ないし適応化の意思決定は，少なくとも先進国市場において，初期参入段階や現地市場拡大段階に比べて重要度が低下する。なぜなら，海外市場からの学習を通じて多国籍企業の戦略策定がルーチン化し，固定化する傾向があるからである。

第2は，新興国市場に代表される先進国とは極めて異質で動態的な市場での多国籍企業の活動の失敗である。例えば，2000年代以降の日系エレクトロニクス企業の新興国市場における活動は，現地市場の適応や新興国出身の企業との競争により，必ずしも成功しているとは言えない。天野（2010）によると，先進国と新興国間の市場の非連続性の存在ゆえに，先進国で形成された多国籍企業の資源は，しばしば新興市場では適用できない。そのため，新興国市場への参入とボリュームゾーンへの浸透を果たす条件として，①資源配分と組織調整，②市場志向とコミットメント，③製品戦略と市場開発，④資源開発の戦略，そして，⑤新しいケイパビリティの獲得について議論している。すなわち，異質性と動態性の高い新興国市場で成功するためには，これまでのやり方や仕組みを変えねばならないのである。

これら2つの文脈的要因は，相互に関連している。戦略策定や管理方式が固定的となった多国籍企業の組織慣性を変化させるのは，その多国籍企業が市場の動態性を認知できるかどうかにかかっている。日本の一部の製造企業にとっての新興国市場におけるマーケティングの失敗という認識は，まさに外的圧力として組織変革を引き起こす大きな要因となっている。当然ながら，日本の国際マーケティング研究は，今日の日系多国籍企業を取り巻く文脈的要因を基礎に論理展開をせねばならない。

ここで改めて，日本企業が多国籍化を進展させている時期の日本の国際マーケティングが説明してこなかった問題に立ち返ってみよう。それは，戦略策定や管理方式だけでは多国籍企業の事業成果が説明できないという点であった。この問題意識は，極めて経路依存的に構築されてきたと言える。近年，国際ビジネス研究学会や多国籍企業学会において日本の研究の国際競争力に関する議論が盛んになっている（Asakawa 2014 参照）。こうした議論に日本的な研究コミュニティの経路依存的な特徴を付け加えるとすると，垂直的な師弟関係を通じて（そして，同門の水平的人間関係を通じて）経路依存的に問題意識が継承され，醸成されてきたという点である。本章において学説的に検討してきたのは，まさにこうした経路依存的な理論の批判的検討とリサーチ・クエスチョンの発展的継承のあり方に他ならない。本書の執筆陣は，明治大学商学部の諸上茂登教授のご指導とご薫陶を受けた研究者から構成されている。諸上教授は，本章の冒頭で引用した明治大学の石田貞夫教授の貿易マーケティング論の系譜を引き継いでおられる。商社主体の貿易マーケティング研究から多国籍企業主体の国際マーケティング研究へと日本の国際マーケティング研究を牽引されてきた諸上教授が，標準化－適応化意思決定と事業成果の関係の実証的研究から見出した課題こそが，本書における「戦略からケイパビリティへ」という問題意識の基礎となっている。当然ながら，本章で引用させていただいた様々な日本及び海外の国際マーケティング研究者から理論や実証的手法に関して多大なる影響を受け，我々の問題意識が精緻化されてきたことは言うまでもない。換言するならば，日本における国際マーケティング研究の優れた先人たちの業績をもとに本書は執筆されているのである。ケイパビリティ＝能力というタームは，初期の国際マーケティング研究でもしばしばその重要性が指摘されてきた。我々は，古くて新しい問題に対して，今日的な理論的用具と実証的手法によってアプローチしようと試みているに過ぎないのである。

本章では日本の国際マーケティング研究学説を，文脈依存性と経路依存性に基づいて検討してきた。日本企業の多国籍化に伴って国際マーケティング研究は，時代ごとに問題意識を変容させながら発展してきた。今日の多国籍企業の配置完了と市場の動態性認識という文脈的側面を所与としながら，経路依存的に構築された「戦略からケイパビリティへ」という問題意識は，「日系多国籍企業の現地子会社における標準化－適応化戦略，マーケティング・ケイパビリティ，本社－子会社間調整と事業成果との関係を実証的に明らかにする」というリサーチ・クエスチョンとして現実のテスト（定性及び定量分析）を受ける。特に，マーケティング・ケイパビリティが，戦略的意思決定と事業成果の関係性をいかに強化するかが本書で解明すべき実証的課題である。次章では，網羅的な先行研究の検討を通じて本書の分析フレームワークが提示される。

［参考文献］

天野倫文（2010）「新興国市場戦略の諸観点と国際経営論：非連続な市場への適応と創造」『国際ビジネス研究』2(2), 1-21。

Asakawa, K. (2014), "Distinctiveness of Japan's IB Research: What Makes It So Unique?," *JAPAN MNE Insights*, 1(1), pp.3-5.

青山秀男（1951）『マックス・ウエーバー：基督教的ヒューマニズムと現代』岩波新書。

Aulakh, P. S. and M. Kotabe, (1993), "An assessment of theoretical and Methodological development in international marketing: 1980-1990," *Journal of International Marketing*, Vol. 1, No. 2, pp.5-28.

Bartels, R. (1988), *The History of Marketing Thought*, 3rd. ed., Columbus: Publishing Horizons.

Bartlett, C. A. and S. Ghoshal (1987), *Managing across Borders: New Strategic Requirements*, Harvard Business School Press.

Cavusgil, S. T. and T. Li (1992), International Marketing: An Annotated Bibliography, American Marketing Association.

Craig, C. Sammuel and Susan P. Douglas (2005), *International Marketing Research*, 3rd ed. Wiley.

Douglas, Susan P. and C. Samuel Craig (1989), "Evolution of Global Marketing Strategy: Scale, Scope and Synergy," *Columbia Journal of World Business*, Vol. 24, Fall, 89, pp.47-59.

深見義一編（1967）『国際マーケティング』有斐閣。

萩野典宏（1970）「国際マーケティングの基礎概念（1）：国際市場革新・融合の論理」『六甲台論集』17(3), 25-35頁。

萩野典宏（1977）『多国籍マーケティング行動論』千倉書房。

Hall, E. T. (1976), *Beyond Culture*, Anchor Press.

浜谷源蔵（1948）『最近貿易実務誌（新訂版）』同文舘。

――――（1954）『入門貿易実務』同文舘。

――――（1956）『貿易経営論』同文舘。

菱沼勇（1955）『エキスポート・マーケティング』同文舘。

生島廣治郎編（1964）『輸出マーケティング戦略論』千倉書房。

石田貞夫（1957）『貿易実践入門』春秋社。

――――（1959a）『貿易実務概論』新思潮社。

――――（1959b）『貿易実務』白桃書房。

――――（1960）『貿易商務論』白桃書房。

――――（1967）「国際マーケティングとわが国の貿易企業」『明大商学論叢』51(3・4), 39-80頁。

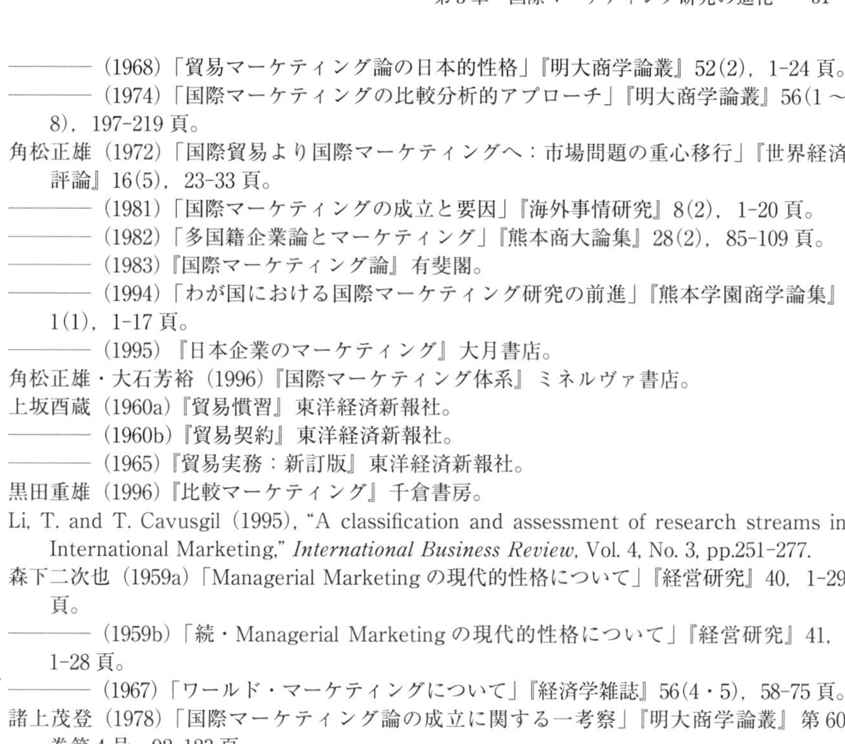

――――（1968）「貿易マーケティング論の日本的性格」『明大商学論叢』52(2)，1-24頁。

――――（1974）「国際マーケティングの比較分析的アプローチ」『明大商学論叢』56(1～8)，197-219頁。

角松正雄（1972）「国際貿易より国際マーケティングへ：市場問題の重心移行」『世界経済評論』16(5)，23-33頁。

――――（1981）「国際マーケティングの成立と要因」『海外事情研究』8(2)，1-20頁。

――――（1982）「多国籍企業論とマーケティング」『熊本商大論集』28(2)，85-109頁。

――――（1983）『国際マーケティング論』有斐閣。

――――（1994）「わが国における国際マーケティング研究の前進」『熊本学園商学論集』1(1)，1-17頁。

――――（1995）『日本企業のマーケティング』大月書店。

角松正雄・大石芳裕（1996）『国際マーケティング体系』ミネルヴァ書店。

上坂酉蔵（1960a）『貿易慣習』東洋経済新報社。

――――（1960b）『貿易契約』東洋経済新報社。

――――（1965）『貿易実務：新訂版』東洋経済新報社。

黒田重雄（1996）『比較マーケティング』千倉書房。

Li, T. and T. Cavusgil (1995), “A classification and assessment of research streams in International Marketing,” *International Business Review*, Vol. 4, No. 3, pp.251-277.

森下二次也（1959a）「Managerial Marketingの現代的性格について」『経営研究』40，1-29頁。

――――（1959b）「続・Managerial Marketingの現代的性格について」『経営研究』41，1-28頁。

――――（1967）「ワールド・マーケティングについて」『経済学雑誌』56(4・5)，58-75頁。

諸上茂登（1978）「国際マーケティング論の成立に関する一考察」『明大商学論叢』第60巻第4号，92-123頁。

――――（1979）「国際マーケティング論体系化のための予備的考察：その理論化方向と産業組織論アプローチの示唆」『明大商学論叢』第61巻第8号，17-60頁。

――――（1980a）「国際マーケティングの分析枠組みに関する一考察：産業組織論的枠国適用の限界」』第62巻第5号，81-110頁。

――――（1980b）「国際マーケティングの分析枠組の構想のために：市場構造分析の諸アプローチとその示唆」『明大商学論叢』第63巻第1号，95-132頁。

――――（1981）「世界市場のセグメンテーション研究の一視覚：消費者の国別ステレオタイプ化について」『明大商学論叢』第64巻第1・2号，109-149頁。

――――（1984）「在米日系企業のマーケティング活動に関する実証的分析：特に売上高に重要な影響をおよぼすマーケティング要因について」『明大商学論叢』第67巻第1号，47-71頁。

――――（1985a）「消費者行動の比較文化的研究の方法に関する一考察」『明大商学論叢』第67巻第1-7号，523-549頁。

――――（1985b）「広告活動の国際的標準化に関する実証的研究その1：市場環境要因との関係を中心として」『明大商学論叢』第68巻第1・2号，105-130頁。

――――（1986）「日本企業にみるマ－ケティング活動の国際的標準化について：市場環境要因と広告活動の標準化との関係を中心として」『日本貿易学会年報』第23巻，38-45頁。

――――（1987a）「広告表現の国際的標準化企業のプロフィール」『日本貿易学会年報』第24巻，15-19頁。

――――（1987b）「国際市場細分化分析への価値変数の導入：その意義と方法について」

『明大商学論叢』第70巻第1号，19-35頁。
――――（1988a）「アジアNICs製品の輸入促進のための一視点：価値観に基づく市場細分化分析を中心として」『日本貿易学会年報』第25巻，28-33頁。
――――（1988b）「韓国製品の対日輸出促進のためのサイコグラフィック戦略」『日本貿易学会年報』第25巻，62-64頁。
――――（1989）『アジアNIES製品 イン ジャパン』同文舘出版。
――――（1990）「在日外資系企業のマーケティング戦略タイプと市場評価，成果に関する実証的研究」『商学論究』第38巻第2号，65-88頁。
――――（1991）「自動車産業のグローバリゼーションと日本の消費者の対応：首都圏ドライバーの意識調査を中心として（自動車産業のグローバリゼーションと企業・消費者の対応）」『明治大学社会科学研究所紀要』第30巻第1号，109-166頁。
――――（1992a）「成功的な対日マーケティングの戦略タイプに関する実証的研究：欧米系企業と韓国企業の比較から」『商学論叢』第33巻第4・5号，51-74頁。
――――（1992b）「韓国企業の対日マーケティングの現状と課題」『日本貿易学会年報』第39巻，36-42頁。
――――（1992c）「国際マーケティングにおける市場細分化研究の現状と課題（柴田政利博士古稀記念号）」『明大商学論叢』第75巻2・3・4巻，77-102頁。
――――（1993）『市場細分化の研究』同文舘出版。
――――（1994）「グローバル経営の類型化について（石田貞夫博士古稀記念号）」『明大商学論叢』第76巻1巻，143-160頁。
――――（1997）「韓国企業の対日マ－ケティング戦略についての再考」『明治大学社会科学研究所紀要』第36巻第1号，97-115頁。
――――（2000）「国際マーケティング研究における「標準化VS.適応化」フレームは不毛か（第39回〔日本貿易学会〕全国大会研究報告）」『日本貿易学会年報』第37巻，109-115頁。
――――（2001）「国際マーケティング関連行動と企業グループ経営成果について」『明大商学論叢』第83巻3巻，121-146頁。
――――（2003）「国際マーケティング行動と経営成果に関する最近の研究動向と課題」『熊本学園商学論集』第9巻3巻，11-26頁。
――――（2005a）「第1章 グローバルSCMの概念と戦略（共同研究 グローバルSCMが経営成果に及ぼす影響に関する理論的・実証的研究）」『明治大学社会科学研究所紀要』第43巻第2号，9-22頁。
――――（2005b）「グローバル企業の組織：意思決定プロセスにおける手続き公正の役割」竹田士郎編著『日本企業のグローバル市場開発』中央経済社。
諸上茂登・藤澤武史（2004）『グローバル・マーケティング』中央経済社。
諸上茂登・根本孝（1996）『グローバル経営の調整メカニズム（明治大学社会科学研究所叢書）』文眞堂。
諸上茂登・大石芳裕・小田部正明・小林一（2007）『戦略的SCMケイパビリティ』同文舘出版。
――――（2012）『国際マーケティング論の系譜と新展開』同文舘出版。
根本孝・諸上茂登（1986）『国際経営の進化』学文社。
日本商業学会編（1963）『海外マーケティング』千倉書房。
大石芳裕（1993a）「国際マーケティング標準化論争の教訓」『佐賀大学経済論集』26(1)，1-34頁。
――――（1993b）「グローバル・マーケィングの分析枠組」『佐賀大学経済論集』26(2)，1-27頁。

――――（1993c）「グローバル・マーケティングの具体的方策」『佐賀大学経済論集』26(3), 1-25 頁。
――――（1997）「国際マーケティングの複合化の実態」『経営論集』44(3-4), 157-198 頁。
――――（2003）「日本における国際マーケティング研究：角松正雄先生の研究を中心に」『熊本学園商学論集』9(3), 27-49 頁。
Servan-Schreiber, Jean-Jacques (1968), *The American Challenge*, Hamish Hamilton Ltd.
下川浩一（1997）『マーケティング：歴史と国際比較』文眞堂。
鈴木典比古（1989）『国際マーケティング』同文舘出版。
髙井　眞（1963a）「海外販売とマーケティング：貿易経営におけるマーケティング活動の重要性」日本商業学会編『海外マーケティング』千倉書房, 41-60 頁。
――――（1963b）「エキスポート・マーケティングと販売経路の確立：その問題点を中心にして」『商學論究』11(2), 55-74 頁。
――――（1967）「輸出マーケティング計画の理念と構造」『商學論究』14(4), 61-79 頁。
――――（1968a）「国際マーケティングにおける「顧客」の把握について」『商學論究』15(4), 33-49 頁。
――――（1968b）『輸出マーケティング計画』法律文化社。
――――（1973）「多国籍企業マーケティングに関する一考察：その特質と基本的問題点について」『商學論究』21(1・2), 1-18 頁。
――――（1976）「多国籍企業におけるマーケティング活動の統合化：人的交流の重要性をめぐって」『商學論究』23(3), 1-14 頁。
――――（1980）「国際マーケティング戦略の概念とその構造：戦略的企業行動の展開に向けて」『商學論究』27(1・2・3・4), 1-20 頁。
竹田志郎（1977）「日本的多国籍企業成立の基本条件（12）：日本企業の多国籍企業化とマーケティングの役割」『世界経済評論』21(9), 66-74 頁。
――――（1982）「マーケティング」山崎清・竹田志郎編『国際経営』第 12 章, 有斐閣。
――――（1984）「在日外資系企業にみるマーケティング行動の分析」『経済論集』37, 133-154 頁。
――――（1985）『日本企業の国際マーケティング』同文舘出版。
――――（1992）「国際マーケティングにおける販売経路構築の先行的役割に関する再論：在日外資系企業の分析を中心に」『横浜経営研究』13(2), 121-137 頁。
――――（2003）「国際マーケティング研究の道標：角松正雄教授に学ぶ」『熊本学園商学論集』9(3), 1-10 頁。
Takeuchi, H. and M. E. Porter (1986), "The Strategic Role of International Marketing: Managing the Nature and Extent of Worldwide Coordination," in Porter, M. E. (ed.), *Competition in Global Industries*, Cambridge, Mass. Harvard Graduate School of Business Administration.（土岐坤・中辻萬治・小野寺武夫訳（1989）『グローバル企業の競争戦略』ダイヤモンド社。）
津田　昇（1968）『輸出マーケティング論』東洋経済新報社。
Usui, K. (2000), "the Interpretation of Arch Wilkinson Show's Thought by Japanese Scholars," *Journal of Macromarketing*, Vol. 20, No. 2, pp.128-136.
Wind, Y. and S. Douglas (1980), "Comparative Methodology and Marketing Theory," in *Theoretical Developments in Marketing*, pp.30-33.
山下洋・諸上茂登・村田潔（2003）『グローバル SCM：サプライチェーン・マネジメントの新しい潮流』有斐閣。

（馬場　一）

第4章

国際マーケティング・ケイパビリティ研究

―概念フレームワークの構築―

第1節　はじめに

国際マーケティング研究は，国境を越えるマーケティングが新たに注視しなければならない要素を識別し，あるべきマーケティング戦略（意思決定）と事業成果の関係を理論的，実証的に検討してきた。新しい変数を導入した数々の実証研究は，個別の国際マーケティング戦略課題（例えば，海外市場参入モードの選択，マーケティング戦略の標準化－適応化，ブランド管理など）に対する解を用意することに貢献してきた。しかし国際マーケティング戦略と競争優位（事業成果）の関係については，理論的にも実証的にも十分な証拠を示すことができないまま現在に至っている。そこで近年，研究の焦点は優れた国際マーケティング戦略を立案し，これを優れて実行する組織能力の内容と事業成果との関係の解明へ移行している。「何をすべきか（戦略）」ではなく「そもそもどうすれば実行できるのかそして実行し続けられるのか（組織能力）」という問いである。

国際マーケティングの実践を担うGMO（Global Marketing Officer），現地子会社経営陣そして現地マーケティング・マネジャーは，優れた国際マーケティング戦略を計画し，これを優れて実行するための組織能力の構築と日々格闘している。特に世界的に生産・販売拠点を拡張する多国籍企業にとって，国際マーケティングに関する組織能力の開発と改善は，それぞれの現地市場の開拓と拡張を決定づける極めて重要な経営資源である。

近年この組織能力研究において，「マーケティング・ケイパビリティ」の概念化と実証研究が活況を呈している。マーケティング・ケイパビリティとは「期待する市場成果を達成するマーケティングタスクを実行するために，使用可能な経営資源を活用する組織能力」と定義され，事業成果をよりよく説明する有力な構成概念として注目を集めている（Morgan *et al.* 2012, Morgan *et al.* 2018）。しかし，このマーケティング・ケイパビリティの国際マーケティングへの応用は輸出企業や新規国際化企業を対象とした研究にとどまり，多国籍企業を対象とした研究はほとんど進んでいない。多国籍企業における国際マーケティング・ケイパビリティとは何か（内容分析），事業成果をどこまで説明できるのか。研究者はかかる研究課題に対して，理論的，経験的な知見に基づき命題を開発し，定性的，定量的な証拠（エビデンス）を用いて体系的なガイドラインを実務家へ示すことが期待されている。

そこで本章ではまずその準備として，国際マーケティング研究の中核として長らく君臨してきた標準化－適応化研究を振り返り，その目的，成果，そして限界の検討を通じて多国籍企業固有の国際マーケティング課題を浮き彫りにする。その上で，現地市場とのインターフェイス構築，本社－子会社間調整，他部門との連携などを含む多国籍企業独自の国際マーケティング・ケイパビリティと競争優位の関係を理論的に検討する。多国籍企業が備えるべき国際マーケティング・ケイパビリティの内容を明らかにし，事業成果との関係を分析する概念フレームワークを開発する。

「戦略からケイパビリティへ」。本章は1980年代から現在まで約40年間にわたる国際マーケティング研究の系譜を辿り，新しい研究ドメインとして，多国籍企業における国際マーケティング・ケイパビリティの論理を開発する。

第2節　標準化－適応化戦略とその限界

国際マーケティング研究では長らくマーケティング戦略（主に4P）の標準化－適応化論争を繰り広げてきた。しかし先行研究は事業成果（競争優位，市場成果，財務成果等）を説明するには標準化－適応化戦略の内容を問うのみでは限界があることを次第に明らかにしてきた。本節では臼井（2006）によるレビューに基づき標準化－適応化研究の系譜を確認し，その限界を指摘する。

1. 標準化－適応化論争

企業はなぜマーケティング戦略を世界的に標準化するのかあるいは現地市場へ適応化するのか。標準化とは，製品デザインと特性，ブランドネーム，パッケージ（製品基本機能，中核的構成部品，周辺的構成部品），流通方式，価格デザイン，プロモーションにおけるメディア選択，広告表現などの所謂 4P を本国のそれに標準化して現地市場へ移転し，画一的（uniformity）に実行することである（Buzzel 1968, Quelch and Hoff 1986, Sorenson and Wiechman 1975, 諸上 2000, 2001）。マーケティング戦略を世界的に標準化すれば企業は新製品（イノベーション）の素早い普及，コスト低減，統一的イメージの世界的な訴求などの便益（ベネフィット）を享受できる。一方で国や地域市場ごとの特殊事情に個別に対応する適応化は現地顧客の心を掴み，現地パートナー企業との関係を強化するために不可欠である。いずれの戦略が正しいのだろうか。研究者たちは長期にわたりこの問いを実証的に検討してきた。

標準化－適応化研究は，米国企業の国際化とりわけ欧州への進出を背景として 1950 年代に登場した。当初は広告プログラムを分析対象とし現地市場への標準化の可能性を検討してきた（Agrawal 1995）。80 年代前半までの研究は概して 4P を標準化して展開可能か否かという問題に関心があった。この問題設定は，標準化には多大な便益が内在し，その便益を享受するためには標準化を阻害する要因を正しく識別することが実務上の課題であったことを背景としている。

標準化の便益には，①規模の経済性，とりわけ製品デザインの標準化によるコスト低減，②顧客との取引における一貫性の獲得，③計画と統制の改善，④優れたアイデア（万国共通）の利用がある[1)]。なかでも規模の経済性は製品デザインの標準化によるコスト低減に資する最も明確で重要な便益である。バゼルは「複数の市場において機能とデザイン特長にいくつかのバリエーションを揃えた同一の基本製品を提供することによって企業（製造業者）はしばしばより長期の生産期間を確保でき，（累積した）R&D コストを大規模な生産量へ分散することを通じて総単位コストを低減できる」と述べ（Buzzel 1968, p.104），標準化が販売量拡大よりもむしろコスト低減の動因になると指摘している。また「顧客との取引における一貫性の獲得」は，標準化による統一的イメージの訴求という便益をもたらし，特にグローバルブランド管理に有効である。

その後，標準化が多国籍企業の国際マーケティングへ多大な便益をもたらすことを強く説いたのはセオドア・レビットである（Douglas and Wind 1987, 大石 1993a,b, Levitt 1983）。彼の主張は標準化－適応化論争のバランスを「大きく標準化の方向へ傾ける」役割を果たした（大石 1993a）。レビット論文は，標準化がもたらす便益をそれまでのコスト低減の論調からイノベーティブで高品質な製品によるグローバル市場開発へ移行させた。大石（1993a）によれば，レビットの論理は次のようになる。まず「技術の発達」と「国際寡占間競争の激化」が「（グローバル）市場の同質化」を推進し，企業へ「国際マーケティングの標準化」を促す。そして「国際マーケティングの標準化」が「市場の同質化」をさらに推し進めるという相互作用が働く。画して企業は国際マーケティングの標準化を標榜するようになる。レビットの論理へ影響を与えた当時の現実は，高品質，低価格製品で世界市場を席巻する日系製造業の勢いにあった。世界市場がいずれ同質化するであれば，高品質でイノベーティブな製品を最も低価格で供給することが多国籍企業の成功の鍵となる。彼のいう「成功」とは市場の地理的範囲の拡張と利潤の最大化である。つまり彼は，多国籍企業の優位性の源泉を，マーケティング戦略の標準化によるコスト低減ならびに高品質でイノベーティブな製品の開発と世界市場への素早い普及・販売に求めた。近年のアップル社の「iPhone」や「iPad」もこのレビット説の有力な証拠となっていると考えると興味深い。レビットは約35年も前に標準化マーケティングの有効性を予見していたことになる。

レビット説へ批判は2つある。1つは「市場の同質化」への批判，そしていま1つは「製品を中心とする国際マーケティングの見方」への批判であった。レビットのいう標準化は，同質的なニーズをもつグローバル市場セグメントのみに通用する議論であり，すべての産業や製品・サービスへは適用できず，一国内でも市場を細分化する時代に世界市場を1つのマス市場と捉えることに矛盾がある（Douglas and Wind 1987）。レビットは製品の標準化こそが多国籍企業の成功の鍵であると考えたが，ダグラスとウインド（1987）は，製品戦略は4Pの一部であり，流通やプロモーション，価格デザインを考慮すべきであると述べている。また製品の生産コストはしばしば総コスト内のマイナーな要素であるとも述べている。「化粧品，洗剤，製薬，金融サービスなどの多くの消費財とサービス産業において，生産コストは総コストのわずかな割合であり，これら市場における鍵となる成功要因は，生産効率よりはむしろ，流通チャネルの開発と管理，顧客の選好と購買行動を理解すること，そして顧客に対して製品仕様やアプローチ方法を個別仕様化（tailoring）することである」（Douglas and Wind 1987, p.23）と述べ，適応化の便益を説いた。

我が国の論壇においても竹田が「チャネル（販売経路）先行仮説」を提唱していることはよく知られている（竹田 1985, 1992）。竹田は日系企業の海外進出実態の観察を通じて，現地市場への参入初期段階においては，4Pの中でもチャネル開発と管理を最も重視すべきであり，チャネル開発こそが現地市場での成功の鍵となると説く。大石（2016）もまた近年の新興国市場開発の文脈において，チャネル先行仮説の有効性を支持している。

標準化－適応化論争はこの後もレビット説を中心に展開されるが，研究者の間では標準化－適応化は外部／内部の諸要因によって影響を受けるコンティンジェントな意思決定であると考えられるようになった（Agrawal 1995）。ダグラスとウインドの批判も結局は産業要因が標準化度へ影響するという結論へ帰結する。それでは一体どのような条件（影響要因）が，標準化あるいは適応化を促すのか。標準化と適応化は，事業成果をどこまで説明できるのかという実証命題が登場することになる。

2. 実証研究の一般的傾向と限界

国際マーケティング戦略の意思決定への影響要因を整理したJain（1989）論文以降，90年代に影響要因と標準化－適応化そして事業成果の関係を分析する実証研究が登場する（例えば，Samiee and Roth 1992, Cavusgil and Zou 1993）。しかしそれぞれ異なるコンテクスト，分析セッティング（分析単位，時間と空間，影響要因と行動の内容，成果変数，測定具）のもとで当然異なる結果を示しており，それらの直接比較は困難である（馬場 2004）。このように困難はあるものの，ここでは2003年に*International Business Review*誌に発表されたセオドシウとレオニドウ（2003）によるレビューに基づき，標準化－適応化と影響要因，事業成果の関係分析における一般的傾向を確認しておく[2)]。彼らは一定の条件[3)]の下で42の実証論文を選び，メタ分析を行っている。メタ分析の結果は，図表4-1に要約している。詳しく確認していこう。

図表 4-1　標準化－適応化の実証研究のメタ分析結果

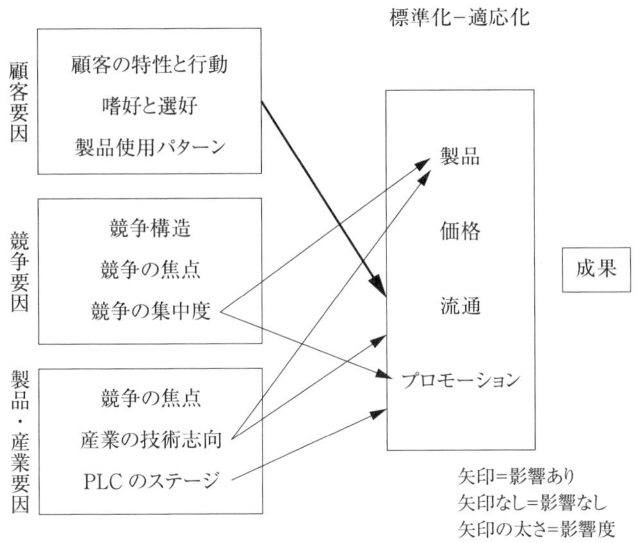

（注）　7要因のうち影響の確認できた3要因のみを図式化した。
出典：Theodosiou and Leonidou（2003）を参考に筆者作成。

第1に影響要因（antecedent：先行条件）の一般的傾向を確認しておこう。彼らは7つの影響要因を識別している。環境要因，市場要因，顧客要因，競争要因，製品・産業要因，組織要因，経営管理要因である。これら7つの影響要因の中で，マーケティング戦略の標準化－適応化の意思決定へ影響を与えているのは，顧客要因，競争要因，製品・産業要因の3要因のみである。まず顧客要因（顧客の特性と行動，嗜好と選好，製品使用パターン）は，製品のみならず4P全体へ強い影響を与えている。また競争要因（競争構造，競争の焦点，競争の集中度）では競争の集中度が製品とプロモーションの適応化へ影響を与えている。つまり，現地市場において少数の企業が市場シェアの大部分を占めている時，後から参入してきた外国企業は製品とプロモーションを現地に適応化する傾向にある。さらに製品・産業要因（製品特性，産業の技術志向性，PLC のステージ）では，産業の技術志向性の高さが，4P全体の標準化とりわけ製品の標準化を促し，PLC（製品ライフサイクル）のステージの類似性が4P全体の標準化へ影響を与えている。製品特性についてはいくつかの定説が存在する。前出の Sorenson and Wiechman（1975）は非食品関連製品が食品関連製品に比べ高い標準化傾向にあると述べている。またWind and Douglas（1972）も国や地域の文化的要因に影響を受けるカルチャー・バウンド製品（例えば，衣食住関連製品）よりも，それらの影響を受けにくいカルチャー・フリー製品が高い標準化傾向にあることを早くから指摘している。さらにJain（1989）が産業財は消費財より高い標準化傾向にあると指摘している。iPhoneのようなイノベーティブな製品の標準化度が高いのはこれで頷ける。

一方，7要因のうち，環境要因（政治的，法的，経済的要因，社会文化的，物理的要因），市場要因（マーケティング行動上のインフラ，流通構造，メディア，市場規模），組織要因（本社の国籍，所有によるコントロール度合い，企業の国際経験，市場におけるポジション），経営管理要因（意思決定の本社への集中度合い，海外市場適応に対する企業の志向性）などの諸要因は標準化－適応化への影響が限定的である。例えば，環境要因は標準化の阻害要因になると考えた45論文中18論文がこの仮説を支持する一方で25論文は有意差なしと報告している。また組織要因においては，1論文のみが企業の国際経験が製品とプロモーションの適応化へ影響を与える結果を示すに留まっている。

次に4Pの内容と標準化度の関係を見ておこう。彼らは4Pのなかでも製品が最も標準化度が高いことを発見している。製品の標準化度が他の戦略（価格，流通，プロモーション）と比較して相対的に高い理由は3つある。①R&Dと生産における規模の経済性による便益を獲得することへのより大きなインセンティブ，②製品ライフサイクルの益々短縮化によって市場への新製品の急速な普及への要望が高まっている，そして③より統一的な生産コントロール・品質基準の導入を通じて実現する精度の高い経営管理に対するニーズの高まりである。製品が最も標準化度が高い（適応化度合いが低い）のに対して，価格はより適応化度が高く，流通は最も適応化度が高く，プロモーションは平均を上回る適応化レベルであると報告している。この結果は先述のレビット説とダグラスとウインド説と一致している。

最後に事業成果との関係について確認する。標準化－適応化が事業成果へ与える影響について先行研究は混在した結果を示している。例えば，利益関連成果への影響については，16本が有意差なし，14本がマイナスの影響，6本がプラスの影響という全く混在した状態にある。市場シェア関連成果に関してはほとんどの研究において有意差なしと報告されている。ある論文では，中核部品の標準化，製品ラインの標準化が売上関連成果へ正の影響を与え，製品の周辺部分の標準化は負の影響があると報告している。セオドシオスとレオニドウは標準化－適応化の事業成果への影響は限定的であると結論づけている。

彼らのメタ分析は，実証研究間の比較が困難であることから，その解釈には一定の考慮が必要となる。実証研究の一般的傾向を慎重に検討するためには，同様の分析セッティングでの長期的なサーベイ研究を参照することが適している。これには諸上による日系多国籍企業を対象とする94年から2002年までの長期的な実証研究がある（諸上2000, 2001, 2003）。諸上は，4回のアンケート調査を踏まえ業界を越えた標準化－適応化の一般的傾向を抽出している。それらは，①業界毎の類似性（例えば，電器機械と輸送機器では標準化度が高い），②継時的な標準化度の上昇傾向，③4P間の標準化度の差（製品基本機能，製品構成部品，付属品，ブランドネーム，品質保証の標準化度が相対的に高く，販売価格と販売方法については相対的に低く，標的顧客，製品ポジショニング，広告テーマは中位的である）の3つである。加えて諸上は標準化－適応化と事業成果の関係についても実証的に検討し，標準化と適応化は日系多国籍企業の事業成果に「直接的かつ重要な影響をほとんど与えていない」と報告している。日系多国籍企業を対象とする調査結果が，セオドシオスとレオニドウのメタ分析と一致することは大変興味深い。マーケティング戦略の標準化－適応化と事業成果の関係性は確認できないのである。

3. 同時達成論の台頭

世界的な機能配置が進んだ多国籍企業の出現を背景として，80年代後半より多国籍ネットワーク組織を前提とした標準化－適応化研究が登場する（Quelch and Hoff 1986）。特筆すべきは竹内弘高とマイケル・ポーターの論稿のインパクトである。彼らは標準化－適応化によって果たして企業は世界的な競争優位を獲得できるのかという問いを立て，標準化－適応化研究を戦略経営論との統合へ向かわせる契機をつくった（Takeuchi and Porter 1986）。競争優位を事業成果とする分析フレームを構築するためには，影響要因と標準化－適応化の適合度の測定だけでは十分な説明力を得ることは難しく，むしろ標準化－適応化の適切なバランスを達成するケイパビリティを分析すべきであるという見方が登場する。そこで竹内とポーターが注目したのが「価値連鎖システム」である。

研究開発，生産，ソーシング（調達），ロジスティックスの諸部門（機能）が保有する経営資源（技術やノウハウ）を連結し，それら世界的に分散する部門を配置間で調整して，規模と習熟の経済性を追求する多国籍企業のケイパビリティに注目が集まった。価値連鎖上の諸部門とマーケティング部門が保有する経営資源の活用とそれらを高度に連携，調整するケイパビリティこそが，標準化－適応化の適切なバランス達成と競争優位の源泉となるという主張である。

同時達成論については我が国の論壇においても90年代から2000年代かけて議論が展開された。まず諸上は標準化と適応化は一軸における二者択一の戦略ではなく，それぞれ独立した二軸二極の戦略であると指摘している（諸上1997）。世界的な機能配置が進んだグローバル合理化段階にある多国籍企業にとっては，この二軸（標準化と適応化）を二極（高－低）において高水準で同時達成（4Pの標準化と適応化度合いの高低の適切な組み合わせ）する能力が競争優位の源泉となる。また大石は，標準化－適応化（大石は適合化と呼ぶ）の同時達成には企業要因（価値連鎖場における競争優位の所在，市場におけるポジション，国際化度，本社－子会社関係など）が最も影響するという立場より，同時達成の方策として国際マーケティング・プログラムの複合化（duplication）を提案している（大石1993c）。これは，4Pを分解して適切に組み合わせる具体的な戦略である。

その後2000年代に入ると馬場（2004）が，標準化と適応化の同時達成メカニズムとして相互作用プロセスを提案している。馬場はオリジナルの標準化－適応化研究から乖離するとしつつも，同時達成メカニズムを説明するために，時間軸を取り入れた「能力構築」概念（藤本2003）を援用している。多国籍企業は適応化と標準化を相互に繰り返し，国際マーケティング能力を動態的に構築していく。馬場は標準化および適応化概念を用いて「いずれの企業が優れた国際マーケティング能力を持つのか」へと問題をシフトさせることの意義をいち早く指摘し，新たな研究の方向性を示している。そして臼井は，同時達成を高次元で実現するケイパビリティとしてマス・カスタマイゼーションを提案している（臼井2006, 2007）。グローバル・マス・カスタマイゼーションとは，マーケティング部門が各国市場から情報を収集し，価値連鎖の他部門と調整し，グローバル市場の広い範囲でかつ長期にわたって販売できる，標準化と適応化の適切なバランスをとったグローバル製品を開発する組織能力である。

以上のようにマーケティング戦略の標準化と適応化研究はその便益の吟味に

始まり，事業成果への説明力に注目が集まった。しかし長期にわたる論争と実証研究を経て，その説明力の限界が指摘されるようになった。そこで標準化－適応化戦略に代わって注目を集めるようになったのが，戦略を優れて立案し実行するケイパビリティである。

第3節　国際マーケティング・ケイパビリティ

影響要因を十分に考慮した適切な標準化－適応化戦略は，事業成果を十分に説明できないままにその役割を終えつつあった。そこで代わって登場したのが，組織能力に着目するケイパビリティ論である。諸上の二軸二極モデル，大石の複合化，馬場の相互作用プロセス，そして臼井のグローバル・マス・カスタマイゼーションのいずれにおいても，その実行においては組織能力が基礎をなす。本節ではまず戦略経営論におけるケイパビリティ概念を押さえたうえで，マーケティング・ケイパビリティと国際マーケティング・ケイパビリティに関する近年の研究をレビューし，その独自性と事業成果を説明する論理としての可能性を検討する。これら検討を通じて，戦略からケイパビリティへの分析視角のシフトの意義を考える。

1. ケイパビリティとは何か

戦略経営論では，90年代より企業内部要因を競争優位の源泉とする資源ベース・ヴュー（RBV）が関心を集めた。資源は，当該企業固有の生産要素であり複数の製品市場へ適用可能であると考えるのがRBVである（Barney 1986, 1991）。RBVの創始者のひとりであるワーナーフェルトは資源と製品はコインの裏表であり，資源は多くの製品市場へ適用可能であると考えた（多角化）（Wernerfelt 1984）。またプラハラドとハメルは，事業の間に横串を通し事業を緊密に結びつける「縫い糸」となるケイパビリティやスキルをコア・コンピタンスと呼んでいる（Prahalad and Hamel 1990）。3M社の接着剤やコーティングなどの技術プラットフォーム，ホンダのエンジン技術とディーラー・マネジメント能力，ソニーの小型化技術などをコア・コンピタンスの例にあげている（Collis and Montgomery 1998, Barney 2002）。RBVは，90年代から2000年代にかけて世界の論壇を賑わせ，経済的価値を生む，希少で，模倣困難な経営資源を企業内部で構築し維持することが持続可能な競争優位の源泉であると目されるようになった。

ケイパビリティはその無形性に着目する資源の一部分であり，複数の資源を結合させ資源間あるいはチーム・メンバー間の調整によってレントを獲得するノウハウ，知識，スキルと称される組織的な実行能力である（Grant 1991, Hall 1992, 小林 1996, 2002, Teece *et al.* 1997）。戦略的マーケティング研究の泰斗であるペンシルバニア大学ウォートンスクールのジョージ・S・デイ教授によれば，ケイパビリティは「組織的プロセスを通じて学習するスキルと知識の複雑な束であり，それらは企業が諸活動を調整し，資産を活用し，継続的な学習と改善を実行することを可能とする」（Day 1994）。ケイパビリティは，ルーティンないしは業務プロセスを含むが（Collis and Montgomery 1998, p.45），組織の存続と繁栄に貢献する「活動の大きなかたまり」である点において一般的なルーティン（日常的な作業）とは区別される（Winter 2000）。RBVでは資源のストック側面に焦点を合わせその模倣困難性のメカニズムと競争優位の持続可能性を関係付ける（Dierickx and Cool 1989）が，ケイパビリティもまた組織内部で時間をかけて蓄積されるストック（資産）である。つまり企業はケイパビリティを開発し，磨き上げるための投資を継続することを通じてこれを企業内部において開発・維持し，競争優位の源泉として活用できる。ケイパビリティは特定の企業が保有する独自の経営資源であり，一朝一夕に開発できるものではない。

ケイパビリティには，ルーティン的要素とダイナミック的要素が内在している。特定の業務を早く正しく実行できる能力（ルーティン的要素）とそれら複数の能力を繋げ更新し，全体で成果を最大化する能力（ダイナミック的要素）である（Winter 2000）。後者はダイナミック・ケイパビリティ（以下，DC）と呼ばれている。DC論の焦点は，静態的な戦略論への批判と修正にある。それまで支配的であったポジショニング・アプローチとRBVはそれぞれ市場条件と企業内部の経営資源にその焦点があるものの，その分析視角は静態的であった（臼井 2015）。一時点における望ましい市場条件と資源属性の識別を目的としてきた。一方DC論は，「市場変化に適応するための能力の構築と強化」に着目する（永野 2015）。

臼井では，以下のように整理している（臼井 2015, 9頁）。DC論では「オペレーティング・ルーティン」あるいは「一般的ケイパビリティ」と（Helfat and Winter 2011, Zollo and Winter 2002），それらの拡張，再配置，修正を司る「ダイナミック・ケイパビリティ」（Teece 2007, 2009）を区別する。変化の激しい市場への動的な適合度（進化的市場適合度）こそがDC論の成果指標である（Helfat *et al.* 2007）。一般的ケイパビリティとは専門的適合度に寄与するオペレーショナルなケイパビリティであり（Teece 2009），ルーティン的要素である。一般的ケイパビリティは製品・技術開発，生産技術，ブランド管理，流通販売など，各部門に蓄積される機能別のケイパビリティである。一般的ケイパビリティは組織がうまく物事を行うための土台であり，DCは変化する事業環境，技術機会の適切な評価に基づいて，適切なダイナミック性をともなって適切な物事を実行する能力である（Teece 2009, p.18）。

ケイパビリティは市場条件へ適合するための知識，ノウハウ，スキルなどの業務遂行において必要となる実行能力であり，現時点において企業が保有するストック，つまりルーティン的要素を含む。加えて，ケイパビリティには，市場環境の変化に合わせて資源（とケイパビリティ）の基盤を適切な形へ動態的に変換するダイナミック的要素も内在している。マーケティング・ケイパビリティにおいてもこの2要素が内在することは，後に開発する概念フレームワークにおいて詳しく論じる。

2. マーケティング・ケイパビリティ研究の登場

2018年，インディアナ大学のニール・モルガンの研究グループは*Journal of International Marketing*誌にマーケティング・ケイパビリティ研究のレビュー論文を発表している。モルガンはマーケティング・ケイパビリティを「期待する市場成果を達成するマーケティングタスクを実行するために，使用可能な経営資源を活用する能力」と定義している（Morgan *et al.* 2012, Morgan *et al.* 2018）。彼らは1999年以降に主要ジャーナルで発表された64論文のレビューに基づき，マーケティング・ケイパビリティの定義，構成概念と変数，方法論，実証結果を整理している。本節ではモルガンらのレビューを踏まえつつも1999年以前にまで立ち返り，マーケティング・ケイパビリティ研究の起源を辿る。この作業を通じてマーケティング・ケイパビリティ研究の意義と射程を確認したい。

戦略経営論におけるケイパビリティ研究の台頭とときを同じくして，90年代にマーケティング組織を対象としたケイパビリティ研究は開花する（Day 1994, Day and Montgomery 1999, Day and Wensley 1988, Workman *et al.* 1998）。それまでのマーケティング研究では，外部要因とマーケティング戦略のコンティンジェントな適合度を事業成果（市場成果，財務成果）の説明要因として仮定してきたが，マーケティング・ケイパビリティ研究ではそもそもこの適合を高めるためにマーケティング組織が備えるべきルーティン，知識，ノウハウ，スキルなどの解明へ焦点が移った。マーケティング・ケイパビリティ研究が想定する概念フレームワークは図表4-2に示す特徴を持つ。外部要因（顧客要因，競争要因，製品／産業要因など）の影響は無視できないものの，戦略の質と事業成果は企業が保有するマーケティング・ケイパビリティの優劣に大いに影響を受ける。戦略そのもの（内容）の優劣に加えて，優れた戦略を立案する能力，そしてこれを実行する能力の優劣が，高い事業成果を実現するのである。

ここでは戦略的マーケティング研究の泰斗であるジョージ・S・デイの研究を出発点として，マーケティング・ケイパビリティと事業成果の関係を結ぶロジックを確認する。デイは市場駆動型戦略（ないしは組織）と称して，企業が直面する競争構造，開発すべきケイパビリティと組織構造，成果との関係について考察している（Day 1990, Day and Wensley 1988）。そして，1994年に*Journal of Marketing*誌に発表した論文においてマーケティング・ケイパビリティの具体的な内容を提案している（Day 1994）。そこで彼が提唱したのが組織外部から内部への流れ（アウトサイドイン）と内部から外部への流れ（インサイドアウト）である（図表4-3）。彼は，市場と企業組織内部の経営資源を結

図表4-2　マーケティング・ケイパビリティの概念フレームワーク

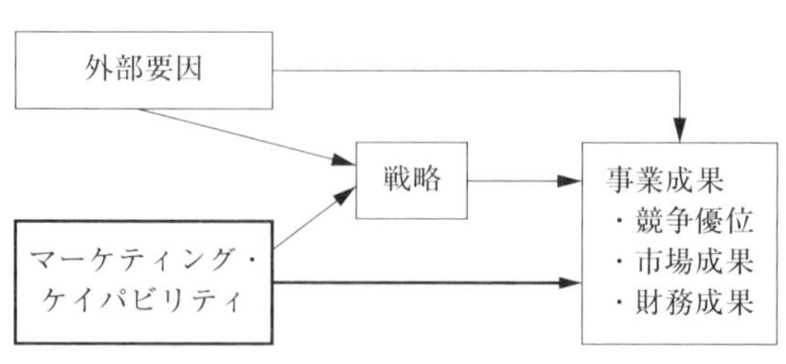

出典：筆者作成。

図表 4-3　デイによるマーケティング・ケイパビリティの3分類

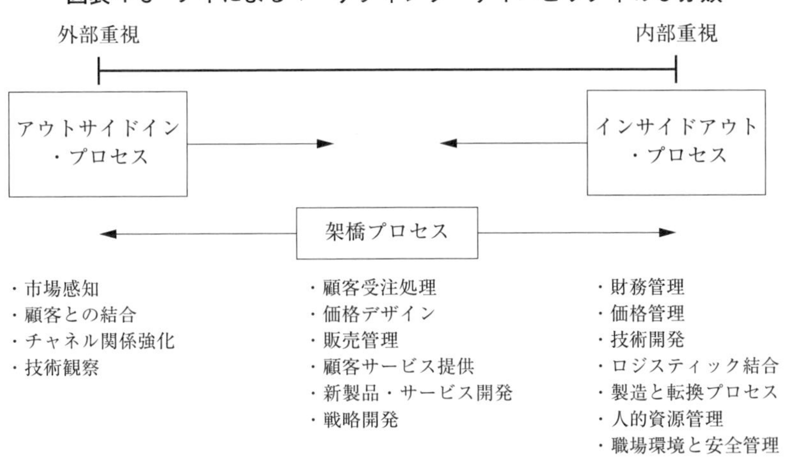

出典：Day（1994）p.41より。

合して価値創造を実現する組織能力を，マーケティング・ケイパビリティと呼んでいる。詳しく見ていこう。

アウトサイドイン・プロセスとは企業が顧客，競争相手，パートナー企業（流通業者含む）などの外部との関係を強化し，優れた市場情報を獲得し，先んじて活用するケイパビリティである。彼は市場感知ならびに顧客とチャネルメンバーとの緊密な関係性（bonding）が競争優位の源泉であると考え，これを市場駆動型戦略と呼んだ。彼は特に市場感知ケイパビリティを重視している。市場感知ケイパビリティは顧客志向，競合志向，機能横断的調整の3つの要素より構成される。ターゲット顧客と競合（将来も含む）をよく観察，理解し，組織内の複数の部門と協力して顧客へ価値を創造する能力が市場感知ケイパビリティである。デイの研究は，ティースらのDC論に先駆けて企業組織と市場（アウトサイド）の間のインターフェイスのデザインに競争優位の源泉があることを指摘した先駆的なケイパビリティ研究であると評価できる。

一方，インサイドアウト・プロセスとは市場からの要求に応じるために他部門に蓄積されるケイパビリティである。注文に応じた製造とロジスティックス，技術開発，人材資源開発，財務管理などに関するケイパビリティである。企業は内部に保有する資源を活用して市場からの要望に適切に対応する能力を必要とする。これらはルーティン的要素と言えよう。単に市場（組織外部）より情報を獲得するのみでは顧客への価値提供はできない。企業は組織内部の経営資源を蓄積し，活用し，必要に応じて更新していく能力を必要とする。彼はそれまでのプロパーなマーケティング研究で殆ど注目されてこなかった他部門を含む組織内部要因に光を当てた。組織内部の経営資源の存在なくして，マーケティング戦略の計画と実行は絵に描いた餅となる。

そして架橋プロセスを通じて外部と内部のケイパビリティを連結し，優れたマーケティング戦略を立案する。架橋プロセスはアウトサイドイン・プロセスを通じて予測する顧客ニーズを満足させ，顧客との関係性を強化することを目的としている。顧客の求めに応じて，製品の品質，機能，価格デザイン，顧客対応のスピード，配送サービス，その他付帯サービスなどを適切なレベルで提供するケイパビリティである（Day 1994, p.42）。架橋プロセスにおいて企業は，市場の変化を組織内部へフィードバックし，組織内部の経営資源と結合することを通じて価値提供を着実に実現する。図表 4-3 にあるように架橋プロセスは，所謂マーケティング戦略 4P の実行能力である。しかし架橋プロセスは単なる 4P の計画と実行にはあらず，顧客やチャネルメンバーと関係を強化し，組織外部の情報を適切に獲得し，その上で組織内部の経営資源と結合するプロセスを通じて，優れたマーケティング戦略を立案し，実行する能力である。ここにおいてマーケティング部門は，価値を生む活動（製造，技術開発，ロジスティックス，流通など）を識別しそれらを統合する価値連鎖デザインの開発と管理を主導する。マーケティングの役割は確実に優れた顧客価値を生み出せるようにすべての活動を体系化することである（Day 1990, 邦訳 p.170）。

続けてデイは価値を生むマーケティング・ケイパビリティの内容について検討を重ね，卓越した「市場関係ケイパビリティ」が顧客との関係優位なポジションの獲得へ貢献するという命題を開発している（図表 4-4）。関係優位ポジションを獲得し維持する企業は，優良顧客より優先的に有益な情報の提供を受け，信頼関係を構築できる。その結果，顧客にとって常に優先的なパートナーとしての地位を約束される。市場関係ケイパビリティには 3 つの要素がある。第 1 の要素は「市場志向」である。これは顧客維持が最優先であるという信念を組織全体が正しく共有している程度である。市場志向の高い組織は異なる顧客へ異なる方法で適切に対応できる。これは 90 年代にマーケティング論壇で盛んに議論された市場志向（Market Orientation）研究の流れを汲んでいる（Naver and Slater 1990）。市場志向とは，優れた顧客価値を創造し維持する活

図表 4-4　市場関係ケイパビリティ

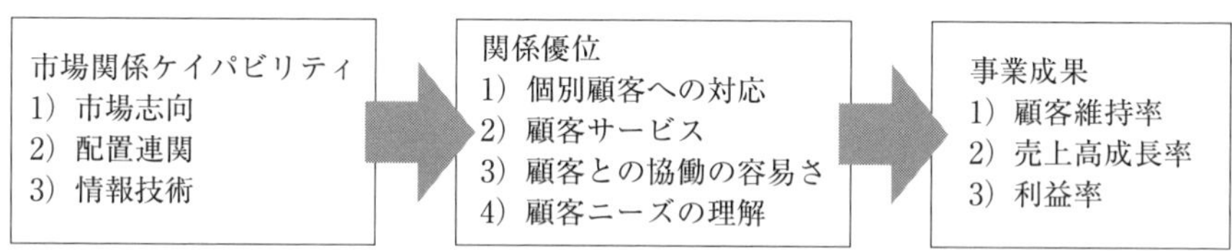

出典：Day（2000, 2002）を参考に筆者作成。

動に最優先に取り組む組織文化であり，市場情報への的確な対応と市場情報に基づく組織開発に関係する行動を重視する規範である（Slater and Naver 1995, p.67）。市場志向は組織が全体として顧客と競争相手を深く理解しようとする価値システムである（Day 1994, Day and Wensley 1988, Kohli and Jaworski 1990, 嶋口他 2008, 山下他 2012）。マーケティング部門のみならず組織全体において市場志向の高い企業は，組織学習を通じて顧客を深く理解し，顧客に先んじて価値を創造し，高い事業成果を獲得する（Slater and Naver 1995）。

第2の要素は，顧客との緊密な関係性を構築するために必要となるインセンティブ制度，成果の測定基準，説明責任，組織構造などの整備の程度を表す「配置連関（configuration）」である。往々にして企業では，営業やマーケティング担当者のみが顧客との関係構築に懸命に取り組んでいる。顧客がマーケティング以外の部門ともシームレスな相互関係を維持できる組織構造が企業に備わっていれば，配置連関は高い水準にある。そして第3の要素は，これら諸活動の連結を効率的に遂行するための「情報技術」である。情報技術（ないしは情報通信技術）への投資の重要性が叫ばれて久しいが，デイは顧客との関係性構築に対する情報技術の貢献を特に重視している。現在の顧客を取り巻く高度なデジタル環境を鑑みれば，マーケティングにおける情報技術の重要性はどれだけ強調しても強調しすぎることはない。顧客に優先的なパートナーとして選ばれる企業は情報技術へ惜しみなく投資し，これを優れて活用することをデイは逸早く予測している。

デイは，市場関係ケイパビリティを漸進的に改善し，競争相手より優れたマーケティング・ケイパビリティとして磨き上げることが，市場条件（製品特性，成長速度，競争の激しさ，消費財か産業財か）にかかわらず，関係優位ポジションの獲得・維持に大いに貢献すると考えている。彼は戦略経営論との対話を通じて，市場条件よりも組織内部の要因に注目するようになり，マーケティングが企業の価値活動の中核を担うという論理の開発とマーケティング・ケイパビリティの内容について考察している。市場へのアプローチは単に市場志向を声高に叫び続けることではなく，組織内の諸活動との連結を伴うため，マーケティング・ケイパビリティの精査にこそ焦点があることをデイは強調している。優れたマーケティング組織の条件を整理した他の研究においても，マーケティングはマーケティング部門のみの業務であるという認識を改め，マーケティング活動の部門横断的な浸透の有用性を説いている（Workman *et al.* 1998）。研究開発，生産，ロジスティックス部門とマーケティング部門とが緊密に連携してマーケティングに従事することが，とりわけ不確実性の高い市場環境においては有効である。現代の企業は自社の活動が市場において価値を創造しているか（創造し続けているか）否かに常に目を光らせ，情報を収集・分析し，組織全体で諸活動を組み替え，資源配分を繰り返す。このように，マーケティング研究の関心はマーケティング・ケイパビリティの内容と事業成果の関係分析へ移行していくことになった。

2000年代には，我が国のマーケティング論壇においても市場志向を出発点とするマーケティング・リテラシー研究が，日本マーケティング協会の研究プロジェクトとして立ち上がった。この研究成果は『マーケティング優良企業の条件』に収められている（嶋口他 2008）。このプロジェクトでは，優良企業と目される9社の事例を用いて帰納的にマーケティング・ケイパビリティ（リテラシー）の3要素を識別している。3要素とは，「組織的な市場情報の把握」，「組織内での市場情報普及」そして「組織としての市場情報への反応」である。マーケティング部門主導による市場情報の組織内部への取り込みと同時に，マーケティング部門と他部門の連携もリテラシーに含んでいる。本プロジェクトは市場志向組織とは何かという問いを出発点としている点において欧米の研究と問題意識を共有しているものの，90年代から2000年代にかけて展開された欧米の研究動向をほとんど参照しておらず，9社から帰納的に3要素を導出している。にもかかわらずその結論は，欧米での研究成果と酷似していることは極めて示唆に富む。

3. マーケティング・ケイパビリティ研究の展開

マーケティング・ケイパビリティ研究は，RBVかDC論のいずれかを理論的基礎においている（Morgan *et al.* 2018）。ケイパビリティのルーティン的要素はRBV，ダイナミック的要素はDC論に基づくと理解してよい。すなわち，マーケティング・ケイパビリティは特定の企業が保有する経済的価値を生み出す，希少で模倣困難な経営資源である（RBV）。そして市場の変化に対応して企業組織の経営資源を組み替え，更新していくのもマーケティング・ケイパビリティである（DC）。このようにして，優れたマーケティング・ケイパビリティを保有し，更新する企業は競争優位を獲得し維持するというロジックが成り立つ。

初期のマーケティング・ケイパビリティ研究においてもルーティン的要素とダイナミック的要素が含まれていることはすでに確認した。ここでは主要なマーケティング系，戦略系ジャーナル（*Journal of Marketing, Strategic Management Journal*など）に掲載されたマーケティング・ケイパビリティに関する11論文をこの2つの要素を用いて整理し，マーケティング・ケイパビリティの内容を明らかにしていく。

図表4-5の通り，先行研究はマーケティング戦略の基本とも言える4Pをマーケティング・ケイパビリティの構成要素（内容）として採用している。マーケティング・ケイパビリティを7ないしは8の活動（価格デザイン，製品開発，チャネル管理，マーケティング・コミュニケーション，販売，市場情報管理，マーケティング計画，マーケティング実行，そしてこれら個別活動間の相互作用）へ細分して，事業成果との関係を実証的に検討している（Morgan *et al.* 2009, Vorheis and Morgan 2005）。これはルーティン的要素である。他の先行研究では市場志向，CRM（顧客関係性管理），そしてブランド管理もマーケティング・ケイパビリティのルーティン的要素に含めている。このように先行研究はやや単純ではあるが，これらルーティン的要素を精度高く実行する能力を備える企業とそうでない企業では事業成果（市場成果，財務成果）に差が生じるという仮説を開発し，実証している。これら研究は企業間で4PやSTPのような基本的なマーケティングタスクを計画し実行する能力をマーケティング・ケイパビリティの内容とし，これに企業間で差があると仮定している。

一方，ダイナミック的要素は，変化する市場へ適切に対応し，資源ベースを更新していくマーケティング・ケイパビリティである。市場との対話，部門間の連携，パートナー企業との連携が含まれる。これは，市場情報に基づき保有する資源を相互に調整し，変化の中においてマーケティング計画を精度の高く

図表 4-5　マーケティング・ケイパビリティ研究の一覧（11 論文）

著者	発行年	雑誌名	特徴	方法論	マーケティング・ケイパビリティの主な構成要素			マーケティング・ケイパビリティの種類	
								ルーティン的要素	ダイナミック的要素
Moller and Anttila	1987	Journal of Marketing Management	最初にマーケティング・ケイパビリティ概念を使用した実証研究	小規模企業 36 社の定性調査	外部マーケティング・ケイパビリティ＝マクロ環境、産業要因、競争相手、顧客、パートナーの理解度	内部マーケティング・ケイパビリティ＝戦略の立案と実行の能力、機能間統合、マネジメント・システムの整備状況		内部マーケティング・ケイパビリティ	外部マーケティング・ケイパビリティ
Day	1994	Journal of Marketing	市場駆動型組織が備えるべきケイパビリティを明示した	理論研究	アウトサイドイン＝外部重視の行動。市場感知、顧客や競争相手との関係性、チャネルとの関係性、技術変化の監視など	インサイドアウト＝内部重視の行動。財務管理、コスト管理、製造・物流管理、人的資源管理など	架橋プロセス＝２つをつなぐ組織的プロセス。価格設定、製品開発、顧客サービスなど従来のマーケティング活動	インサイドアウトとアウトサイドイン、架橋プロセス	N.A.
Srivastava *et al.*	2001	Journal of Management	RBV とマーケティングと結合を企図し、顧客視点で資源属性を捉えている	理論研究	関係的資産＝顧客との関係性、チャネル関係性、パートナーとの関係性など	知的資産＝個人ないしは事業単位に蓄積された知識やスキル、ノウハウ	市場ベースプロセス＝この２つのマーケティング資産に基づき、新製品開発管理、顧客関係性管理、SCM を遂行する	２つのマーケティング資産（関係的資産と知的資産）	市場ベースプロセスと関係的資産の更新
Vorhies and Morgan	2003	Journal of Marketing	選択した戦略タイプとマーケティング組織の適合度と成果の関係を実証	米国のトラック輸送産業の中小 209 社を対象とした定量調査	専門的ケイパビリティ＝既存資源を特定のマーケティング活動のルーティンを通じて価値へ変換する	建築的ケイパビリティ＝専門的ケイパビリティと他の資源を調整するマーケティング戦略と実行のルーティン		専門的ケイパビリティ	建築的ケイパビリティ
Vorhies and Morgan	2005	Journal of Marketing	マーケティング・ケイパビリティと経営成果の関係に関する最初の定量分析。各マーケティング活動間の相互依存度の説明力が高い	12 産業の 230 社を対象とした定量調査	マーケティング・ケイパビリティ＝4P の活動を８つへ細分した活動ベースのケイパビリティ	マーケティング・ケイパビリティの相互依存度＝各８のケイパビリティの相互依存度		８つのマーケティング・ケイパビリティとそれらの相互依存度	N.A.
Olson *et al.*	2005	Journal of Marketing	戦略、マーケティング組織構造、マーケティング戦略行動（志向性）の適合度と経営成果の関係分析	複数の産業の大企業 228 社を対象とした定量調査	戦略行動変数として、顧客志向、競合志向、イノベーション志向、コスト・内部志向			N.A.	N.A.
Krasnikov and Jayachandran	2008	Journal of Marketing	マーケティング、R&D、生産に関するケイパビリティの経営成果への相対的な影響を実証。マーケティングがもっとも影響力あり	114 論文を対象としたメタ分析	マーケティング・ケイパビリティ＝顧客対応、顧客サービス、信頼構築、計画と実行、価格と流通、変化への対応			顧客対応、顧客サービス、信頼構築、計画と実行、価格と流通	変化への対応
Vorhies *et al.*	2009	Strategic Management Journal	戦略（差異化、コスト、製品市場選択）とマーケティング・ケイパビリティの関係を実証	輸送産業 270 社とフォーチュン 500 社の内 85 社を対象とした定量調査	専門的マーケティング・ケイパビリティ＝新製品開発、プロモーションなどの 4P	建築的マーケティング・ケイパビリティ＝市場調査を通じてマーケティング計画し、マーケティング活動と資源間の調整を行う	２つの統合度	専門的マーケティング・ケイパビリティ	建築的マーケティング・ケイパビリティと２つの統合度
Morgan *et al.*	2009	Strategic Management Journal	市場志向性とマーケティング・ケイパビリティの相互作用の影響を実証	米国の消費財、産業材企業 230 社を対象とした定量調査	マーケティング・ケイパビリティ＝4P を７つの活動に分割。マーケティング実行も含む	市場志向性＝市場知識の獲得、組織内での普及そして適切な反応	２つの相互作用	マーケティング・ケイパビリティ	市場志向性と相互作用
Morgan *et al.*	2009	International Journal of Research in Marketing	市場感知、CRM、ブランドマネジメントを新たにマーケティング・ケイパビリティとし、経営成果との関係を実証	定量調査	マーケティング・ケイパビリティ＝市場感知、CRM、ブランドマネジメント			マーケティング・ケイパビリティの一部（ブランドマネジメント）	マーケティング・ケイパビリティの一部（市場感知）
Day	2011	Journal of Marketing	さらなる市場の変化に着目し、市場を先んじて予測し対応するマーケティング・ケイパビリティを提唱	理論研究	アダプティブ・マーケティング・ケイパビリティ＝覚醒的市場学習、最適化のための市場実験、オープン・マーケティングにより構成される。より探索な活動とアウトサイドインを重視したケイパビリティ			N.A.	アダプティブ・マーケティング・ケイパビリティ

出典：筆者作成。

立案し，実行する能力である。企業がマーケティング関連の資産（顧客との関係性など）を動態的に蓄積あるいは更新していく能力は建築的（architectural）マーケティング・ケイパビリティとも呼ばれている（Srivastava *et al.* 2001, Vorhies *et al.* 2009）。

以上のように，プロパーなケイパビリティ研究と同様，マーケティング・ケイパビリティもまたルーティン的要素とダイナミック的要素により構成されている。

ダイナミック的要素をさらに一歩進めた研究も存在する。2011年に*Journal of Marketing*誌で発表された デイの論文『マーケティング・ケイパビリティのギャップを縮める』によれば，市場の不確実性が高く既存顧客との関係性構築のみでは競争優位を維持できない環境にある場合，企業はさらに未来先取り的な実験に身を投じ，イノベーションの種を探索する（Day 2011）。デイによれば，近年変化の激しさが増した市場において求められる資源と企業が保有する資源の間のギャップが広がっている。企業は保有する資源の更新と開発を留まることなく推進しなくてはならない。しかし戦略経営論で支配的地位を築いたDC論が市場を感知し，変化へ対応し，ビジネスモデルを組み替えるといっても，結局は問題に対するアドホックな解決策にはならないとデイは言う。DCは繰り返し行われる深く埋め込まれたストック型のケイパビリティであり，探索的ではあるが既存の資源から発想している点においてインサイドアウトのアプローチにとどまっている。つまり真に高速に変化する（hyper velocity）市場の前でDCは無力なのである。

図表4-6は，デイが提唱する「アダプティブ・ケイパビリティ」を説明している。市場変化にリアクティブに対応するDCよりも，顧客視点で未来市場を予測し実験を繰り返すことを通じてイノベーションを生み出すのがアダプティブ・ケイパビリティである。ニーズの微細な変化を見逃さずに可能性のある新規事業や製品があればすぐに実験へ移す。その際には，企業の保有する既存の資源やケイパビリティには囚われない。このスピードこそが，今必要なマーケティング・ケイパビリティであるとデイは言う。アダプティブ・ケイパビリティは3つの要素より構成される。「覚醒的市場学習」は市場感知を強化し，ソナーを備え，リアクティブから感知－反応モデルへ学習方法を変えることである。そこでは，市場の弱い信号も見逃さずにキャッチし，素早く反応することが求められる。「最適化のための市場実験」は小規模でのビジネスモデル実

図表 4-6　アダプティブ・ケイパビリティ

静態的（スタティック）	→ 動態的（ダイナミック）	→ アダプティブ
ケイパビリティは安定的 プロセス活動はルーティン化	ケイパビリティは再配置と増強可能 新規ケイパビリティは新機会追求のために追加	ケイパビリティは予測を可能にする プロセス活動はニーズの顕在化とともに素早く再配置できる
焦点 ・インサイドアウト ・内的効率性 ・プロセスの複製	焦点 ・インサイドアウト ・適合度 ・効果性	焦点 ・アウトサイドイン ・予測と反応

（静態的→動態的：システマティックな感知とスキャニング　動態的→アダプティブ：実験的学習）

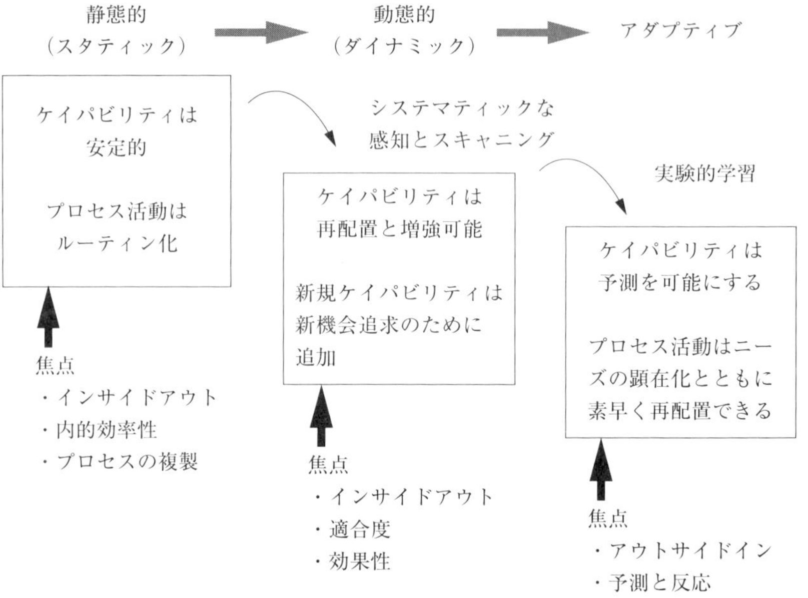

出典：Day（2011）p.188.

験へ投資を繰り返すことである。固定観念へ果敢に挑戦し試行錯誤を繰り返す。既存の事業基盤，事業ドメインから離れた新しい製品，サービス，そしてビジネスモデルの開発へ乗り出す志向性である。そして「開放的（オープン）マーケティング」は，SNSや人的ネットワークなどを活用して，広くそして柔軟に外部ネットワークより知識や資源を獲得する態度と行動である。活動の範囲を既存のパートナーとの閉鎖的（クローズド）な関係性に限定せず，開放することである。

ここまでの議論を踏まえ，マーケティング・ケイパビリティの内容を図表4-7に示す。やや単純に映るが，企業はまずもってマーケティング・ケイパビリティのルーティン的要素である4P関連の実行能力を磨く必要がある。優れたマーケティング組織を構築し，高い事業成果を達成し続ける企業は，当たり前のマーケティングを当たり前に実行できる組織能力を備えている。我が国の論壇においても先に紹介した嶋口らの研究プロジェクトにおいて，マーケティング優良企業は，市場からの情報を収集，分析し，組織で共有して，製品・

図表 4-7　マーケティング・ケイパビリティの2つの要素

ルーティン的要素
セグメンテーション，ターゲティング，ポジショニング（STP）の立案，チャネル開発と管理，新製品開発のスピードと精度，顧客コミュニケーション，市場情報管理に関する知識とノウハウなど，STPと4Pを中心とするマーケティングタスクを適切に実行する組織能力。静態的に市場をとらえる場合のルーティン，知識，ノウハウであり，一般的ないしは専門的ケイパビリティ，オペレーショナル・ケイパビリティとも言う。
ダイナミック的要素
組織外部（顧客，競争相手，パートナー企業など）からの市場情報に基づき，動態的に変化する市場へ対応する組織能力。組織内部の経営資源とケイパビリティを更新し，組み換えて価値を創造し続ける組織能力である。高次のマーケティング・ケイパビリティとも言う。

出典：筆者作成。

サービスに反映できる仕組みを備えていると報告している。また，一橋大学の山下らの研究グループによる実証研究『日本企業のマーケティング力』においても，STP，4P，市場調査などのマーケティングの基本的な活動の精度が事業成果へ高い説明力を有していると報告している（山下他 2012）。山下らは日本の食品・飲料メーカーを中心に248事業を対象としたアンケート調査によって，マーケティング力（ケイパビリティ）と事業成果の関係性を実証的に検討している。

デイの提唱したアウトサイドインとインサイドアウト，架橋プロセスもまた，ルーティン的要素である。市場感知，顧客と流通業者との関係性強化を含むアウトサイドインは，マーケティングタスクとして日常的に企業が備え，磨くべきケイパビリティである。市場関係ケイパビリティ（市場志向，配置連関，情報技術）はルーティン的要素そのものである。この優劣が事業成果（顧客との関係，売上，利益率等）を決定づける。インサイドアウトも同様である。財務管理，ロジスティックス機能，人的資源管理などの組織内部の経営資源は，マーケティングを成功裏に実行する企業が備えるべき基盤である。そして架橋プロセスではこれら2つのケイパビリティを活用して，戦略を立案し実行する。優れた戦略を立案する能力は，4P 関連のマーケティング・ケイパビリティの優劣に依存する。繰り返しになるが，架橋プロセスは単なる 4P の計画と実行にはあらず，顧客やチャネルメンバーと関係を強化し，組織外部の情報を適切に獲得し，その上で組織内部の経営資源と結合するプロセスを通じて，優れたマーケティング戦略を立案し，実行する能力である。

一方，ダイナミック的要素は，動態的に変化する市場との不断の対話と変化への反応である。マーケティング部門の役割は，まさに市場へのダイナミックで創造的な適応に他ならない（石井 2012）。先行研究では，市場との対話と部門間連携を通じた組織内外の資源ベースの再構築をマーケティング部門が主導することの重要性が繰り返し指摘されている。ダイナミック・ケイパビリティの実行主体はマーケティング部門と市場志向の組織全体である。アダプティブ・ケイパビリティと建築的マーケティング・ケイパビリティが代表的な研究である。特に価値創造のために組織内部の資源ベースを更新し，組み換える組織能力がダイナミック的要素の中核である。

マーケティング・ケイパビリティ研究は，マーケティング研究の問いを「何が優れた戦略なのか」から「いかなる能力や仕組みを構築すれば，優れた戦略を立案し，戦略を優れて実行できるのか」へとシフトさせた。言うまでもなく優れた戦略の立案と実行は，市場環境へ適合するための経営資源の優劣と活用方法に大いに依存する。企業が保有する資源を活用して実行できない戦略はそもそも優れた戦略とは言えない。マーケティング・ケイパビリティ研究は市場と組織内部の資源を連結し，優れたマーケティング戦略を立案すると同時にそれを優れて実行する組織づくりに資するガイドラインを提供するのである。

4. 国際マーケティング・ケイパビリティ研究の独自性

モルガンらは「国際マーケティング・ケイパビリティ」を扱った 64 論文のレビューを通じて，プロパーなマーケティング・ケイパビリティとの異同を明らかにしようとした（Morgan *et al.* 2018）。ここではモルガンらのレビューに基づき，国際マーケティング・ケイパビリティ研究の独自性を検討し，研究課題（リサーチ・ギャップ）を導出する。この作業を通じて，国際マーケティング研究へマーケティング・ケイパビリティを導入する意義と研究のフロンティア（取り組むべき研究課題）を明らかにする。

モルガンらは1999年から2017年までに国際マーケティング関連ジャーナルに発表された64論文を選出した。内訳は，事例研究8本，アンケートベースのサーベイ調査44本，2次データ（パネルデータ等）を利用した実証研究12本である。ここでは本書の目的に基づきこの64論文を以下の条件の下でスクリーニングし，さらに関連する論文を追加して文献リストを作成する。本書の目的は，「優れた国際マーケティング戦略を立案し，優れて実行する組織能力とは何か」を明らかにすることにある。そこで第1に，ここではマーケティング関連行動全般を扱う論文のみを分析対象とする。モルガンらのレビューではグローバルブランド管理やグローバルアカウント管理などに絞った論文も含んでいるが，これら個別のマーケティングタスクに絞った論文は分析対象から外す。部門間の連携を含む多国籍企業を対象としたグローバル製品開発に関する論文についてはこの限りではない。第2に2次データを利用した実証研究12本も分析対象から外す。2次データを利用した実証研究は大規模な定量データを用いた分析であり，分析結果の一般化に適している。しかしほとんどの研究において広告費をマーケティング・ケイパビリティの代理変数としており，国際マーケティング・ケイパビリティの内容を十分に反映できていない。このスクリーニングの結果，ここでは35論文をレビュー対象とし，前節と同様にルーティン的要素とダイナミック的要素の枠組みを用いて国際マーケティング・ケイパビリティ概念を整理する。図表4-8は対象論文の一覧である。

ここでは国際マーケティング・ケイパビリティ研究の独自性と研究課題を明らかにするために，①研究対象（実証の分析単位とその固有の問題），②マーケティング・ケイパビリティの構成要素，③ルーティンとダイナミック的要素の分類の3つの観点から先行研究を整理していく。①では国際マーケティングの独自の研究課題を確認し，②と③ではプロパーなマーケティング・ケイパビリティ研究との概念上の異同を確認する。

第1の観点は研究対象である。35論文の研究対象は，3つへ分類できる。まず最も多い研究対象は，輸出企業のマーケティング・ケイパビリティと輸出成果の関係分析である。35論文中，実に19論文がこの研究対象を選択している。輸出企業が現地市場において一定の成功を収めるためには，現地顧客の理解と学習（情報ケイパビリティを含む），現地パートナーや顧客との関係性構築，4P関連のケイパビリティ，市場情報に基づく製品開発，マーケティング戦略の計画と実行に関するケイパビリティが必要である。実証結果はマーケ

図表 4-8　国際マーケティング・ケイパビリティ研究の一覧（35 論文）

著者	発行年	雑誌名	特徴	研究対象	方法論
Fahy *et al.*	2000	Journal of International Business Studies	MC を国営企業と外国企業との合弁企業で比較。	輸出企業	ハンガリー，ポーランド，スロベニアの 1619 社を対象とした定量調査（定性調査も実施）
Morgan *et al.*	2003	Decision Sciences	輸出企業が保有する知識（経験的知識と情報的知識）と MC の関係を分析	輸出企業	英国と中国の輸出製造業 243 社の定量調査（定性調査も実施）
Zou *et al.*	2003	Journal of International Marketing	輸出におけるマーケティング・ケイパビリティと輸出成果の関係分析。成果をコスト優位とブランド優位に設定	輸出企業	定量調査
Ozsomer and Gencturk	2003	Journal of International Marketing	本社と子会社が保有する経営資源と子会社のマーケティング学習ケイパビリティの関係分析	多国籍企業	定量調査
Morgan *et al.*	2004	Journal of Marketing	MC は輸出ベンチャーの競争戦略の選択と潜在的な優位性構築へ影響を与える	輸出ベンチャー	輸出ベンチャー 287 社を対象とした定量調査（産業横断的）
Desarbo *et al.*	2005	Strategic Management Journal	戦略タイプと MC の関係分析	輸出企業	中国・日本・米国の 709 社を対象とした定量調査（産業横断的）
Song *et al.*	2005	Strategic Management Journal	MC と合弁の成果の関係分析。変化の激しい市場ではマーケティングと技術ケイパビリティの交互作用が合弁の成果に正の影響を与える	米国の合弁企業	米国の合弁企業 466 社を対象とした定量調査（産業横断的）
Blesa and Ripolles	2008	International Marketing Review	マーケティング・ケイパビリティと参入モード，国際ビジネス成果の関係分析	新規国際化企業（INV）	スペイン企業 198 社とベルギー企業 384 社を対象としたアンケート調査
Song *et al.*	2008	Journal of International Marketing	米・中・日の国際比較。戦略タイプと MC と IT ケイパビリティの関係分析	輸出企業	中国・日本・米国の 709 社を対象とした定量調査（産業横断的）
Perks	2005	Industrial Marketing Managament	国境を越えたパートナー間の新製品開発について英国 1 社トを対象とした分析	英国のニューランドサイエンティフィック社	シングルケースによる定性調査
Lages *et al.*	2009	Journal of Marketing	関係性ケイパビリティと製品の革新性と品質の関係を分析	中小輸出企業	ポルトガルの中小輸出企業 419 社を対象とする定量調査
Fang and Zou	2009	Journal of International Business Studies	MC と国際合弁の成果の関係分析	国際合弁製造企業	中国の製造業の国際合弁企業 114 社（産業横断的）を対象とした定量分析

主な構成要素			マーケティング・ケイパビリティの種類	
			ルーティン的要素	ダイナミック的要素
顧客志向	競合志向	機能間調整（＝架橋プロセス）	顧客志向，競合志向，機能間調整	N.A.
マーケティング計画ケイパビリティ＝4Pの計画	マーケティング実行ケイパビリティ＝計画の実行と管理		マーケティング計画・実行ケイパビリティ	N.A.
MC＝価格，流通，コミュニケーション，製品開発の4つに分類			MC＝価格，流通，コミュニケーション，製品開発の4つに分類	N.A.
子会社におけるマーケティング学習ケイパビリティ＝活用と探索			活用	探索
情報ケイパビリティ	関係性構築ケイパビリティ	製品開発ケイパビリティ	3要素すべて	N.A.
市場結合ケイパビリティ（アウトサイドイン）	マーケティング・ケイパビリティ（STP，4P関連）		市場結合ケイパビリティ MC（4P関連）	N.A.
顧客結合ケイパビリティ	市場センシングケイパビリティ	チャネル関係性ケイパビリティ	顧客結合，チャネル関係性ケイパビリティ，市場感知ケイパビリティ	
ネットワーク・ケイパビリティ＝現地パートナー企業との関係づくりと強化	アウトサイドイン，インサイドアウト	架橋プロセス	ネットワーク，アウトサイドイン，インサイドアウト・ケイパビリティ，架橋プロセス	N.A.
市場結合ケイパビリティ（アウトサイドイン）	マーケティング・ケイパビリティ（STP，4P関連）		市場結合ケイパビリティ MC（4P関連）	N.A.
パートナー間で相互のケイパビリティの開示	パートナー間での相互適応		N.A.	N.A.
イノベーションのための組織学習ケイパビリティ	関係性ケイパビリティ	品質（維持）ケイパビリティ	関係性と品質ケイパビリティ	イノベーションのための組織学習ケイパビリティ
製品開発管理ケイパビリティ	顧客関係性ケイパビリティ	サプライチェーンマネジメント	製品開発，顧客関係，サプライチェーンのMC	N.A.

著者	発行年	雑誌名	特徴	研究対象	方法論
Schilke *et al.*	2009	Journal of International Marketing	マーケティング標準化と経営成果を媒介する条件（変数）の関係を分析	複数業界の企業（消費財メーカーが全体の38%）進出形態は問わない	米国企業489社を対象とした定量調査
Lu *et al.*	2010	Journal of International Business Studies	アダプティブ・ケイパビリティの媒介効果を実証	新規輸出企業	中国の小規模の新規の輸出企業775社（産業横断的）を対象とした定量調査
Jaakkola *et al.*	2010	Industrial Marketing Managament	MCと経営成果の関係に影響する国の特殊性を分析	複数業界の小規模，中規模，大規模企業	オーストリア，フィンランド，ドイツの企業976社を対象とした定量調査
O'Cass and Ngo	2011	International Marketing Management	MCと市場成果の関係分析。イノベーションとの交互作用が成果へ高い影響を与える	中小製造業	オーストラリア300社とベトナム259社の製造業（産業横断的）を対象とした定量調査
Murry *et al.*	2011	Journal of the Academy Marketing Science	輸出企業におけるマーケティング・ケイパビリティと経営成果の関係分析	輸出企業	中国に立地する中国・米国・欧州・日本・香港の輸出企業の合計491社の定量調査
Lisboa *et al.*	2011	International Marketing Management	探索と活用のケイパビリティを製品開発と市場関係ケイパビリティに分け，市場成果との関係を分析	輸出製造業	ポルトガルの輸出製造業254社（産業横断的）を対象とする定量調査
Kaleka	2011	Journal of Marketing	情報ケイパビリティ，製品開発ケイパビリティ，顧客関係ケイパビリティの効果を実証	輸出製造業	英国の輸出製造業312社（産業横断的）を対象とした定量調査
Kemper *et al.*	2011	Journal of Marketing	MCを駆動する要因として社会関係資本と連帯の効果を国際比較	輸出企業	中国・ドイツ・香港・米国の輸出企業891社（産業横断的）を対象とする定量調査
Mariadoss *et al.*	2011	Industrial Marketing Managament	環境に配慮した持続可能な消費行動に影響を与えるMC要素を定性調査を通じて帰納的に発見	B to Bのグローバル企業（環境重視企業）	B to Bのグローバル企業42社の定性調査
Zhou *et al.*	2012	Journal of International Marketing	国際化初期段階企業におけるマーケティング・ケイパビリティの影響分析	新規国際化企業	中国の新規国際化企業159社（産業横断的）を対象とする定量調査
Morgan *et al.*	2012	Journal of the Academy Marketing Science	専門的，建築的MCを輸出企業へ応用した実証研究	輸出製造業	英国の輸出製造業219社（産業横断的）を対象とした定量調査
Evers *et al.*	2012	Journal of International Marketing	新規に国際化する企業（INV）におけるステークホルダーの形式がマーケティング・ケイパビリティ開発に与える影響を分析	新規国際化企業（INV）	アイルランド，スェーデン，オランダ企業6社の定性調査
Kaufmann and Resch	2012	Journal of International Marketing	マーケティング・ケイパビリティの構築を阻害する要因の識別（限られた動機付けと機会，限定された能力が阻害要因）	欧州の中国企業子会社	欧州でビジネスを展開する中国企業に所属する48マネジャーへのインタビュー調査（定性調査）

主な構成要素			マーケティング・ケイパビリティの種類	
			ルーティン的要素	ダイナミック的要素
国際マーケティング戦略＝マーケティング活動の国境を越えた調整	国際マーケティング戦略＝グローバル市場への参画		国際マーケティング戦略＝マーケティング活動の国境を越えた調整	N.A.
情報獲得ケイパビリティ	アダプティブ・ケイパビリティ		情報獲得ケイパビリティ	アダプティブ・ケイパビリティ
市場志向性，イノベーション志向	インサイドアウト	アウトサイドイン	インサイドアウトとアウトサイドイン	N.A.
MC＝価格，流通，コミュニケーション，オファリング，計画と実行など			MC（4P関連）	N.A.
マーケティング・ケイパビリティ＝価格，流通，コミュニケーション，新製品開発など	市場志向性	調整メカニズム（市場志向性とマーケティング・ケイパビリティの関係を媒介する変数）	MC（4P関連），調整メカニズム	N.A.
海外市場に関する探索と活用のケイパビリティ	製品開発に関する探索と活用のケイパビリティ		活用ケイパビリティ	探索ケイパビリティ
情報ケイパビリティ	顧客関係ケイパビリティ	製品開発ケイパビリティ	情報，製品開発，顧客関係ケイパビリティ	N.A.
専門的MC（価格，製品開発，流通，コミュニケーション）			専門的MC	N.A.
			N.A.	N.A.
マーケティング・ケイパビリティ＝CRM，製品開発，SCM	国際的なコミットメント		MCのと国際的コミットメント	N.A.
専門的マーケティング・ケイパビリティ＝新製品開発，プロモーションなどの4P	建築的マーケティング・ケイパビリティ＝市場調査を通じてマーケティング計画し，マーケティング活動と資源間の調整を行う	2つの統合度	専門的マーケティング・ケイパビリティ	建築的マーケティング・ケイパビリティと2つの統合度
再生的（regenerative）ダイナミック・ケイパビリティ＝市場創造，ラディカルな製品開発など	更新的（renewing）ダイナミック・ケイパビリティ＝ブランドづくり，流通管理，市場調査など	漸進的ダイナミック・ケイパビリティ＝漸進的製品開発，プロモーションなど	漸進的ダイナミック・ケイパビリティ	再生的，更新的ダイナミック・ケイパビリティ
顧客需要を感知して対応する能力			顧客需要を感知して対応する能力	

著者	発行年	雑誌名	特徴	研究対象	方法論
Malik *et al.*	2012	International Marketing Management	企業のクオリティマネジメント能力が市場に基づく組織学習ケイパビリティの開発に影響を与える	インド企業2社，多国籍企業1社，英国とインドの合弁会社2社	インドのビジネスプロセスアウトソーシング企業4社の定性調査
Ripolles and Blesa	2012	Journal of World Business	新規国際化企業（INV）においてマーケティング・ケイパビリティと参入モードへの関与と経営成果の関係を分析	新規国際化企業（INV）	スペインのINV135社を対象とした定量調査
Freeman and Styles	2014	International Marketing Review	現地の立地特殊優位へアクセスすることがMC構築に影響することを分析	中小輸出企業	オーストリアの輸出企業150社（産業横断的）を対象とした定量調査
Sheng *et al.*	2015	Journal of Marketing	子会社の暗黙知レベルと多国籍企業全体の製品イノベーションケイパビリティの間にはマイナスの関係があることを実証	多国籍企業	台湾の多国籍企業86社（産業横断的）を対象とした定量調査
Mu	2015	International Marketing Management	MCと新製品開発成果の関係を分析。探索，活用，部門間統合の媒介効果も確認	中小製造業	米国と中国の製造業，324社と569社（産業横断的）を対象とした定量分析
Tan and Sousa	2015	International Marketing Review	輸出企業を対象してマーケティング・ケイパビリティと競争優位（コストと差異化優位性）の関係を分析	N.A.	11論文における135の効果に関するメタ分析
Pham *et al.*	2017	International Marketing Review	関係ケイパビリティが最も成果に影響することを実証	輸出企業	ベトナムの輸出企業333社（産業横断的）を対象とした定量調査
Kaleka and Morgan	2017	Industrial Marketing Managament	MCと現在の国内における市場成果が国際市場における成果（コストと差異化）に与える影響を分析	輸出企業	英国の輸出企業（産業財）312社を対象とした定量調査
Spyropoulou *et al.*	2017	Journal of the Academy Marketing Science	計画と実行の建築的MCの成果（コストと差異化優位）に対する影響を分析	輸出企業	英国の輸出ベンチャー446社（産業横断的）を対象とした定量調査
Morgan *et al.*	2018	Journal of International Marketing	64論文のレビューを通じて「国際マーケティング」における独自性を特定	すべて	トップジャーナル掲載の64論文のレビュー

出典：Morgan *et al.* (2018) を参考に筆者作成。

ティング・ケイパビリティの輸出成果への正の影響を支持している。

輸出企業の研究はすべてアンケートベースの定量分析であり，特定の国や地域の輸出企業がサンプルとなっている。このように輸出企業を対象とした研究が多数を占める背景には大規模な定量データの入手を優先した可能性を指摘できる。輸出企業は比較的小規模であり，その数も多国籍企業よりも多く，アクセスが容易である場合が多い。定量分析に耐えうる十分なサンプル数を確保す

主な構成要素			マーケティング・ケイパビリティの種類	
			ルーティン的要素	ダイナミック的要素
市場に基づく組織学習ケイパビリティ			市場に基づく学習ケイパビリティ	N.A.
ネットワーク・ケイパビリティ＝パートナー企業との関係づくりと強化	アウトサイドイン・ケイパビリティ	架橋プロセス・ケイパビリティ	ネットワークとアウトサイドイン，架橋プロセス	N.A.
情報ケイパビリティ	関係性ケイパビリティ	新製品開発ケイパビリティ	情報，関係性，新製品開発ケイパビリティ	N.A.
多国籍企業の製品イノベーションに関するケイパビリティ			製品イノベーションに関するケイパビリティ	N.A.
市場感知ケイパビリティ	顧客関与ケイパビリティ	パートナー連結ケイパビリティ	顧客関与，パートナー連結ケイパビリティ，市場感知ケイパビリティ	N.A.
マーケティング・ケイパビリティ＝価格，流通，コミュニケーション，製品開発の4つに分類			MC（4P関連）	N.A.
輸出MC＝市場インテリジェンス，製品開発，コミュニケーションなど4P関連			MC（4P関連）	N.A.
顧客関係ケイパビリティ	情報ケイパビリティ	製品開発ケイパビリティ	顧客関係，情報，製品開発ケイパビリティ	N.A.
建築的ケイパビリティ（計画，実行）			計画と実行のMC	N.A.
7つの構成要素を発見（図表4-7を参照）				

るためにこの方法は有効である。しかし，輸出企業をマーケティング・ケイパビリティ研究の対象とする意義がいま1つ理解できない。小規模で資源が乏しく現地市場に対する情報へのアクセス可能性が限られる輸出企業にとって，4Pの実行能力が成功の鍵であることはやや当たり前である。マーケティング・ケイパビリティの効果について複数の国や地域を対象として実証研究を積み重ねていくその科学的な営み（追試）には一定の意義が認められるものの，

そもそもなぜ輸出企業にとってマーケティング・ケイパビリティが重要なのかが十分に検討されていない。そのため理論的，実務的なインプリケーションに乏しい。輸出企業を対象とする実証研究は，必要とされる独自のマーケティング・ケイパビリティの内容に関する検討が不足している。

次に多い研究対象は，新規国際化企業（以下，INV: International New Ventures: INVs）である。35論文中8論文である。INVは輸出企業とは異なり，進出形態として直接投資を含んでいる（合弁を含む)。主な関心事はマーケティング・ケイパビリティと参入モード，ケイパビリティ移転・開発の関係分析である。概ね直接投資モード（あるいは現地パートナー企業の緊密な関係性）によってケイパビリティは移転され，また現地市場で新たにマーケティング・ケイパビリティを開発する。特に現地市場での学習を通じたマーケティング・ケイパビリティの開発と更新においては現地パートナーの役割が重要となる(Evers *et al.* 2012, Ripolles and Blesa 2012)。ここで現地パートナーの役割が新たに追加されていることに注目すべきであろう。

そして最も少ないのが，多国籍企業を研究対象とした4論文である。多国籍企業を対象としているとはいえ，これら研究はいずれも多国籍企業独自の課題をリサーチクエスチョンとして設定していない。のちに詳しく検討するが，ここでは多国籍企業を対象とする研究は，グローバル製品開発，グローバルブランドとアカウント管理の個別分野を除いてはほとんど進んでいないことが確認できる。

次にマーケティング・ケイパビリティの構成要素をみていこう。35論文はいずれもプロパーなマーケティング・ケイパビリティをほぼそのまま適用している。そこでは，マーケティング・ケイパビリティ研究と同様に，デイのマーケティング・ケイパビリティかあるいは4Pに基づく要素のいずれかを採用している。一部の研究では，このデイのオリジナルに加え「ネットワーキング・ケイパビリティ」を新たに導入している（Blesa and Ripolles 2008, Ripolles and Blesa 2012)。これは，現地パートナー企業（流通業者，サプライヤーや各種提携先機関）との協働や学習を促進する能力であり，国際マーケティング独自の構成要素である。モルガンらも述べるように，このネットワーキング・ケイパビリティを除いて，構成要素レベルでは国際マーケティング・ケイパビリティ研究の独自性を確認することはできない。プロパーな研究とほぼ同じであり，これら研究の目的は追試にあると言ってもよい。この点については後に検討する。

最後にルーティン的要素とダイナミック的要素の分類に基づき先行研究を整理しておこう。先行研究において用いられた構成要素とアイテム（質問項目）に明確な境界線を引くことは難しいものの，概ねルーティン的要素とダイナミック的要素の双方が確認できた。しかしダイナミック的要素の導入は一部の研究にとどまる。これは先行研究が輸出企業や新規国際化企業を研究対象としていることに原因がある。つまり輸出と参入初期段階（あるいは一時点）においては現地市場の変化を組み込むケイパビリティの開発の必要性は比較的低いと考えられる。一部の研究においては国際マーケティング固有の要素として「調整」が採用されている（Murray *et al.* 2011）。しかしここでの調整の対象は，マーケティングと製造部門間の調整，機能横断的なチームワークである。多国籍企業における本社と子会社間の調整メカニズムを明示的に導入している研究はÖzsomer and Gençtürk（2003）に限られる。繰り返しになるが国際化初期段階の中小企業が主な研究対象であることがこの原因として考えられる。

それでは，プロパーなマーケティング・ケイパビリティと国際マーケティング・ケイパビリティの差はどこにあるのだろうか。モルガンらの研究グループは，7要素を識別している（図表4-9）。7要素には，2つの特徴がある。第1の特徴は，複数の国市場へ同時展開する場合に必要となるケイパビリティへの着目である。図表の①グローバル製品開発，②グローバルブランド管理，そして⑦グローバルアカウント管理である。これらは，すべて多国籍企業を対象とした活動別のマーケティング・ケイパビリティである（本章のレビュー対象外）。複数の国市場へ同時にアプローチする際には，標準化によるコスト低減，イノベーションの早期普及とともに現地市場への適応も必要となることはすでに確認した。しかし，これら個別のマーケティング・ケイパビリティを除いて，国境を越えたマーケティング戦略全体の計画と実行能力の解明を目的とした多国籍企業固有の国際マーケティング・ケイパビリティ研究は，ほとんど進んでいない。

多国籍企業が備えるべき国際マーケティング・ケイパビリティとはいかなる内容なのか。そこでは，国際経営論，多国籍企業論において盛んに議論されてきた本社－子会社間の調整，子会社のイニシアティブによる現地市場開発，本国本社の経営資源の活用と現地での新たな経営資源の開発などの諸研究との関係を吟味しなくてはならない。多国籍企業はグローバル・ネットワーク組織としての強みを発揮し（Kano 2018），標準化と適応化の適切なバランスの実現を

図表 4-9　国際マーケティング固有のマーケティング・ケイパビリティ

	国際市場に特有のマーケティング・ケイパビリティ	定　義
①	多国籍企業による製品イノベーション・ケイパビリティ／トランスナショナル製品イノベーション・ケイパビリティ	複数の国市場横断的にニーズを満たす新製品の開発と市場導入に関わるケイパビリティ
②	グローバルブランド管理ケイパビリティ	現地マネジャーあるいは現地顧客を幻滅させることなく（むしろ魅了するように）市場横断的にブランドを標準化すること
③	海外市場における活用と探索のケイパビリティ	海外市場における活用（探索）ケイパビリティは既存の（全く新しい）海外市場と顧客知識，顧客スキル，顧客プロセスを再定義し拡張（獲得）する企業の能力である
④	国際的な顧客支援ケイパビリティ	すべての活動は，寿命期間全般において問題が生じない製品の提供を保証している
⑤	アダプティブ・ケイパビリティ	海外市場の異なる要求に対応するために，経営資源を調整し，再統合し，割り当てる企業の能力
⑥	現地市場コンピタンス	現地市場の機会を認識し，活用（利用）する製造業者の能力
⑦	グローバルアカウント管理ケイパビリティ	買収，調整，再配置に関するインテリジェンス

出典：Morgan *et al.* (2018).

通じて現地市場において価値を創造する。モルガンらも企業の国際化段階ごとに，求められるマーケティング・ケイパビリティが異なると指摘している。

第2の特徴は現地市場の不確実性に対応する要素である。7要素のうち，③探索ケイパビリティ，⑤アダプティブ・ケイパビリティ，そして⑥現地市場コンピタンスがこれにあたる。先進国出自の多国籍企業は，制度（法制度，商習慣，経済の発展度など）の大幅に異なる新興国市場においては想定外の顧客ニーズや競争行動に頭を悩ませる（Peng *et al.* 2008, 新宅・天野 2009, 臼井・内田 2011, 臼井 2015）。新宅と天野（2009）はこの現象を「市場と資源の非連続性」と呼んだ。本国で蓄積してきた要素技術，生産技術，各種ノウハウなどの経営資源が新興国市場ではほとんど活用できない場合，先進国出自の多国籍企業は事業成果を高めることに苦心する。そのため，多国籍企業は現地市場において競争優位の獲得と維持に貢献する経営資源を本国の経営資源の束より適切に選択する組織能力を備えなくてはならない（秦・成田・臼井 2016, 臼井 2015,

臼井・星田 2016, 2017)。本国資源に加えて，探索的に現地市場で新しい資源の獲得と資源の再配置，再統合を必要とする（臼井 2015, 臼井・内田 2012)。

近年の国際ビジネス研究，多国籍企業研究において盛んに議論されている研究課題と，この3要素の間に高い親和性があることは大変興味深い。これらが多国籍企業固有の国際マーケティング・ケイパビリティ研究のフロンティアを示す鍵となる。

第4節　国際マーケティング・ケイパビリティ研究のフロンティア

我々は国際マーケティング・ケイパビリティの研究対象と構成要素を検討してきた。その結果，2つの研究課題（リサーチ・ギャップ）の導出に至った（図表 4-10)。

第1の研究課題は多国籍企業を対象とした国際マーケティング・ケイパビリティの内容研究である（図中の右側上下のセル)。先行研究はマーケティング・ケイパビリティと事業成果の関係を実証的に検討しているものの，その研究対象の大半は輸出企業と新規国際化企業のいずれかである。世界的な機能配置が進んだ多国籍企業固有の国際マーケティング・ケイパビリティの検討と実証研究は研究課題として残されたままである。多国籍企業を研究対象とする場合，その固有の課題とは何か。新たな変数の追加が必要となるのか。そしてどのような事業成果をどこまで説明できるのか。これら研究課題の検討が求められている。

第2の研究課題はより探索的で実験的なマーケティング・ケイパビリティの導入である（図中の上のセル)。現地市場の不確実性が高く，大幅な制度ギャップに直面している先進国出自の多国籍企業にとっては新興国市場におけるプロアクティブな学習と現地ステークホルダーとの相互作用が重視されねばならない。また科学技術の急速な進化と変化の幅もまた，グローバル市場全体の不確実性を高めている。しかし先行研究は不確実性へ対応するマーケティング・ケイパビリティの重要性を指摘するに留まり，実証研究には着手していない（Day 2011, Morgan *et al.* 2018)。特に市場の不確実性に直面する多国籍企業が，競争優位を構築し維持する長期的なプロセスにおいて必要とする国際マーケ

図表 4-10　国際マーケティング・ケイパビリティ研究のフロンティア

市場の不確実性・制度的ギャップ ＼ 企業の国際化段階	初期段階	中期以降（多国籍企業）
大	Day（2011），Evers（2012），Morgan *et al.*（2018）など一部で指摘されている新しい分野	研究のフロンティア＝今後の研究課題
小	既存研究（多）	既存研究（少）

出典：筆者作成

ティング・ケイパビリティの内容の検討が課題である（図中の右上のセル）。新興国市場の急速な発展と今後も続く科学技術の加速度的な進化を鑑みるに，多国籍企業が備えるべき国際マーケティング・ケイパビリティには市場の不確実性への対応が不可欠となる。

そこで以下では多国籍企業固有の国際マーケティング・ケイパビリティの内容を検討するために，本社－子会社間調整と現地市場の不確実性への対応に関する先行研究を整理する。それらの検討を通じて，現代の多国籍企業を対象とした国際マーケティング・ケイパビリティ研究に関する独自の概念フレームワークを開発する。

1.　多国籍企業組織の強みと調整

90 年代以降，直接投資を伴って複数の国と地域へと拠点を拡大した多国籍企業は，統合ネットワーク組織としての優位性の構築競争に突入している。それまで本社から一方的に指示・命令を受ける海外現地子会社であったが，現地市場での学習を通じて子会社から本社へあるいは子会社間での知識の移転や学習機会が増加した（Pitelis and Teece 2010, Song *et al.* 2011）。本社と子会社それぞれの拠点に蓄積される独自の資源やケイパビリティを相互に学習，活用することの有用性に注目が集まった（Narula 2013, Teece 2014）。そこで，地理的に分散した異なるユニット間（本社と複数の子会社）の連携や統合を図る経営管理ツールとして登場したのが調整メカニズムである（Martinez and Jarillo 1989）。

以下，臼井のレビューに基づき（臼井 2009），調整メカニズム研究の流れと構成要素，そしてその効果を整理し，多国籍企業独自の国際マーケティング・ケイパビリティ要素として本社－子会社間調整を位置付ける。

世界的に分散する子会社の資源とケイパビリティを多国籍企業全体として活用して競争優位を獲得，維持するためには，本社による統制ではなく，本社と子会社間の調整メカニズムの導入が有効である。先行研究は，調整メカニズムを公式的な方法と非公式（インフォーマル）な方法へ分類している。公式的な方法とは本社への集権化，ルール化，計画による管理（コントロール），アウトプット管理，行動管理などである。一方，非公式な方法には，ラテラル・リレーション（水平的なつながり），非公式なコミュニケーション，組織文化などが含まれる（Martinez and Jarillo 1991）。調整メカニズムの３類型では，「集中化（ないしは集権化）」，「プログラム化（ないしは公式化）」，「社会化（ないしは規範的統合）」へ分類している（Ghoshal and Nohria 1989, 茂垣 1996, 諸上 1996）。先行研究は非公式ないしは社会化を通じた調整が本社－子会社間で有効に機能し，本社－子会社間での知識の移転や協働による成果追求に適していると述べている。

国際マーケティング研究においても調整メカニズムは競争優位と関係付けて議論されてきた。古くは竹内とポーター（1986）が競争戦略として国際マーケティングの配置と調整，そして他の機能との連携の必要性を説いた。彼らは調整方法として，①マーケティング活動方法の統一（各国共通化ないしは標準化），②マーケティング・ノウハウの相互移転（共通の市場参入戦略，市場情報の共有），③マーケティング実行順序の計画化（新製品の各国市場導入の計画的な順序立て），④各国のマーケティング活動の統合（例えば，グローバルアカウント管理やグローバルブランド管理）を提案している。この竹内とポーターの問題提起に逸早く反応した諸上（1988）は，資源の分散とそれらの高度な調整が求められる統合グローバル段階へ進化する多国籍企業においては，地理的に分散するマーケティング拠点間の高度な調整が競争優位の源泉となると述べている。彼は統合グローバル段階における競争優位の源泉は，原材料，半製品の世界的調達ルートの活用，世界的な規模で集積されたマーケティング上（及び製造上の）の技術やノウハウの活用，資金の有利な調達，本社－子会社間の資金の内部相互助成等の活動間の高度な調整にあると指摘している（諸上1988, 53頁）。その後，諸上では竹内とポーターの議論に基づき，従来の国際マーケティング標準化－適応化のプログラム（戦略）とプロセスのミックスが事業成果（特に競争優位）へ限定的な説明力しか持たないと述べ，「調整」をグローバル・マーケティング戦略の一要素として導入している（諸上1996）。

同様に優位性の獲得競争として国際マーケティングを捉えるCraig and Douglas（2000）は，統合グローバル段階に達した多国籍企業の競争優位の源泉はグローバル市場の「配置優位（configural advantage）」にあると主張する。グローバルに分散する活動の空間的配置の管理のためには，国別・地域別市場間における競争ポジションの調整を必要とする。競争ポジションの調整は，①業務と活動システムの連結と②情報，経験，ノウハウの相互移転を通じて実行される。彼らは①の具体例として製造組立におけるマス・カスタマイゼーションと研究開発の分業・アイデアの国境を越えた交換を提案し，②では広告キャンペーンや流通システムのベストプラクティスの国際移転を挙げている。多国籍企業においては，国際市場に分散する資源を調整し，地理的に分散した配置に基づく優位性を構築することが戦略的課題となる。多国籍企業の配置優位は配置間（本社と子会社間）の調整を通じて獲得できるのである。

2000年代に入ると，調整に基づく国際マーケティングの実証研究が登場する（Birkinshaw *et al.* 2001, Kim *et al.* 2003, Lim *et al.* 2006）。なかでも2002年に*Journal of Marketing*誌で発表されたゾウとカブスギル論文にはインパクトがあった（Zou and Cavusgil 2002）。彼らはグローバル・マーケティング戦略研究の主要なパースペクティブ（標準化パースペクティブ／配置－調整パースペクティブ／統合パースペクティブ）を統合し，単一の構成概念として「GMS（Global Marketing Strategy: グローバル・マーケティング戦略）」を開発している。そのうえで多国籍企業のGMSレベルと事業成果（グローバル戦略成果と財務成果）の関係を実証している。GMSの構成要素は7つあるが，標準化パースペクティブの4要素を除く3つの要素は調整関連変数である。それらは「マーケティング活動の調整」，「グローバル市場への参画」，「競争行動の（グローバル）統合」である。実証結果はグローバル戦略成果へは調整関連変数のすべてが，グローバル財務成果へは「マーケティング活動の調整」を除く2つの要素が正の有意な影響を示している。その後に続く実証研究においても，標準化と事業成果の間の媒介変数として「マーケティング活動の調整」を導入し，有意な媒介効果を報告している（Schilke *et al.* 2009）。

調整はマーケティング戦略そのものの調整に加え，資源やケイパビリティの国境を越えた移転と活用においても機能する（Narula 2013）。多国籍企業はその多国籍化の過程において本国本社の経営資源を現地市場へ移転し競争優位の獲得を目指す。企業特殊優位（FSA：firm specific advantage）である（Narula and Verbeke 2015, Rugman and Verbeke 2003）。臼井（2015）は本国資源の現地市場への移転に先立ち，現地市場において価値を創造するFSAの識別の重要性を指摘している。とりわけ制度ギャップが大きく，市場の変化の激しい新興国市場においては，本国資源の束から子会社と本社が協働して慎重にFSAを選び出し，現地市場においてそれらを再配置しなくてはならない（新宅・天野 2009, 秦・成田・臼井 2016, 臼井・星田 2016, 2017）。本社と子会社マーケティング部門間の緊密な調整は，本国資源を現地市場において活用する際に有効に機能する。

多国籍企業にとって，競争優位と結び付けて国際マーケティングを論じるためには，マーケティング部門（機能）と他の部門の連携ならびに世界的に分散配置された諸部門が保有する資源をいかにして相互に活用するのかが重視される。配置と調整の考え方では，国際マーケティングは現地市場での比較優位はもちろんのこと，異なる市場を横断的に連結して発揮されるシナジーを開発する（Craig and Douglas 2000, Takeuchi and Porter 1986, Zou and Cavusgil 2002）。すでに検討したようにプロパーなマーケティング・ケイパビリティ研究においても初期段階より部門（機能）間連携（ないしは調整）は構成要素の1つであった。デイは市場感知ケイパビリティの一要素として部門（機能）横断的調整を含めている。部門（機能）横断的調整ないしは連携は，マーケティング部門のみならず価値連鎖全体で顧客への価値提供を遂行することが事業成果へ影響を与えるというポーターの論理に基づいている。ポーター（1985）は，コスト低減や製品の差異化努力は各部門の価値活動だけの成果ではなく連携関係の成果であると指摘した。価値連鎖上の諸機能（研究開発，生産，ソーシング，マーケティングなど）が単独で非連続的に機能するよりも，その連携がより緊密でよりよく調整されているほうが事業成果は高い（Kano 2018）。もはや単独でマーケティングの標準化－適応化を論じても事業成果を十分に説明できないことは，このような論理に基づいている（臼井 2006）。

部門間連携の重要性については国際マーケティング研究においても同様の指摘がなされてきた。前出のダグラスとクレイグはマーケティング部門と研究開発，ソーシング，生産，ロジスティックスの各部門との間の国境を越えた活動の連携ないしは調整が競争優位の獲得に貢献すると述べている（Douglas and Craig 1989）。早くから調整概念の導入によって標準化－適応化フレームを国際マネジメント・ミックス（価値連鎖構成要素の組合せ）まで拡張することの重要性を主張してきた諸上は，自身の実証研究を踏まえ，すでに2003年の時点において国際マーケティングの拡張を提案している。

「経営者の国際経営経験，グローバル志向，顧客や施設の共有，本社及び子会社の経営資源の水準，本社及び子会社のリーダーシップ，本社の国際市場知識など，企業内部の戦略的資源がグローバル・マーケティング行動に重要な影響を与えている。（中略）筆者はすくなくとも事業成果との関係を問題にするのであれば，マーケティング要素の標準化／適応化パターンそれ自体が問題でなく，むしろマーケティングおよび関連行動の『質・量』，しかもグローバル調整・統合を伴う，その『質・量』が問題であることを共通の認識にするべきであると考えている」（諸上 2003, p.23-24）。

以上のように，統合グローバル段階にある多国籍企業においては，本社と子会社間の調整ならびに部門間連携が事業成果へ優れて貢献する。調整は多国籍企業独自の国際マーケティング・ケイパビリティの要素して導入すべきである。

2. 国際市場の不確実性への対応

デイ（2011）によるアダプティブ・マーケティング・ケイパビリティは，近年の目覚しい技術革新のスピードとデジタルネットワークの急拡大を背景として登場している。市場環境が大幅に異なりまたその変化のスピードが国内市場よりも格段に速い新興国市場においても，多国籍企業は高い不確実性に直面している。特に先進国出自の多国籍企業にとって新興国市場における制度ギャップと市場変化のスピードへの対応は大きな課題である（Peng *et al.* 2008, 新宅・天野 2009）。臼井と内田（2012）は不確実性の高い新興国市場における企業の苦悩を指摘している。彼らによれば，YKKの中国事業は進出当初，日本から生産技術に関する経営資源を現地へ移転したものの，中国市場における徹底的な低価格のニーズに対応できずにいた。そこでYKKは本国からの工作機械の移転やエンジニアの派遣をすべて止め（本国資源の活用を諦め），現地人材による一からの技術開発に着手した。これを市場と資源の非連続性と呼ぶ（新宅・天野　2009）。このような埋めがたい制度ギャップの存在は，ルーティン的なケイパビリティの塊である多国籍企業に対して既に保有するケイパビリティ（資源）を活用せずに一から実験的学習に身を投じることを迫る。

国際マーケティング・ケイパビリティ研究においてもEvers（2012）が市場のラディカルな変化に対応するマーケティング・ケイパビリティの必要性を説いている。再生的（regenerative）ダイナミック・ケイパビリティである。これは，新市場の創造，既存の製品の延長線上にはない製品開発において必要となる。Evers（2012）は，現地ステークホルダーとの関係性が再生的ダイナミック・ケイパビリティの開発に貢献していることを6社の事例を通じて発見している。すなわちトップマネジメントとして現地法人の経営に参画する現地ステークホルダーや明確に事業運営に関与するステークホルダー（allied stakeholder）との協働は，新規国際化企業が現地市場で新しいビジネスを創造する助けとなる。異なるケイパビリティを有する現地企業，現地人材の探索と彼らとの関係構築が現地市場におけるイノベーションの駆動因となる。

このように現代の多国籍企業にとって，国際市場とりわけ新興国市場の不確実性へ対応するマーケティング・ケイパビリティを備えることは喫緊の課題となっている。市場の変化を先んじて捉え，組織内部と外部の経営資源と結び付けてマーケティング戦略を立案し，実行し，柔軟に修正する組織能力が競争優位の源泉となることに異存はないだろう。

3. 概念フレームワークの開発

ここで本章の結論として，多国籍企業を対象とする国際マーケティング・ケイパビリティ研究の概念フレームワークと命題を開発する（図表4-11）。

従来の国際マーケティング研究は戦略と事業成果の関係分析を研究の中心に据えてきた。標準化－適応化フレームである。すでに検討してきたように，標準化－適応化戦略の事業成果への直接的な影響について先行研究は限界を示唆

図表 4-11　多国籍企業における国際マーケティング・ケイパビリティ研究の概念フレームワーク

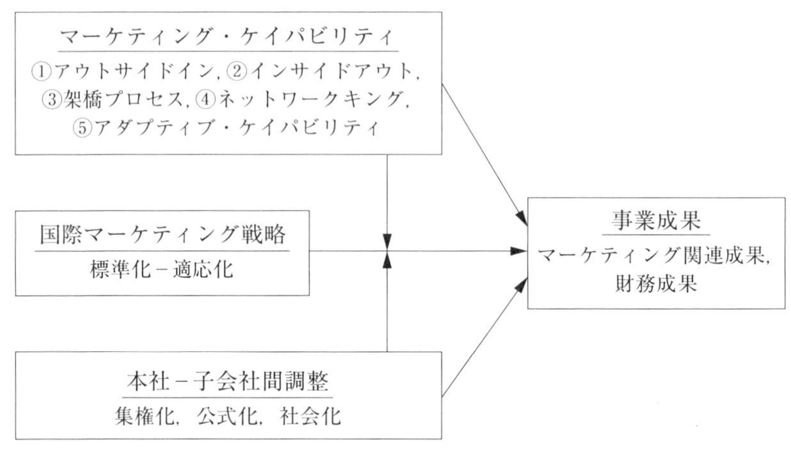

出典：筆者作成。

している。そこで標準化－適応化の適切なバランスを優れて計画し実行する組織能力，すなわちマーケティング・ケイパビリティが事業成果を説明する有力な構成概念として登場した。

先行研究は，国際マーケティング・ケイパビリティの構成要素として，4Pの計画と実行に関する能力あるいはデイの構成要素のいずれかを採用している。前者は，ダイナミック的要素も部門間連携の要素のいずれも含んでいない。また前者は，中小規模の輸出企業ないしは新規国際化企業を対象としたマーケティング・ケイパビリティ効果の検証（追試）にその目的があった。多国籍企業を対象とする場合，デイの構成要素，①アウトサイドイン，②インサイドアウト，③架橋プロセスを採用するのが適切である。なぜならば，多国籍企業は現地子会社を主体として現地市場（顧客，競合，チャネルパートナー）から学び，多国籍企業組織内部（本社と子会社の双方）の経営資源と結合して，優れたマーケティング戦略を立案し実行する。このような活動においては市場情報の獲得と学習のみならず，本社と子会社双方が保有する経営資源の活用と更新を含む。このようにしてマーケティング・ケイパビリティは，戦略の計画と実行の精度を高めるのである。

現地のパートナー（流通業者，サプライヤー，その他提携先機関など）との強固な関係構築を通じた現地学習とビジネス基盤の構築を促進する④ネットワーキング・ケイパビリティも多国籍企業の戦略課題と深く関係する国際マーケティング・ケイパビリティである。現地パートナーとの関係性の強化は，現地市場で新しい顧客価値の創造のためには不可欠である。さらに現地市場の不確実性と急速な変化に対応する⑤アダプティブ・ケイパビリティは，本国市場と現地市場の間に制度ギャップが大きい場合に効果を発揮する。新興国市場において先進国出自の多国籍企業（主に現地子会社）は探索的な実験に身を投じ，本国本社の経営資源を組み換えて活用し，場合によっては現地で一から新しい資源を開発，獲得する。

多国籍企業のグローバル統合ネットワーク組織としての特性を踏まえると，本社－子会社間調整もまた事業成果へ影響を与える。本社－子会社間の調整は，本社と子会社のマーケティング部門が緊密に連携し，知識，資源，スキル，情報の移転や共有を計画し実行する仕組みである。すでに確認したように子会社のマーケティング部門は本社のマーケティング部門との調整を通じて標準化－適応化のバランスを図り，本社の資源とケイパビリティを活用して現地市場において競争優位の獲得を目指す。またマーケティング部門は価値連鎖システムの中心となり，研究開発部門，生産部門，ロジスティック部門と国境を越えて連携する。

以上の議論より，多国籍企業を対象とする国際マーケティング・ケイパビリティ研究の概念フレームワーク（図表4-11）は，以下の４つの命題（P）を導出する。

P1：戦略，マーケティング・ケイパビリティ，本社－子会社調整は，それぞれ事業成果へ正の影響を与える。
P2：マーケティング・ケイパビリティは，戦略よりも事業成果への正の影響が強い。
P3：マーケティング・ケイパビリティは戦略と事業成果の関係を強化する。
P4：本社－子会社間調整は戦略と事業成果の関係を強化する。

多国籍企業における国際マーケティング・ケイパビリティ研究においては，多国籍企業固有の組織構造を考慮しなくてはならない。図表4-12は，マーケティング・ケイパビリティの実践主体を組織単位と本社－子会社間調整の程度の２軸に基づき分類している。プロパーなマーケティング・ケイパビリティ研究および輸出企業や新規国際化企業を対象とする国際マーケティング・ケイパ

図表 4-12　国際マーケティング・ケイパビリティの実践主体と内容

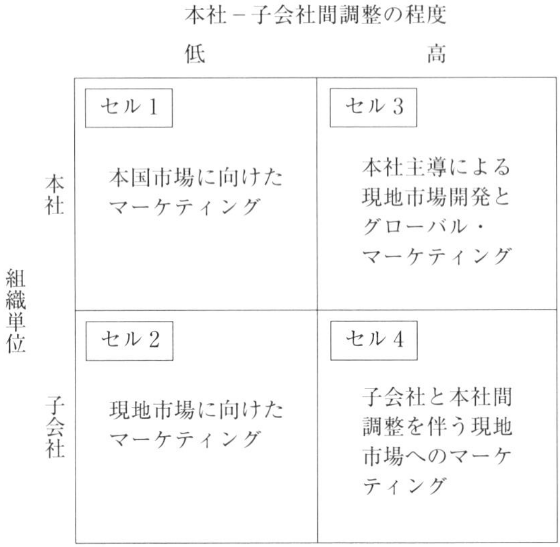

組織単位 ＼ 本社－子会社間調整の程度	低	高
本社	セル 1 本国市場に向けたマーケティング	セル 3 本社主導による現地市場開発とグローバル・マーケティング
子会社	セル 2 現地市場に向けたマーケティング	セル 4 子会社と本社間調整を伴う現地市場へのマーケティング

出典：筆者作成

ビリティ研究においては，その主体は一組織単位（本社）となる。しかし，多国籍企業の場合，主体は少なくとも本社と子会社の２つの組織単位が併存し，また実践主体である本社－子会社間の調整の程度も異なる。

図中の左側上下のセル（セル１と2）は，単一の国市場を対象としたマーケティング・ケイパビリティを示している。ここでは本社ないしは子会社がそれぞれ主体となり対象市場（本国市場と現地市場）へアプローチする。ここでの本社と子会社間の調整の必要度は低い。一方で右側上下のセル３と４は，本社と子会社間の調整の程度が高い場合のマーケティング・ケイパビリティの実践である。セル３は本社が主体となり，本国市場に加えて海外の現地市場を開拓する行動を示している。すでに検討したように，これは輸出や進出初期段階の企業における国際マーケティング・ケイパビリティであり，先行研究の主たる研究対象であった。またセル３では多国籍企業における本社主導のグローバルブランド管理，グローバルアカウント管理に関するケイパビリティも対象となる。グローバル市場を単一市場として管理するマーケティングタスクは本社が主体となるが，複数の子会社と集権化や公式化を通じた調整が必要となる。

右下のセル４では実践主体が子会社となる。子会社は本社との調整を通じて本社の経営資源と子会社の経営資源を連結し，現地市場に向けてマーケティング戦略を立案し実行する。子会社はセル2にあるように，子会社の組織単位でも現地市場へアプローチするためにマーケティング・ケイパビリティに磨きをかける。これには4P関連のマーケティング・ケイパビリティも含まれる。ネットワーキング・ケイパビリティとアダプティブ・ケイパビリティは現地市場において子会社が主体となって構築するマーケティング・ケイパビリティである。しかし，統合グローバル段階に至った多国籍企業では，世界中に分散する経営資源の活用を競争優位の源泉とする。そこで子会社はセル4において，現地競合が保有しない技術やノウハウを識別し，これを本国本社より現地へ移転し，競争優位の獲得を目指す。

このように，多国籍企業における国際マーケティング・ケイパビリティは本社と子会社の双方を実践主体とするが，現地市場における事業成果の追求の主体は子会社である（セル2と4)。現地市場での価値創造活動に資するあらゆるマーケティング戦略は，子会社が主体となって立案し実行する。現地市場を開拓し，現地顧客との関係性を構築する国際マーケティング・ケイパビリティは子会社組織において開発され，蓄積される。子会社は本社や他の子会社との調整を通じて優れたマーケティング戦略を立案し，実行する能力を磨くのである。一方，多国籍企業本社は，グローバル市場開発に資する国際マーケティング・ケイパビリティの開発に注力する（セル3)。グローバル製品開発，グローバルブランドやアカウント管理に関するケイパビリティがこれにあたる。また本社は，子会社ネットワークを対象とした調整メカニズムの構築と改善の役割を担う。調整メカニズムの開発については本社と子会社の双方がその実践主体となる。

4. 実証的検討に向けて

本章は「優れた国際マーケティング戦略を立案し，これを優れて実行するために，多国籍企業はいかなる組織能力を備えるべきなのか」という問いの答えへ接近する試みである。「戦略からケイパビリティへ」。これが本章の結論である。概念フレームワークと命題は，多国籍企業が備えるべき優れた国際マーケティング・ケイパビリティの内容を明らかにし，国際マーケティング・ケイパビリティを用いて現地市場において競争優位を獲得し維持する論理を明瞭に示している。この概念フレームワークは，国際マーケティング研究を，環境決定論と個別マーケティングタスクの戦略研究（製品開発，ブランド管理，チャネル管理，プロモーション，アカウント管理など）より一歩進め，多国籍企業が現地市場において競争優位を獲得し，維持するために優先的に備えるべき組織能力の内容を明らかにしている（図表4-10を参照）。また多国籍企業のGMO（Global Marketing Officer），現地経営陣，現地マーケティング・マネジャーそして価値連鎖活動に携わるすべてのマネジャーたちに向けて優れた国際マーケティング組織が備えるべき組織能力を明らかにしている。

しかし，先行研究はマーケティング・ケイパビリティの概念整理とサーベイに基づく定量分析にとどまり，その内容の詳細に立ち入った吟味は不十分であると言える。演繹的推論による論理の構築に終始している。特に多国籍企業における国際マーケティング・ケイパビリティの具体的な内容については何も解っていないと言ってよい。本書の実証編では，これを解明するために日米の多国籍企業を対象とした詳細な事例研究を行う。国際マーケティング・ケイパビリティとは何か。どのように多国籍企業の現地子会社の事業成果へ貢献しているのか。そして多国籍企業はこれをいかにして構築してきたのか。第Ⅱ部では，未だに世界のマーケティング・ケイパビリティ研究が着手していない内容分析にも焦点をあて，これらの問いを解明していく。

［注］

1）Buzzel（1968）に基づく。標準化の便益に関しては大石（1993a）のレビューが詳しい。またZou and Cavusgil（2002）の文献レビューにおいても，標準化の便益がこれら4つに要約されている。

2）Theodosiou and Leonidou（2003）。本論文は*International Business Review*誌の累計ダウンロード数の第3位にランクインするインパクトの高い文献である（2019年3月現在）。

3）条件とは①標準化－適応化におけるオファリング内容を検討していること，②実証研究であること，そして③海外市場参入モードとは関係なく企業のすべての国際的活動を調査対象としていることの3つである（Theodosiou and Leonidou 2003）。

［参考文献］

Agrawal, M.（1995）, “Review of a 40 Years Debate in International Advertising, Practitioner and Academician Perspectives to the Standardization/Adaptation Issue,” *International Marketing Review*, 12(1): pp.26-48.

馬場　一（2004）.「国際マーケティング標準化－適応化フレームワークの再構築」『商学論集』49(2)，関西大学商学会。

Barney, J. B. (1986), "Strategic Factor Markets: Expectations, Luck, and Business Strategy," *Management Science*, 32(10), pp.1231-1241.

——— (1991), "Firm Resources and Sustained Competitive Advantage," *Journal of Management*, 17(1), pp.99-120.

——— (2002), Gaining and sustaining competitive advantage, Addison-Wesley.（岡田正大訳（2003)『企業戦略論（上・中・下)』ダイヤモンド社。）

Birkinshaw, J., O. Toulan and D. Arnold (2001), "Global Account Management in Multinational Corporations: Theory and Evidence," *Journal of International Marketing*, 32(2), pp.231-248.

Blesa, A. and M. Ripolles (2008), "The Influence of Marketing Capabilities on Economic International Performance," *International Marketing Review*, 25(6), pp.651-673.

Buzzell, R. D. (1968), "Can you standardize multinational marketing?" *Harvard Business Review*, November-December, pp.102-112.

Cavusgil, T. and S. Zou (1993), "Product and Promotion Adaptation in Export Ventures: An Empirical Investigation," *Journal of International Business Studies*, Third Quarter, pp.479-506.

Collis, D. J. and C. A. Montgomery (1998), *Corporate Strategy: A Resource-Based Approach*, the McGraw-Hill Companies, Inc.（根来龍之・蛭田啓・久保亮一訳（2004)『資源ベースの経営戦略論』東洋経済新報社。）

Craig, C. S. and S. P. Douglas (2000), "Configural Advantage in Global Markets," *Journal of International Marketing*, 8(1), pp.6-25.

Day, G. S. (1990), *Market Driven Strategy: Processes for Creating Value*, The Free Press.（徳永豊・森博隆・井上崇道・小林一・篠原敏彦・首藤禎史訳（1998)『市場駆動型の戦略：価値創造のプロセス』同友館。）

——— (1994), "The Capabilities of Market-Driven Organizations", *Journal of Marketing*, Vol. 58, October, pp.37-52.

——— (2000), "Managerial Market Relationships," *Journal of the Academy of Marketing Science*, Vol. 28, No. 1, pp.24-30.

——— (2002), *Winning the Competition for Customer Relationships*, Pennsylvania, The Wharton School.

——— (2003), "Creating a superior Customer-Relation Capability", Sloan Management Review, Vol. 44, No. 3, pp.77-82

——— (2011), Closing the Marketing Capabilities Gap, *Journal of Marketing*: July 2011, Vol. 75, No. 4, pp.183-195.

——— and R. Wensley (1988), "Assessing advantage: a framework for diagnosing competitive superiority," *Journal of Marketing*, 52(2), pp.1-20

Dierickx, I. and K. Cool (1989), "Asset Stock Accumulation and Sustainability of Competitive Advantage," *Management Science*, 35(December), pp.1504-1513.

Douglas, S. P. and C. S. Craig (1989), "Evolution of Global Marketing Strategy: Scale, Scope and Synergy," *Colombia Journal of World Business*, 24(3), pp.47-59.

Douglas, S. P. and Y. Wind (1987), "The Myth of Globalization," *Columbia Journal of World Business*, 22(4), pp.19-29.

Dunning, J. (1998), "Location & the multinational enterprise: a neglected factor?" *Journal of International Business Studies*, 29(1), pp.45-66.

Evers, N., S. Andersson and M. Hannibal (2012), "Stakeholders and Marketing Capabilities in International New Ventures: Evidence from Ireland, Sweden and Denmark,"

Journal of International Marketing, 20(4), pp.46-71.
藤本隆宏（2003）『能力構築競争』中公新書。
Grant, R. M. (1991), "The Resource-Based Theory of Competitive Advantage: Implications for Strategy Formulation," *California Management Review*, Spring, pp.114-135
Hall, R. (1992), "The Strategic Analysis of Intangible Resources," *Strategic Management Journal*, Vol. 13, pp.135-144.
Helfat, C. E. and S. G. Winter (2011), "Untangling dynamic & operational capabilities: Strategy for the (n)ever-changing world," *Strategic Management Journal*, 32(11), pp.1243-1250.
Helfat, C. E., S. Finkelstein, W. Mitchell, M. Peteraf, H. Singh, D. Teece and S. G. Winter (2007), *Dynamic Capabilities: Understating Strategic Change in Organization*, Wiley-Blackwell（谷口和弘他訳（2010）『ダイナミック・ケイパビリティ：組織の戦略変化』勁草書房。）
石井淳蔵（2012）『マーケティング思考の可能性』岩波書店。
Jain, S. C. (1989), "Standardization of International Marketing Strategy: Some Research Hypotheses," *Journal of Marketing*, 53, January, pp.70-79.
Kano, L. (2018), "Global value chain governance: A relational perspective," *Journal of International Business Studies*, 49(6), pp.684-705.
Kim, K., J-H. Park and J. E. Prescott (2003), "The Global Integration of Business Functions: A Study of Multinational Business in Integrated Global Industries," *Journal of International Business Studies*, Vol.34, pp.327-344
小林　一（1996）「競争優位の源泉をめぐって：資源と学習」『明大商学論叢』第78巻 第1・2・3号。
――――（2002）「戦略的マーケティング研究の理論的基礎」『明大商学論叢』第84巻 第1号。
Kohli, A. K. and B. J. Joworski (1990), "Market Orientation: The Construct, Research Propositions, and Managerial Implications," *Journal of Marketing*, 54(2), pp.1-18.
Levitt, T. (1983), "The Globalization of Markets," *Harvard Business Review*, May-June, pp.92-102.
Lim, L. K. S., F. Actio and A. Rusetski (2006), "Development of archetypes of international marketing strategy," *Journal of International Business Studies*, 37(4), pp.499-524.
Martinez, J. I. and J. C. Jarillo (1989), "The Evolution of Research on Coordination Mechanisms in Multinational Corporation," *Journal of International Business Studies*, 20(3), pp.489-514.
Martinez, J. I. and J. C. Jarillo (1991), "Coordination Demands of International Strategies," *Journal of International Business Studies*, 22(3), pp.489-514.
茂垣広志（1996）「日本企業の多国籍化と調整メカニズム」『横浜経営研究』 第XVII巻 第1号。
Morgan, N. A., D. W. Vorhies and C. H. Mason (2009), "Market Orientation, Marketing Capabilities, and Firm Performance," *Strategic Management Journal*, 30(8), pp.909-20.
Morgan, N. A., C. S. Katsikeas and D. W. Vorhies (2012), "Export Marketing Strategy Implementation, Export Marketing Capabilities, and Export Venture Performance," *Journal of the Academy of Marketing Science*, 40(2), pp.271-289.
Morgan, N. A., H. Feng and K. A. Whitler (2018), "Marketing Capabilities in International Marketing," *Journal of International Marketing*, 26(1), pp.61-95.

諸上茂登（1988）「国際マーケティング戦略の進化」，根本孝・諸上茂登編著『国際経営の進化』学文社。
———（1997）「グローバル・マーケティング戦略：「標準化vs適応化」から「グローバル調整」へ」，諸上茂登・根本孝編著『グローバル経営の調整メカニズム』文眞堂。
———（2000）「国際マーケティングにおける標準化／適応化フレーム－その有効性についての実証的検討－」，高井眞編著『グローバル・マーケティングへの進化と課題』同文舘出版。
———（2001）「国際マーケティング関連行動と企業グループ事業成果について」『明治大学商学論叢』83(3)。
———（2003）「国際マーケティング行動と事業成果に関する最近の研究動向と課題」『商学論集』9(3)。
Murray, J. Y., G. Y. Gao and M. Kotabe (2011), "Market orientation and performance of export ventures: the process through marketing capabilities and competitive advantages," *Journal of the Academy of Marketing Science*, 39(2), pp.252-269.
永野寛子（2015）『資源ベース論の理論進化：企業における硬直化を巡る分析』中央経済社。
Narula, N. (2013), Exploring the Paradox of Competence-creating Subsidiaries: Balancing Bandwidth and Dispersion in MNEs, *Long Range Planning*, 47(1-2), pp.4-15.
Narula, R. and A. Verbeke (2015), Perspective: Making internalization theory good for practice: The essence of Alan Rugman's contributions to international business. *Journal of World Business*, 50: pp.612-622.
Narver, J. C. and S. F. Slater (1990), "The effect of a market orientation on business profitability," *Journal of Marketing*, 54(4). pp.20-35.
Ghoshal, S. and N. Nohria (1989), "Internal differentiation within multinational corporations," *Strategic Management Journal*, 10: pp.323-337.
大石芳裕（1993a）「国際マーケティング標準化論争の教訓」『佐賀大学経済論集』26(1), 1-34頁。
———（1993b）「グローバル・マーケティングの分析枠組」『佐賀大学経済論集』26(2)。
———（1993c）「グローバル・マーケティングの具体的方策」『佐賀大学経済論集』26(3)。
———（2017）「グローバル・マーケティングの最重要課題」，大石芳裕編著『グローバル・マーケティング零』白桃書房。
Özsomer, A. and E. Gençtürk (2003), "A Resource-Based Model of Market Learning in the Subsidiary: The Capabilities of Exploration and Exploitation", *Journal of International Marketing*, 11(3), pp.1-29.
Peng, M. W., D. Wang and Y. Jiang (2008), "An institution-based view of international business strategy: A focus on emerging economies," *Journal of International Business Studies*, 39(5), pp.920-936.
Pitelis, C. N. and D. J. Teece (2010), "Cross-border market cocreation, dynamic capabilities and the entrepreneurial theory of the multinational enterprise," *Industrial and Corporate Change*, 19(4), pp.1247-1270.
Porter, M. E. (1985), *Competitive Advantage*, The Free Press.（土岐坤・中辻萬治・小野寺武夫訳（1985）『競争優位の戦略』ダイヤモンド社。）
Prahalad, C. K. and G. Hamel (1990), "The Core Competence of the Corporation,"

Harvard Business Review, May-June: pp.79-91.

Quelch, J. A. and E. J. Hoff (1986), "Customizing Global Marketing," *Harvard Business Review*, May-June: pp.59-68.

Ripolles and Blesa (2012), "International new ventures as "small multinationals": The importance of marketing capabilities," *Journal of World Business*, 47, pp.277-287.

Rugman, A. and A. Verbeke (2003), "Extending the theory if the multinational enterprise: internalization & strategic management perspective," *Journal of International Business Studies*, 34(2), pp.125-137.

Samiee, S. and K. Roth (1992), "The Influence of Global Marketing Standardization on Performance," *Journal of Marketing*, 56: pp.1-17.

Schilke, O., M. Reimann and J. Thomas (2009), "When Does International Marketing Standardization Matter to Firm Performance?" *Journal of International Marketing*, 17(4), pp.24-46.

新宅純二郎・天野倫文（2009）「新興国市場戦略―市場・資源戦略の転換」『経済学論集』75(3), 40-62頁。

秦小紅・成田景堯・臼井哲也（2016）「リソース・リポジショニングのプロセス分析：成都イトーヨーカ堂の事例」『国際ビジネス研究』8(2), 107-121頁。

嶋口充輝・黒岩健一郎・水越康介・石井淳蔵（2008）『マーケティング優良企業の条件―創造的適応への挑戦』日本経済新聞出版社。

Slater, S. and J. Naver (1995), "Slater, Stanley, and Narver, John: Market Orientation and the Learning Organization," *Journal of Marketing*, 59, pp.63-74.

Song, J., K. Asakawa and Y. Chu (2011), "What Determines Knowledge Sourcing From Host Locations of Overseas R&D Operations? A Study of Global R & D Activities of Japanese Multinationals," *Research Policy*, 40(3), pp.380-390.

Sorenson, R. Z. and U. E. Wiechmann (1975), "How multinationals view marketing standardization," *Harvard Business Review*, May-June, pp.38-54, pp.166-167.

Srivastava, R. K., L. Fahey and H. K. Christensen (2001), "The resource-based view and marketing: The role of market-based assets in gaining competitive advantage," *Journal of Management*, 27(6), pp.777-802.

竹田志郎（1985）『日本企業の国際マーケティング』同文舘出版。

――――（1992）『国際戦略提携』同文舘出版。

Takeuchi, H. and M. E. Porter (1986), "The Strategic Role of International Marketing: Managing the Nature and Extent of Worldwide Coordination," in Porter, M. E. (ed.), *Competition in Global Industries*, Cambridge, Mass. Harvard Graduate School of Business Administration.（土岐坤・中辻萬治・小野寺武夫訳（1989）『グローバル企業の競争戦略』ダイヤモンド社。）

Teece, D. J. (2007), "Explicating dynamic capabilities: the nature & microfoundations of (sustainable) enterprise performance," *Strategic Management Journal*, 28(13), pp.1319-1350.

―――― (2009), *Dynamic capabilities & strategic management*. London: Oxford University Press.（谷口和弘他訳（2013）『ダイナミック・ケイパビリティ戦略』ダイヤモンド社。）

―――― (2014), A dynamic capabilities-based entrepreneurial theory of the multinational enterprise. *Journal of International Business Studies*, 45: pp.8-37.

Teece, D. J., G. Pisano and A. Shuen (1997), "Dynamic capabilities & strategic management," *Strategic Management Journal*, 18: pp.509-533.

Theodosiou, M. and L. C. Leonidou (2003), "Standardization versus adaptation of international marketing strategy: an integrative assessment of the empirical research," *International Business Review*, 12, pp.141-171.

臼井哲也（2006）『戦略的マス・カスタマイゼーション研究—国際市場戦略の新視角—』文眞堂。

――――（2007）「グローバル・マス・カスタマイゼーション研究の方向性」諸上・Kotabe・大石・小林編著（2007）『戦略的 SCM ケイパビリティ』同文舘出版。

――――（2009）「グローバル製品化プロセスの探索的検討—住友スリーエム社<ポスト・イット>製品の事例」『日本大学法学部創設 120 周年記念論集』2, pp.517-541.

――――（2015）「リソース・リポジショニング・フレームを用いた新興国市場戦略の分析視角」『国際ビジネス研究』7(2), 2-25 頁。

臼井哲也・星田剛（2016）「ビジネスモデルの国際化における「リソース・リポジショニングの効果分析—日系ショッピングモールのベトナム進出の事例」『多国籍企業研究』9号，19-36 頁。

――――（2017）「ビジネスモデル思考で捉える国際マーケティング：日系ショッピングモールの中国市場進出」『日経広告研究所報』293 号：54-61 頁。

臼井哲也・内田康郎（2012）「新興国市場戦略における資源の連続性と非連続性の問題」『国際ビジネス研究』4(2), 115-132 頁。

山下裕子・福冨言・福地宏之・上原渉・佐々木将人（2012）『日本企業のマーケティング力』有斐閣。

Vorhies, D. W. and N. A. Morgan (2005), "Bench- marking Marketing Capabilities for Sustainable Competitive Advantage," *Journal of Marketing*, 69 (1), pp.80-94.

Vorhies, D. W. and R. E. Morgan and C. W. Autry (2009), "Product-Market Strategy and the Marketing Capabilities of the Firm: Impact on Market Effectiveness and Cash Flow Performance," *Strategic Management Journal*, 30 (12), pp.1310-34.

Wernerfelt, B. (1984), "A Resource-based View of the Firm," *Strategic Management Journal*, 5, pp.171-180.

Wind, Y. and S. Douglas (1972), "International market segmentation," *European Journal of Marketing*, 6(1), pp.17-25.

Winter, S. G. (2000), "The Satisficing Principle in Capability Learning," *Strategic Management Journal*, 21 (11): pp.981-996.

Workman, J. P., C. Homburg and K. Gruner (1998), "Marketing Organization: An Integrative Framework of Dimensions and Determinants," *Journal of Marketing*, 62(3), pp.21-41.

Zollo, M. and S. G. Winter (2002), "Deliberate Learning & the Evolution of Dynamic Capabilities," *Organization Science*, 13(3), pp.339-351.

Zou, S. and T. Cavusgil (2002), "The GMS: A Broad Conceptualization of Global Marketing Strategy and Its Effect on Firm Performance," *Journal of Marketing*, 66 (4), pp.40-56.

（臼井哲也）

第Ⅱ部

実　証　編

―企業事例とアンケートによる検証―

実証編では，定性分析（企業事例）と定量分析（企業アンケート）の双方の方法論を用いて，国際マーケティング・ケイパビリティと事業成果との関係を実証的に検討する。まず消費財メーカーを対象とした３つの事例研究を用いて，国際マーケティング・ケイパビリティと事業成果の関係ロジックについて，個別の取り組みに着目し，詳細に検討していく。定量分析では，第４章で提示した概念フレームワークと命題に基づき仮説を構築し，日系多国籍企業の現地子会社 262 社を対象とした大規模アンケート調査によってこれを実証する。定量的なデータを用いて，国際マーケティング・ケイパビリティと事業成果の関係について，一般化を試みる。

第５章

3M社の国際マーケティング・ケイパビリティ

—＜ポスト・イット＞製品の事例—[1)]

第1節　はじめに

製品の国際市場への展開は，単なる本社による子会社への押し付けであってはならない。統合グローバル化段階に到達した多国籍企業は，製品の標準化と適応化の適切な同時達成を追求する組織能力を必要としている。そして世界的に分散する子会社の知識を本社が統合的に管理する組織モデルあるいは組織能力の開発が多国籍企業へ要請されている。ある技術イノベーションないしは革新的製品が世界の主要な国と地域市場へ普及，浸透し，グローバル製品化するその可否は，当該製品の特性と標的セグメントの類似性に加えて，本社－子会社間の調整が重要な役割を果たしている。まさに国際マーケティング・ケイパビリティが分析の焦点となる。

そこで本章では，3M社＜ポスト・イット＞製品の事例を題材にして，製品がグローバル市場において普及，浸透していくプロセス（グローバル製品化プロセス）を考察し，国際マーケティング・ケイパビリティの役割を検証する。

第2節　調査の方法

1. 事例選択の妥当性と分析単位

本章では，スリーエムジャパン社（取材当時は住友スリーエム社）および米国に本社をおく3M社の<ポスト・イット>製品事業を事例として選択している。本事例の選択には3つの理由がある。第1に本章は，世界的な機能配置が完了しつつあるグローバル合理化段階に到達した多国籍企業独自のマーケティング問題への接近を企図している。グローバル合理化段階に到達した多国籍企業はその多国籍ネットワーク（本社と複数の子会社から構成される）を十分に活用することが戦略目標となる。地理的に分散する複数の子会社の能力をいかにして引き出し，多国籍企業全体への貢献を促進するのかが課題である。そこで多国籍企業である3M社の<ポスト・イット>製品事業をサンプル事例として選択している。第2に，本事例研究はグローバル製品化の動的プロセスを歴史的な視点より記述することを目的としているため，主要な国や地域市場（典型的には米欧日と新興市場）において長らく時間をかけて市場へ浸透してきたグローバル製品を分析対象とする。そして第3に，当該製品事業が当該多国籍企業の成長と競争力強化に長期的に貢献してきた，戦略的に重要な事業であることもサンプル選択の条件として挙げられる。

本事例は分析単位を，文具・オフィス事業内の<ポスト・イット>製品事業における3M米国本社国際マーケティング部門と日本子会社であるスリーエムジャパンのマーケティング部門としている。分析単位は米国本社を含んでいるがその主なデータ源は日本子会社であるという点において，本章は子会社パースペクティブを採用しているといえよう。グローバル製品化プロセスを分析するためには，望ましくは米国本社，日本子会社，その他複数の主要な子会社におけるマーケティング部門，技術開発部門，製造部門より幅広くデータ収集源を確保すべきであるが，本章では以下の点を優先しインフォーマントを限定している[2)]。

本章ではデータ収集の指針として事前に文献サーベイに基づき，「何らかの理論」(King *et al.* 2004, p.56) ないしは「理論と研究課題のマッチング」(佐藤 2002, 123 頁) について検討している。詳細は第 4 章に譲るが，先行研究は本社－子会社間の調整と製品のグローバル市場化の因果関係を推論するに適切な複数の証拠を示している。そこで本章では本社と主要な子会社のマーケティング部門間の調整に着目し，データの収集に努める。加えて製品事業をサンプルとしながらもその観察単位は個々の製品（＜ポスト・イット＞ふせんなどの日本独自の適応化製品やフィルム，強粘着タイプなどの日本を含むグローバル市場向け新製品）とする。そしてそれら複数の製品種類が市場に導入されるプロセスを観察することを通じて製品単位間の内的一貫性を追求するようにデータの解釈を行う。

2. データ収集と分析方法

イン (Yin, R. K.) はデータの証拠源を①文書，②資料記録，③面接（インタビュー)，④直接観察，⑤参与観察，⑥物的人工物の 6 つに分類し，それぞれの強みと弱みについて論じている (Yin 1984)。本章では主に①，②および③の証拠源を採用している。まず①および②については公刊されている論文，書籍，雑誌記事，広報資料，ホームページ，製品パンフレット類，年次報告書などを参考とした。

インタビューは焦点面接法を採用し，主要なインフォーマントをマーケティング部長とし，広報担当者，元事業担当取締役といった複数の証拠源を確保している。インタビューは 2007 年に合計で 3 回（インフォーマル形式を含めると 5 回)，各回 90 分程度実施している。インタビューで獲得されたデータは「取材メモ」として調査者が文書化し，都度，インフォーマントに確認を求めることで，調査者の理解不足の解消に努めた。また機密に関わるデータ（記述）の削除にもこの手順は貢献している。

加えて，3 回にわたるインタビュー終了時には，文具・オフィス事業部の複数の担当者に「調査結果確認アンケート」に回答いただくことにより，調査者による異なった解釈や理解の齟齬の排除に取り組んでいる。14 項目から構成されたアンケートは当該製品を担当する 8 名の被験者より回答を得，必要と判断される場合はデータ解釈の修正に用いた。このようなプロセスを経て収集されたデータは，最終的には草稿として文書化され，再びインフォーマント全員にレビューをお願いし，主に事象に対する調査者とインフォーマント間の理解の齟齬を修正している。この段階ではインタビュー当時（2007年9月）のマーケティング部長に加え，後任のマーケティング部長（2009年4月時点）にもレビューをお願いしている[3)]。

この一連の手順はキング（King, G）らが「了解（verstehen）」と呼ぶ，解釈を厳密に行うための科学的な手続きを意図している（King *et al.* 2004, p.44）。彼らは行為者の観点より行動を理解する手順をデータ解釈のプロセスに組み込むことを推奨している。本稿では可能な限り，行為者本人による行為の意味を，調査者が確認することを通じて，解釈の厳密さの確保に努めている。結果として調査者は「収斂する探求」（Yin 1984, p.123）を志向しつつ，①文書，②資料記録，③面接（インタビュー）より獲得されたデータを整理し，解釈することに努めた。

データ分析では，可能な限り正確なデータ解釈に基づき，専らデータを「要約」することに努めた。本章で言う要約とは，子会社の製品適応化提案と本社による承認，棄却のプロセスを個々の製品単位で観察することで，その「体系的な要素」と非体系的な要素を区別することである（King *et al.* 2004, p.63-67）。

第3節　＜ポスト・イット＞製品の事例

＜ポスト・イット＞ノートは，1980年に米国ミネソタ州に本社を置く3M社（以下，3M）が世に送り出した「貼ってはがせるメモ用紙」である。総数で5万とも6万ともいわれる3Mの製品種類の中で，＜ポスト・イット＞製品は発売開始以来グローバル市場での3M社の成長に最も貢献した製品群の1つとなっている[4)]。2007年時点で＜ポスト・イット＞製品は，世界60カ国で約1,000種類が販売されている（内，日本では約400種類）[5)]。これまで3Mは学術論文，ビジネス・ジャーナリズムにおいて技術イノベーションを生み出す優れた組織の事例として注目されてきた[6)]。エンジニアに一定の自由度を与える「15％ルール」，社内のボランティアをネットワークし上司に内緒で製品開発をする「ブートレッキング（密造酒作り）」，各国のエンジニアを一堂に会して情報交換を行う「テクニカルフォーラム」などがよく知られている。＜ポスト・イット＞製品についてもまた，技術開発の事例として取り上げられることがしばしばであった。住友スリーエム（2009年当時）のホームページによれば＜ポスト・イット＞ノートの製品開発物語は以下に要約できる。「1969年に中央研究所の研究者，スペンサー・シルバーは，接着力の強い接着剤の開発要求を受け，ひとつの試作品を作りあげるも，それは『よくつくけれど，簡単に剥がれてしまう』という接着剤であった。3Mには，執務時間の15%を自分の好きな研究に使ってもよいとする『15%ルール』という不文律がある。この15%ルールを使い，シルバーはこの奇妙な接着剤を持って社内の人々に意見を求めてまわった。コマーシャル・テープ製品事業部の研究員であったアート・フライもその一人であった。その後，フライは，1974年のある日曜日に教会で，讃美歌集に目印として挟んでいたしおりがひらりと滑り落ちる光景をみて，5年前にシルバーが作り出した奇妙な接着剤の用途の具体的なイメージを考案した。翌日からフライは15%ルールを活用して『糊の付いたコミュニケーションツール』の開発に取り掛かる。」[7]

社内の研究者へ一定の自由度を与えることにより技術イノベーションを誘発する3Mの組織的取り組みは，＜ポスト・イット＞ノートの開発に大いに貢献している。実はこれに加えて，＜ポスト・イット＞ノートの市場導入時にはマーケティング部門主導で市場開拓に努力したことはあまり知られていない。この製品開発物語には続きがある。「新製品の体験を促すことを目的として3M社内の秘書へのサンプリングを実施し大きな反響を得た＜ポスト・イット＞ノートは，1977年にアメリカ4大都市でのテスト販売が実施される。ところが予想に反して結果は厳しいものであった。販売プロジェクト中止の危機に面した＜ポスト・イット＞であったが，その後一転して全米の優良企業の秘書たちから注文が殺到するようになった。実は，社内の秘書たちの凄まじい使用ぶりを知ったマーケティング部が，『フォーチュン』誌掲載の年間売上げ上位500社の秘書仲間に3M会長秘書の名で＜ポスト・イット＞ノートのサンプルを送っていた。頓挫しかけたプロジェクトは息を吹き返し，その後『とにかく使わせる』ことを目的としたサンプリングが繰り返され[8]，1980年に全米発売が開始されたのである。」[9]

日本市場への導入に際してもこのサンプリングが用いられ，発売開始より2年後の1983年には市場開拓に成功している。ひとつ違うのは日本市場では独自の用途開発によって市場を開拓した点にある。

1. 日本市場における成功要因

1981年に日本子会社の住友スリーエム（現スリーエムジャパン）を通じて日本市場に導入された<ポスト・イット>製品は，わずか4種類で販売が開始される。米国での販売好調[10)]を受けて当時のマーケティング担当者はマス広告（TVCF等）を通じた市場開拓を図るも，消費者からの反応は希薄であった[11)]。そこで米国の経験に倣い，1983年春，官公庁，企業へ向けてオフィス街（東京駅周辺，新宿副都心など）において60万袋のサンプリングを実施する[12)]。当時，日本のユーザー（主にオフィス・ワーカー）はメモ用紙にお金を払いたくないという意識が一般的であった。住友スリーエムの営業担当者はサンプル製品の配布後，配布先のオフィスへ再度訪問し，使用用途に関する要望の聞き取り調査を実施した。それら情報が<ポスト・イット>製品の用途開発に役立つこととなる。特筆すべきは，サンプリングより得られた情報の中に，付箋紙として使用している例が報告されたことにある。使用者がカッターナイフで<ポスト・イット>ノートを付箋紙状に縦長にカットして，貼ってはがせる付箋紙として使用していた。特に官公庁では「付箋として使えるサイズが欲しい」という要望が圧倒的であった[13)]。これを受け，<ポスト・イット>ふせんが日本市場独自の製品として市場導入されることとなった。一度貼ってしまったらはがすことができない従来の付箋紙よりも<ポスト・イット>ふせんがはるかに便利であったため，それまでメモサイズの<ポスト・イット>ノートには興味を示さなかった企業もオフィスへの導入を開始した。

2007年までに，日本市場では約400種類にまで製品ラインを拡張している。それは「エンドユーザー志向」あるいは「お客様へのソリューション提案」[14)]の理念に基づく新たな「用途開発」を通じて，<ポスト・イット>製品を日本市場へ適応化してきた歴史である。「(1981年当時のサンプリングより）エンドユーザー志向の営業が当事業の伝統となっている。例えば，役所では付箋紙に印鑑を押すという用途が存在したことも実際に商品を使用するユーザーから声を拾うことによって獲得された情報である」と文具・オフィス事業部マーケティング部長中井氏は語っている。以下に日本市場適応製品をいくつか紹介しておこう。

まず日本独自のニーズは，サイズダウンにあった。先に紹介した<ポスト・

イット＞ふせんがその典型である。ふせんタイプにも前述の印鑑を押せるスペースのある比較的太いサイズのもの（「ふせん」縦70mm，幅25mm）から細いタイプ（「ふせんハーフ」幅12.5mm）まで用意されている。さらに小さいタイプとしては，縦がふせんより短い50mmサイズの＜ポスト・イット＞見出しがある。このふせんタイプが，日本市場の売上高の半分を占めている[15)]。ちなみに米国では，ノートパッドタイプのような大きなサイズの製品が好まれる傾向にある。

再生紙タイプの開発もまた日本独自のニーズが起点となっている。1980年代後半，日本では特に官公庁において再生紙の積極的利用の気運が高まり，＜ポスト・イット＞製品の再生紙への転換が喫緊の課題となりつつあった。＜ポスト・イット＞製品を再生紙で開発，生産するには新たな投資を伴うという理由によって，米国本社との交渉は難航する。しかし粘り強い交渉の結果，この提案は承認され，1991年には日本で再生紙タイプの発売が開始された。ちなみに，再生紙タイプに対する需要は欧米市場において当初は低調であったものの，その後，環境への配慮を使命として掲げるようになった大手小売業チェーン（ウォルマート，オフィスデポ，ターゲットなど）からの注文も増えている。

用途開発は一般に，間口と深さ（消費量の増加）を軸として企画される。例えば，ディズニーキャラクターを採用した製品は家庭での需要開拓（間口を広げること）を目的としており，一方で手帳に収納できるスタイルキットは＜ポスト・イット＞製品を携帯することによるオフィスでの消費量の増加を目的としている。用途開発企画は顧客調査，社内でのアイデア共有，お客様相談センターへ寄せられたご意見などの情報源に基づき立案される。

こうしてスリーエムジャパンは，四半世紀の間に日本市場をゼロから年間売上高約100億円規模にまで成長させた（2007年時点）。成果指標の1つである使用経験調査においても，日本ではホワイトカラーワーカーによる使用経験が90%を超えており，世界の他の主要市場と比較しても成功の部類に入る。問題はこの日本市場における「成功」がいかなる要因によりもたらされたかについて再考し，用途開発を通じた製品の適応化行動の相対的な貢献度を推し量ることにある。成功要因は製品適応化の他に2つある。

まずは，技術優位性である。＜ポスト・イット＞製品の日本市場における成功の基礎にあるのは，「しっかり貼って何度でもはがせる」粘着部分のコーティング技術の優位性にある。一時は日本国内に15社ほど存在した競合他社も，コスト面と技術面（とりわけ，片面への糊付け，原反ロールへのフラットな糊付け加工技術，粘着効果の持続性，劣化対策など）における3Mの優位性基盤を崩すことができずに撤退し，2009年時点では主要な競合は数社を残すのみとなっている。

製品ブランドの構築もまた成功要因である。市場導入期から成長期にいたる過程においては，雑誌等のマスメディアが，＜ポスト・イット＞ブランドの形成に貢献している。1980年代初頭，折しも時代は高級文具ブームにあり，エグゼクティブ御用達の文具として＜ポスト・イット＞ノートが，数々の雑誌で取り上げられようになる（例えば，ダイム誌）。また，システム手帳ブームにおいても能率手帳の付属品として取り上げられ，＜ポスト・イット＞製品はブランド化の道をたどり始める。情報発信力のある文具店（伊東屋など）での文具フェア等を通じた販売促進活動も実施し，ブランド価値の向上に努めた。

製品ブランドの構築と維持については，その後米国本社による高いコントロールのもと，継続的に投資が行われている。粘着技術の優位性をエンドユーザー（および潜在顧客）に対して可能な限り正確に伝達するためにも，製品ブランドの構築は不可欠であった。すなわち，競合他社の類似品ではなく，＜ポスト・イット＞製品を指名買いするユーザーを増やすことが，至上命題となった。

技術優位性と製品ブランド構築が日本市場のみならず米国市場における成功要因であるのに対して，製品の適応化は国際市場展開における固有の成功要因である。日本市場では付箋紙を代表として日本独自のニーズに適応した製品ラインを提案してきた。日本市場における継続的な用途開発は，本事業の市場規模を大きく成長させてきたと社内では評価している。つまり米国本社から初期段階に提案された4種類の製品のみの販売に注力していれば，現在の市場規模の半分にも満たなかったと考えられる。ある調査では，ユーザーは＜ポスト・イット＞製品のバリエーションの豊富さに価値を感じているという結果が出ている。

日本市場のみならず，＜ポスト・イット＞製品のグローバル製品化には，現地市場の顧客ニーズへ適応する製品ラインの提供が貢献している。しかし，新市場への参入段階では（例えば新興国市場への参入），第1の目標は，サンプリング等により使用経験を広め，いち早く市場を開拓することにある。各国のニーズへ適応した用途開発は第二段階となる。第一段階は，「＜ポスト・イット＞製品を使ったことのない人へ使ってもらうことから始める」という意味において，まさに文化の壁を越えた市場創造活動である。日本市場では法人の販促ノベルティ用として注文印刷する有償サンプリング製品が使用経験の提供に貢献している。注文印刷の受注額もさることながら，有償サンプリングが消費者へ使用経験を提供することにより，新規ユーザー予備軍へのアプローチを容易にしている。今後は従来のオフィスに加えて，家庭，学生，主婦などによる用途をさらに開発していくことが課題である。

2. 製品適応化におけるマーケティング部門の役割

現地市場独自の用途開発を目的として＜ポスト・イット＞製品を適応化する試みには，多国籍企業組織のいかなる取り組みが背後にあったのか。ここでは適応化の推進の中心を担ったマーケティング部門の役割を3つのフェーズへ時系列で分類して記述しておこう。

第1フェーズ：本社からの知識移転と顧客情報の収集

1981年の＜ポスト・イット＞ノートの日本市場導入当時，米国本社と日本子会社のコミュニケーションは密ではなく，米国本社より製品とともに送られてくる分厚いマニュアルを翻訳し，販売員へ伝達していた。当時はマーケティング担当という職種は存在しておらず，これら業務の担い手を技術部門と販売部門間の情報伝達役として「コレポン（correspondence）」と呼称していた。コレポン係はエンドユーザーが製品を使用する現場へ販売員とともに赴き，得られた顧客の情報を整理し，技術部門に伝えることを主たる業務としていた。前述のとおり，この段階では，オフィスへのサンプリングを通じた使用用途に関する情報の収集と分析が鍵であった。

第2フェーズ：子会社による提案と本社による承認

＜ポスト・イット＞ふせんに代表される日本市場の独自の要望が明らかになってくると，子会社は本社へ製品ラインの追加を要求し始める。一般に用途開発企画はまず日本国内でマーケティング部門が主導し，製造部門，技術部門と調整しつつ作成される。米国本社への提案や提案後の調整についても，マーケティング部門が中心となって，本社マーケティング部門とコミュニケーションをとっている。提案書はまず，米国本社内の国際マーケティング部門のアジア担当マーケティング・マネジャーへ提出される。提案書は，販売予測などの数字の裏づけを持ってビジネスプランとして提出され，その後の米国本社内での承認までのプロセスは本社のアジア担当のマーケティング・マネジャーが担当する。

既存のマテリアル範囲内（紙色，糊の粘着性，裁断サイズ，印刷）でかつ新たな大規模投資を必要としない製品ライン拡張の場合は，米国本社による制約は比較的少ない。例えば，同じ紙の厚さで，同じ粘着技術を使用して，裁断サイズの違い（例えば，「ふせん」のように）と色の組み合わせ方法による製品バリエーションの追加は本社による承認を獲得しやすい。一方，再生紙タイプのような新たな大規模投資を必要とする新製品提案の場合は，販売可能な数量予測とその精度が承認獲得の鍵となる。したがって既存のマテリアル範囲内での製品ライン拡張が優先される。また提案の承認はグローバル市場全体での生産数量，販売予測数量を勘案して下される傾向にある。その意味において他国よりも日本，EU 全体からの提案が承認されやすい。例えば，強粘着性タイプ（主に紙以外の物体，例えばパソコン画面の枠やホワイトボード，棚，ドアなどへの新たな用途を開発するための製品），フィルムタイプの製品も米国，欧州，日本など主要な子会社の要望を本社国際マーケティング部門が集約し，米国で開発され，製品化されている。

適応化製品の追加が米国本社に承認された後，当該製品の開発は日本子会社が担う。開発の過程で技術的問題が生じた場合は，日本の技術部門（あるいは製造部門）と米国の技術部門（あるいは製造部門）間で必要に応じてそれぞれがコミュニケーションをとるが，製品開発プロセスの全体管理はマーケティング部門が担当する。

第 3 フェーズ：子会社による製品ラインの適正化

一旦拡張した製品ラインは永久に市場で存続し続けるわけではなく，販売不振であれば適宜廃番にしている。全体の方向としては拡張した製品ラインを絞り込み，販売効率の向上を目指している。製品ラインの適正化は各国のマーケティング部門が独自に推進する。削減対象となる製品ラインの基準は，販売数量とコストである。このライン縮小は＜ポスト・イット＞製品を扱う本社事業部門の管理下にあるわけではなく，各国子会社へ権限が委譲されている。文具部門のグローバル事業ユニットは，グローバル市場拡大に関わる売上高や利益を管理し，一方で各国子会社が在庫などの効率化について製品事業横断的に管理するマトリックス組織形態が採用されている。

マーケティング部門では，2004年頃より米国本社が主導して各国のマーケティング活動の成功事例を国横断的に共有するという取り組みを行っている。＜ポスト・イット＞製品の事業の経営トップの意向により，ある国で実践し成功している製品アイデア，販売方法などを他国の市場へ移転することを主たる目的として，各国のマーケティング担当者が一堂に会するグローバル会議が開催されている。

本節では，＜ポスト・イット＞による日本市場開拓プロセスを要約した。日本市場の開拓と育成においては，技術優位性，製品ブランドの構築に加え，製品の現地市場適応が成功の鍵であった。前の2要因が米国本社による高い統制のもと，本社から子会社へ移転された経営資源であるのに対して，適応化は子会社発の試みであった。＜ポスト・イット＞ふせんが日本市場における売上高の約半分を占めている事実は，適応化による日本独自の製品ライン拡張の重要性を物語っている。

第4節　考察：グローバル製品化プロセス

子会社による新たな用途開発が，＜ポスト・イット＞製品の日本市場の開拓と成長に大きく貢献してきたことは，第3節でみてきた通りである。現地市場独自の製品ラインを追加，拡張するためには，本社への提案と本社による承認が必要となる。ここでは，日本子会社と米国本社の関係分析において獲得された情報に基づき，グローバル製品化プロセスの解明に向けた手がかりを探る。

本章で獲得したデータは，グローバル製品化プロセスが，①マーケティング部門間調整，②本社によるコントロール範囲の保持，そしてその結果として③標準化－適応化バランス化の仕組みの3つの行動で構成されることを示している。順にみていこう。

1. 本社－子会社間のマーケティング部門調整

子会社は現地市場における用途開発を進めるにあたって，マーケティング部門を米国本社との調整役としている。日本子会社の事例では「＜ポスト・イット＞ふせん」がこれにあたる。提案書は，エンドユーザー（消費者，法人顧客に関わらず＜ポスト・イット＞製品の使用者）との対話を通じてマーケティング部門内で作成される。需要予測，販売計画を含む提案書は国内マーケティング部門より本社の国際マーケティング部門へ提出される。新製品にかかわる技術的な問題についてもマーケティング部門が仲介し，本社と調整を行う。既存のマテリアル範囲で対応できる製品であっても（パッケージ種類の違い），新たな大規模投資を伴う新製品（例えば，強粘着タイプ）であっても，本社－子会社のマーケティング部門間における調整を通じて製品ライン拡張は遂行される。これに加え，もう1つの成功要因である製品ブランド管理についてもマーケティング部門間の調整が不可欠となっている。要するに，グローバル製品化プロセスにおいて本社－子会社間マーケティング部門の調整が主導的な役割を担っている（図表5-1参照）。

図表5-1　＜ポスト・イット＞事業におけるグローバル製品化プロセス

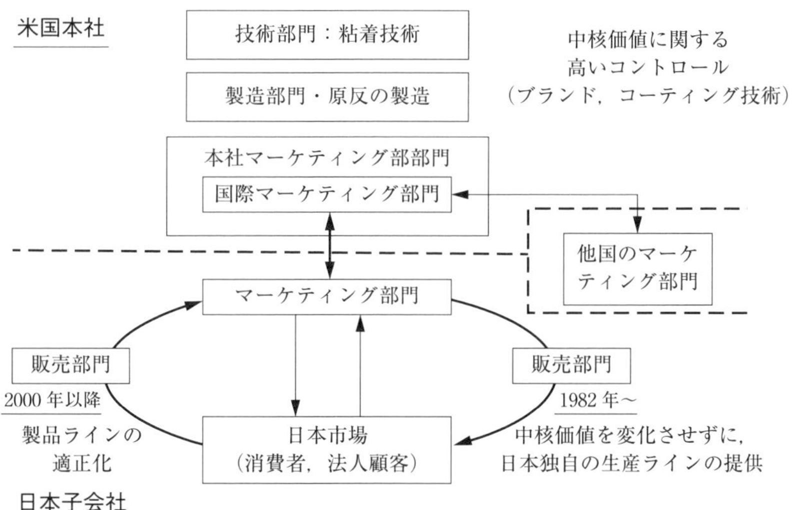

出典：聞き取り調査に基づき筆者作成。

2. 米国本社によるコントロール範囲の保持

本社は＜ポスト・イット＞製品の中核的価値について極めて高いコントロール力（統制力）を保持している。図表5-1にあるように，製品ブランド，コーティング技術（粘着技術），生産技術については米国本社が管理している。技術開発部門，製造部門において生み出されるあらゆる知的財産は本社が一元管理している。

各国子会社のマーケティング部門より寄せられる個別の提案について本社は，技術と生産における規模の経済性とグローバル市場性を重視して承認の意思決定を行っている。経済性を欠いた提案は却下される。規模の経済性を保つための基準として設定されたのが，3次元プラットフォームである。第1の次元は「裁断サイズ」である。裁断サイズを可変させることによる製品ラインの拡張は新たな大規模投資を必要とせずに比較的容易にまた柔軟に実行できる。これは，同一のコーティング技術を使用して原反ロール紙を生産した後に，裁断の段階で多くのサイズへ製品を加工できるためである。また，ディズニーキャラクターや社名の＜ポスト・イット＞製品への印刷，ハート型に型抜きする製品など「デザイン」の次元も同様に規模の経済性を確保できる。これに加え，予め用意している数十種類のカラーバリエーションを組み合わせることにより，数百種類の製品ライン（パッケージ）を，経済性を確保しながらグローバル市場へ送り出すことが可能となる。技術，生産機能に対する本社による高いコントロールがこの規模の経済性の確保を可能としている。したがって子会社は，この既存のマテリアル範囲，すなわち3次元プラットフォーム内において新製品ラインの追加を提案し，承認を得る。

3. 標準化－適応化バランス化の仕組み

＜ポスト・イット＞製品が世界60カ国において販売されるグローバル製品となり，3M社のグローバル市場における持続的な成長に大いに貢献してきた背景には，粘着部分のコーティング技術の優位性（しっかり貼ってはがせて，また貼れる）に加え，現地市場適応化のための製品ライン拡張行動があった。特筆すべきは，子会社が自発的に独自の用途開発に乗り出した事実にある。加えて，本社が子会社へある程度の自律性を許容したことも功を奏した。1981年当時，世界で先端を行く米国市場において成功を収めつつあった技術的イノベーションを伴う新製品の後進国市場（日本市場）への導入局面であったにも関わらず，本社は子会社の提案に耳を傾けている。しかし闇雲な製品ライン拡張は規模の経済性を損ないかねない。米国本社は世界中の子会社より寄せられる適応化提案を本社の高いコントロールのふるいにかけ，標準化と現地適応化のバランス化を達成している。前述の3次元プラットフォームは最適なバランス化を達成するための調整弁として本社－子会社間で機能している。

2007年時点において，米国では1,000種類，EUでは800種類，日本では400種類程度（重複も含むため，グローバル市場全体では約1,000種類）が販売されているが，1,000種類の大部分は効率的な生産を優先するため，3次元プラットフォームで対応している。例えば，EU圏内は各国それぞれのパッケージを用意しているが，パッケージの内容は既存製品ラインの組み合わせ方のバリエーションで経済性を確保している。さらに北米，南米市場では英語とスペイン語，ポルトガル語の併用表記により同一パッケージによる現地市場対応を実現している。

一方で，新たな大規模投資を伴う製品ライン拡張については，本社は慎重に検討を重ね，グローバル市場全体のニーズを統合する方法で新製品の開発に着手している。再生紙タイプの日本市場での発売に際しても，本社は慎重に対応した。前述のように日本市場では特に官公庁において再生紙タイプの＜ポスト・イット＞製品への転換が求められたが，本社はこのローカルで局所的なニーズに対して当初はよい返事をしていない。グローバル市場における需要予測を慎重に検討してから承認している。強粘着タイプ，フィルムタイプの＜ポスト・イット＞製品もまた，この範疇に入る。

一旦拡張した製品ラインを適正化する試みもまた，標準化－適応化のバランス化を追求する仕組みである。3M社は国ないしは地域別事業組織を敷いているため，財務における責務が国ないしは地域別子会社にある。このため製品ライン適正化の権限は子会社にあるわけであるが，財務成果に貢献しない国市場独自の製品ラインを随時削減することは，過度の適応化を防ぐ仕組みとして機能している。

第5節　国際マーケティング・ケイパビリティ分析

本事例は，日本市場における＜ポスト・イット＞製品の市場浸透プロセスについて，主に米国本社と日本子会社のマーケティング部門間の調整行動に着目し個々の製品を観察単位として，その体系的要素の識別を試みた。第4章において検討したように，国際マーケティング研究は，優れた標準化と適応化のバランス（戦略）を探し当てることよりも，そもそも優れた戦略を立案し実行する組織能力，すなわちケイパビリティへ研究の焦点が移行している。＜ポスト・イット＞製品の事例は，まさにケイパビリティの内容を明らかにするとともにその事業成果（グローバル製品としてのグローバル市場への普及）を説明する有力な証拠となる。図表5-2は，国際マーケティング・ケイパビリティと3つのフェーズの関係を整理している。

現地市場顧客からの情報を獲得するアウトサイドインが第1フェーズより実行されており，製品適応化へ重要な役割を果たしている。サンプリングを通じた現地顧客のニーズに基づく製品種類（ふせんタイプ）の追加である。その後

図表5-2　＜ポスト・イット＞事業における国際マーケティング・ケイパビリティ

<table>
<tr><th colspan="3"></th><th>第1フェーズ
市場導入期（80年代）</th><th>第2フェーズ
市場拡大期（90年代）</th><th>第3フェーズ
グローバル合理化段階
（00年代）</th></tr>
<tr><td rowspan="6">国際マーケティング・ケイパビリティ</td><td rowspan="5">子会社のマーケティング・ケイパビリティ</td><td>アウトサイドイン</td><td>サンプリングによる顧客情報の収集</td><td>使用用途に関する情報の収集のさらなる推進</td><td>使用用途に関する情報の収集のさらなる推進</td></tr>
<tr><td>インサイドアウト</td><td>本社のマーケティング戦略（製品，サンプリング手法など）の移転</td><td>本社における一括生産体制の活用</td><td>製品ラインの適正化に伴う生産体制の統合化</td></tr>
<tr><td>架橋プロセス</td><td></td><td>適応化製品の開発と販売</td><td>製品ラインの適正化（過度な拡大の抑制）</td></tr>
<tr><td>ネットワーキング</td><td>N.A.</td><td>N.A.</td><td>N.A.</td></tr>
<tr><td>アダプティブ</td><td>N.A.</td><td>N.A.</td><td>N.A.</td></tr>
<tr><td>多国籍企業固有の組織システム</td><td>本社－子会社間調整</td><td>本社から子会社への知識移転</td><td>マーケティング部門をハブとした本社－子会社間調整メカニズムの構築</td><td>グローバル市場全体での本社と子会社間調整ネットワークの構築</td></tr>
</table>

出典：筆者作成

も日本子会社は，市場情報に基づき新たな用途開発を継続している。そして続く第2フェーズでは，グローバル市場全体を見据えた，規模の経済性を犠牲としない適切な製品適応化が，本社と子会社間の架橋プロセスを通じて実現している。特筆すべきは，マーケティング部門を介した本社と子会社間の調整が，標準化と適応化を同時達成する製品ラインの開発とバランス化に大いに貢献している事実である。第3フェーズにおいては，日本子会社のみならず，他国の子会社も含め，グローバル市場全体における製品ラインの展開において，調整メカニズムが極めて重要な役割を果たしている。

このように多国籍企業は，マーケティング部門を中核とした本社と子会社間の調整を実行するケイパビリティを備え，磨くことを通じて，グローバル製品の普及と持続的な市場拡大に成果を上げることができる。

《付記》

本章の事例において示されるデータは，①公刊されている文献，新聞・雑誌記事およびホームページなどの二次データと②合計3回（各90分間）のインタビューと2回のインフォーマル・インタビュー（山名氏）より得られた一次データの双方に基づいている。なお，インタビューと確認アンケートは以下の通り実施した。

日時	対　象　者
2007年2月28日 14：30～16：00	元取締役　山名貞夫氏
2007年6月18日 13：00～14：40	文具・オフィス事業部　マーケティング部　中井幸男部長
	コーポレートコミュニケーション部　加藤昌マネジャー，高田文人主任
2007年8月13日 10：30～12：00	文具・オフィス事業部　マーケティング部　中井幸男部長
	コーポレートコミュニケーション部　高田文人主任
2007年9月20日 13：00～14：30	文具・オフィス事業部　マーケティング部　中井幸男部長
2007年10月10日 10：00～12：00	元取締役　山名貞夫氏

＊すべてインタビュー当時の肩書き

［注］

1）　本章は初出論文「グローバル製品化プロセスの探索的検討―住友スリーエム社＜ポスト・イット＞製品の事例」『日本大学法学部創設120周年記念論集』第2巻（2009年10

月）の抄録である。

2)　データの入手可能性とコスト要因もまた，データ収集源の限定には大きく影響している。多くの機密事項に囲まれたビジネス現場への自由なアクセスを許されるにはサンプル企業と調査者の間における信頼関係の構築が不可欠となる。しかしそれには時間とコストを要する。

3)　本章では，5において国際マーケティング・ケイパビリティの考察を新たに追加している。この部分はレビューの対象外である。

4)　2008年度年次報告書によれば，3Mの総売上高253億ドル，営業利益52億ドルの内，ポスト・イット®製品群の所属する消費財・オフィス事業は34.5億ドル，営業利益6.6億ドルを占めている。消費財・オフィス事業成長を駆動する製品群は，＜スコッチ・ブライト＞製品，＜ポスト・イット＞製品，＜フィルタレット＞製品，＜スコッチ＞製品となっている（2008 3M Annual Report, 26頁）。

5)　日本に根付くグローバル企業研究会編(2005)185頁。

6)　Peter and Waterman (1983)，野中・清澤（1985），ガトリング・賀川（1999），Conceicao *et al.* (2002), Lilien *et al.* (2002)

7)　同社ホームページ「製品開発物語」より抜粋の上，要約する（2009年3月20日閲覧）。

8)　アイダホ州の中規模都市ボイジーにおいて，フライを初め社内のスポンサー（協力者）によるサンプリングが実施され，サンプル対象者の90%以上が再購入の意思を示した。これがのちに3Mの伝説となった「ボイジーの電撃作戦」である（日本に根付くグローバル企業研究会編2005，185頁）。

9)　同社ホームページ「製品開発物語」より。

10)　当時の米国での年間売上高は約1億ドル，世界市場全体では約2億ドルと言われていた（上前1986, 70頁）。

11)　100枚セットで250円と高価な製品であり，当時の不況の影響もあり，販売は苦戦する（日本に根付くグローバル企業研究会編2005, 185頁）。

12)　特に若い社員の多い企業を標的に配布している。アイデアをメモする技術系企業の若手社員や電話応対の多い旅行代理店の事務員など，具体的に用途を提案することを目的とした（上前1986, 70頁）。

13)　同社ホームページ「製品開発物語」より。

14)　日経BPネットによる文具・オフィス事業部財津氏インタビュー記事《http://info.nikkeibp.co.jp/nbpp/3M/post_it_01.html》より。

15)　日本に根付くグローバル企業研究会編(2005)186頁。

[参考文献]

Conceicao P., D. Hamill and P. Pinheiro (2002), "Innovative science and technology commercialization strategies at 3M: A case study," *Journal of Engineering and Technology Management*, 19(1): pp. 25-38.

ガントリング・賀川洋（1999）『3M・未来を拓くイノベーション』講談社。

King G., R. O. Keohane and S. Verba (1994), *Designing Social Inquiry: Scientific Inference in Qualitative Research*, Princeton University Press.（真渕勝監訳（2004）『社会科学のリサーチ・デザイン：定性的研究における科学的推論』勁草書房。）

Lilien G. L., P. D. Morrison, K. Searls, M. Sonnack and E. Von Hippel (2002), "Performance assessment of the lead user idea-generation process for new product development," *Management Science*, 48(8), pp.1042-1059.

日本に根付くグローバル企業研究会編（2005）『事例スタディ住友スリーエム：イノベー

ションを生み出す技術経営』日経BP社。
日経ビジネス編（1998）『明るい会社3M』日経BP社。
野中郁次郎・清澤達夫（1985）『3Mの挑戦』日本経済新聞社。
Peters, T. J. and R. H. Waterman (1982), *In Search of Excellence: Lessons from America's Best-Run Companies,* Harpercollins.（大前研一訳（1983）『エクセレントカンパニー　超優良企業の条件』講談社。）
佐藤郁哉（2002）『フィールドワークの技法』新曜社。
3M　2008 Annual Report（2008年度年次報告書）
上前淳一郎（1986）「ベストセラー開発物語」『ダイム』No.9, 小学館，69-75頁。
臼井哲也（2007）「グローバル市場へのアプローチ―組織能力研究の意義―」『異文化経営研究』4, 25-41頁。
――――（2009）「国際マーケティング調整研究の現状と課題」『政経研究』45(4), 189-223頁。
Von Hippel, E. (2005), *Democratizing Innovation,* The MIT Press.（サイコム・インターナショナル監訳（2006）『民主化するイノベーションの時代』ファーストプレス。）
Yin, R. K. (1984), *Case Study Research: Design and Methods,* Sage: Beverly Hills, CA.（近藤公彦訳（1996）『事例スタディの方法』千倉書房。）

＊＜ポスト・イット＞，＜スコッチ・ブライト＞，＜フィルタレット＞，＜スコッチ＞は，3M社の商標です。

（臼井哲也）

第６章

スズキの国際マーケティング・ケイパビリティ[1)]
―インド子会社マルチ・スズキ社における現地適応製品開発―

第１節　はじめに

スズキが圧倒的な強さを誇るインド。同社の子会社「マルチ・スズキ」社の販売台数は，世界の大手自動車メーカーを凌駕する。2018 年度第１四半期（4 月～６月）におけるインド乗用車市場における販売台数シェアでは，トップのマルチ・スズキが 52.5%，第２位のヒュンダイが 15.7%であるため，両社の間には 30 ポイント以上の差がついていることが分かる[2)]。ちなみに，同期間における他の日本勢ではトヨタもホンダも 5%に届いておらず，マルチ・スズキの圧倒的な強さが見て取れる。

一方，スズキにとっての他の海外市場ではどうか。四輪車ではすでに米国からは 2012 年に撤退し，世界最大の自動車市場である中国からも 2018 年中に資本撤退することが発表された。世界の二大市場からは撤退する一方で，インドでは極めて順調に進んでいる。

その理由の一端が，インドにおけるスズキの国際マーケティング・ケイパビリティに見いだせるのだが，それを具体的に探っていくのが本章の目的となる。本章は，スズキの子会社マルチ・スズキが，インドにてどのようなマーケティング活動を行っているかについて，インド市場での視察やマルチ・スズキのマーケティング担当者へのヒアリング，さらにはスズキ日本本社へのヒアリング調査をもとに同社の国際マーケティング・ケイパビリティについて分析していく。

第２節　調査の方法

1. 事例選択の妥当性と分析単位

本章は，多国籍企業の現地子会社のマーケティング・ケイパビリティを分析していくことが目的となる。本章で詳しく述べていくスズキのインド子会社マルチ・スズキは，インドにおける現地独自のマーケティング活動が今日の成果に直結している。

スズキがインドにおいて成功を収めている理由として一般的に考えられているのは，他社に先駆け早くからインドに進出し，それにより着実に現地での知名度が高められていったことが挙げられることが多い。無論，そうした一面も拭えないだろうが，今日の成功はそのことだけでは説明がつかない。2000年代に入ってからの販売活動の見直しが，近年の成功に結びついているのである。本章では，その背景にある同社のマーケティング・ケイパビリティを分析していく。

そのため，本章の分析単位は現地子会社マルチ・スズキのマーケティング部門とする。その理由は，スズキがこれまで進出してきた海外市場とは異なるマーケティング活動をインドで展開してきているためである。他国では採られていない活動がどのような内容であり，どのようにして成果に結びついているかを測定する上で，マルチ・スズキのマーケティング部門を見ていくことは，本書の目的と整合的であると捉えられる。

2. データの収集と分析方法

本書第５章と同様に，本章においても文書，資料記録，面接（インタビュー）を証拠源とする他，本章では現地販売店に対する直接観察法も採用している。そのうち，文書や資料記録については公開されている論文，書籍，雑誌や新聞記事，広報資料，スズキの公式ウェブサイト，製品パンフレット，年次報告書等が挙げられる。

インタビューは焦点面接法を採用し，マルチ・スズキのマーケティング部門責任者，同部門スタッフ，現地販売店責任者，および日本本社関連部門責任者等，複数の証拠源を入手した。回答者の氏名および所属は本章末尾に掲載する。

インタビューの実施は，日本本社へ2006年に3度，2016年および2017年に1度ずつ実施し，インドにおいては2017年に実施している。いずれも，半構造化インタビュー形式によって進めている。インタビューから得られた情報は取材メモとして文書化し，インフォーマントである現地マーケティング部門責任者，ならびに日本本社関連部門責任者からの確認を受けている。2018年には，マルチ・スズキのマーケティング部門責任者に対してメールを通じた半構造化インタビューを実施している。

また，インドの現地販売店については2017年に2社訪問し，販売店の責任者に対しそれぞれ60～90分ほどの非構造化インタビューを実施した他，販売店スタッフの接客対応に対する直接観察法を実施したが，その点は第5章とは異なる方法を採用したこととなる。

データ分析については，前章と同様に，得られたデータからの解釈を通じたデータの要約を進めた。

第3節　マルチ・スズキのマーケティング部門の事例

1. スズキの海外進出の経緯

スズキのインドにおける活動内容に触れる前に，同社の海外事業について触れておく必要がある。

同社が本格的に海外事業を始めるきっかけとなったのが，1962年のイギリス・マン島で開催された二輪のレース，ツーリスト・トロフィー（TT）レースでの優勝である（鈴木 2008)。この当時，すでにホンダが同レースで活躍していたことは有名だったが，スズキもこの年50ccの部門で参戦し優勝を果たしている。

当時，すでに4サイクルエンジンが主流になりつつあるなか，同社は2サイクルエンジンのマシンで優勝したことから，地元紙にも大きく取りあげられるなどしており，技術的に大きな自信を得ることになる。マン島レースでの優勝後は，オランダ，ベルギー，旧西ドイツ，アイルランドを転戦し，最終地のアルゼンチンでは現会長の鈴木修氏が監督代行を務めて優勝している。

この時の経験からは，修氏自身が海外市場に対する現実的な感覚をつかむきっかけになったと考えることができる。事実，マン島レース優勝の翌1963年にはUSスズキを設立し，米国での二輪販売事業に力を入れることとなる。また，67年には同社にとって初となる海外生産工場としてタイにも進出している。

四輪車事業における本格的な海外市場攻略のきっかけとなったのは，米GM社との提携が大きい。1981年8月，修氏の社長就任から3年後にGMと業務提携が結ばれた。当時は，国内では同社の主力車種「アルト」が順調だった頃だが，海外市場として北米市場の攻略を検討していた頃でもあった。その当時，同社社長だった修氏によれば，「GMとの提携を北米市場進出の足がかりとしたかったから」（鈴木 2008, 146頁）と述べている。だが，これを機に本格的に海外市場，特に先進国市場での成功に向けた海外事業計画が進められるかと言えば，そうでは無かった。実はこの当時すでにインド市場進出の話しも進められていくのである。つまり，インド市場への進出は，米国など他の海外市場での経験が活かされたわけではないということになる。

インド市場進出のきっかけは，たまたま当時交流のあったパキスタンの自動車メーカーに出張していたスズキの社員が，帰国の途につく機内で読んだ現地紙だったという。同紙に，「インド政府が国民車構想のパートナーを募集」と書かれていた記事が，その社員の目にとまり，帰国後すぐに修氏に報告すると，さっそくインド政府に申し込んだという（鈴木 2008, 182頁）。ただ，このときはすでに締切が過ぎていたために受け付けてはもらえなかったのだが，あきらめずに掛け合い続けていく。

翌82年3月には，インド政府から調査団が来日することを聞きつける。当初は，スズキとの面談予定が無かったにもかかわらず，修氏本人が出向き面談の機会を得ることに成功する。国内の他の大手メーカーは当時のインド市場にはあまり関心が無かった一方で，このときの修氏の熱意もあり，インド政府団からの支持を徐々に取り付け，話しがどんどん進められていった。

2. インド市場の特徴

1982年，スズキが資本参加するかたちでインド政府との合弁会社「マルチ・ウドヨグ」を設立する。このときのスズキの出資比率は26%だった。インド市場には，この当時日本で売れていた初代「アルト」をベースに排気量を800ccにして「マルチ800」を投入し，現地で大ヒットする。その後，2002年5月に出資比率を54%へ引き上げ子会社化し，2006年にはインド政府が全保有株式を売却，これらを経て2007年9月には社名が現在の「マルチ・スズキ」と変更されている[3)]。

図表6-1はマルチ・スズキ本社の画像である。現在，およそ15,000名を持つこの企業に，日本人スタッフ約100名が駐在している。

また，近年のインドにおける自動車保有率をまとめたものが図表6-2である。この図は，人口1,000人あたりにおける保有台数を示している。主要先進国では軒並み500台以上となっているが，インドではわずか25台である。中国もまだまだその伸び代があるが，インドの場合はさらにその1/4ほどのマーケットでしかないことが分かる。

市場としては巨大な可能性を秘めた市場であることはわかる。だが，80年代はまだ外資が規制されていたため海外メーカーにとって参入障壁が高く，ス

図表6-1　マルチ・スズキ本社

出典：筆者撮影（2017年8月14日）

ズキだけが許された存在だったことになる。当然のことながらそのような市場を他社に先駆けて開発することができたため，スズキは先発者優位に恵まれることになる。

図表 6-2　人口 1,000 人あたり自動車保有台数

（単位：台）

国　名	保有台数
アメリカ	783（2013）
カナダ	609（2009）
日　本	594（2016）
ドイツ	603（2013）
韓　国	386（2013）
中　国	93（2013）
インド	25（2012）

出典：総務省統計局『世界の統計 2017』をもとに作成。（　　）は計測年。

しかしながら，本章冒頭で述べた通り，その先発者優位を享受したことだけが今日の同社の位置づけを説明するという考え方は，本書ではとっていない。実際，90 年代に入り，外資規制が緩和されてからは各国の自動車メーカーが参入し，2000 年代に入る頃には欧米や韓国などから代表的な自動車メーカーが参入するようになる。そのため，90 年代には実に 60％以上の市場シェアを占めていた旧マルチ・ウドヨグ（現マルチ・スズキ）は，激化する競争状態により 2010 年代初頭には 30％台にまでシェアを落としてしまう。また，2010 年代に入ると，インドの経済成長も急激に減速してしまう事態が生じる。

ところが，このような中，マルチ・スズキは新しい成長期に入っていくことになる。図表 6-3 でもわかるように，2015 年以降は急激に販売台数を増加さ

図表 6-3　マルチ・スズキの販売台数推移（2010 年 3 月～ 2018 年 3 月）

（単位：万台）

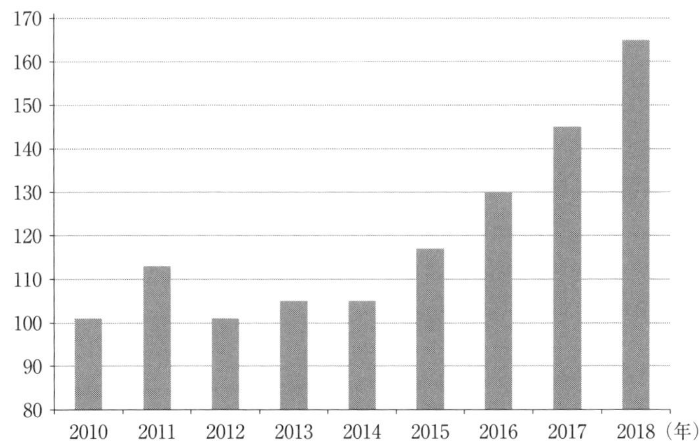

出典：マルチ・スズキ社に対するヒアリング調査に基づく（2018 年 8 月実施）。

せていき，15 年度以降は過去最高を更新していくペースを維持させている。2017 年における日本国内での販売台数が約 66 万台である同社にとって，それを遙かに凌ぐ市場となっていることがわかる。すでに触れた通り，市場シェアは 50％を越えるところまでに来ている。

そこで，本章では 2010 年以降，他社が苦戦する中，同社はどのように販売台数を増加させていったのかという点について，国際マーケティング・ケイパビリティの視点で分析していくことにする。

3. マルチ・スズキにおける事業活動

現在，現地でマーケティング部門の責任者を務める橋本隆彦氏が現地に赴任したのは 2012 年だった。この当時，上でも触れたようにインド市場は国内景気が低迷していた時期でもあり，同社の販売数量も伸び悩んでいた時期だったという。橋本氏が派遣されたのは，同氏の北米での駐在経験ということだけでなく，商品企画を担当していた同氏が商品に強いという判断があり，それがインドでの販売強化につながるという期待があったものと推察される。換言すれば，同氏の派遣は，低迷していたインド市場での販売活動をさらに強化していこうといった意味を感じ取ることができる。

図表 6-3 でも分かるように，2010 年には同社にとって初となる 100 万台を突破したものの，翌 2012 年からの 3 年間は 105 万台前後に留まり，それ以上の伸びは見られなかった。橋本氏が赴任した 2012 年のシェアは 30％台だったという。低迷していた国内景気の問題だけで無く，競合相手とパイの奪い合いが競争状態を厳しくさせていたと考えられる。

加えて，2011 年は同社で大規模なストライキがあり，また翌年には従業員同士のトラブルから暴動問題が発生し，それぞれ約 1 カ月間の操業停止が販売数量の上昇にブレーキをかけていた。

ところが，2015 年以降は状況が好転する。2015 年 3 月期の販売数量は 117 万台，翌 2016 年 3 月期には 130 万台（シェア 46.8％）へ，さらに 2017 年 3 月期は 145 万台（同 47.4％）へと上昇を続け，過去最高記録も 2 年連続して塗り替えている。2018 年 3 月期には 160 万台を越えている。この好調はどこから来ているのか。以下では，同社の 2010 年以降の取り組みについて見ていくことにする。

4. 近年の新たな取り組み

105万台で足踏みしていた頃，同社では農村部での市場開拓を進めていた。国土面積は日本の10倍ほどの広さを持つインドだが，先にも触れたように自動車保有台数は圧倒的に低い。したがって，インドの自動車市場のほとんどは都市部に集中する。他社も同様に考えている。だが，同社はこの考え方を切り替え，2012年以降，農村部に販売ネットワークを構築し始めていく。この取り組みが効き始め，2014年以降に成果となって現れ始める。農村部においては，2017年の時点で約670店舗が顧客と向き合っている。

もう1つ，同社が2年間の準備期間を経て，2015年に立ち上げた新しい販売チャネル「NEXA（ネクサ）」の役割も大きい（図表6-4参照）。もともとインドでは主に小型車を供給するというポジショニングを得ている同社だが，通常，自動車の買い替え時には，それまで乗り続けていた車よりもより上級なモデルを志向することが一般的とされるなか，マルチ・スズキの場合にそうした顧客の意向に沿った販売チャネルは無かった。また，かつては販売全体の約7割がアルトやワゴンR，スイフトなどの売れ筋4機種によって支えられていたという事実も同社に危機感を募らせていた。「1つの市場でシェア30%を越えるような自動車メーカーの場合，販売チャネルを分けることが一般的であり，自分たちも同じように分散させる必要があった」（橋本氏）という考えのもと，新たなチャネルが設けられた。こうしたチャネルを分けることは，インドだけ

図表6-4　新たな販売チャネル「NEXA」

注：いずれも著者撮影。左画像の中央右側が橋本氏。

の取り組みである。

NEXA ではプレミアムな雰囲気を大切にしていることから，多くのマスコミでは「インドのレクサス」といった捉え方をする記事も多い。実際，NEXA のセールススタッフは，高級ホテル従業員などからスカウトすることもあるという。

したがって，現在同社の販売店の構成は，それまでの重点地域に加え，農村部や NEXA が加わり 2,600 店舗以上となる。競合他社などの販売店の数とは比較にならず，競合他社すべてを合算しても，まだマルチ・スズキ一社の店舗数が上回っている（図表 6-5 参照）。

図表 6-5　現地販売ネットワークの比較

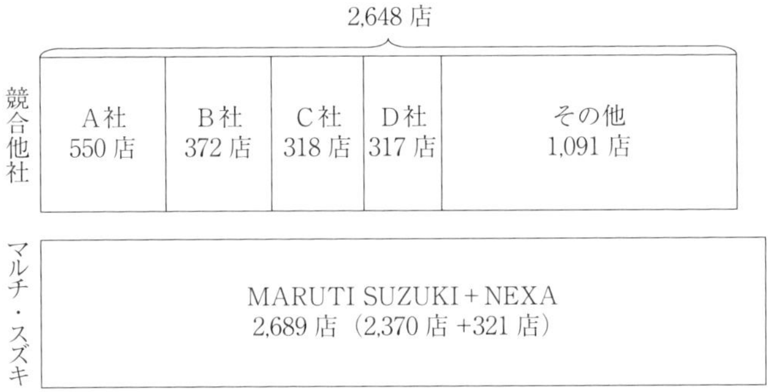

2,648 店

競合他社	A社 550 店	B社 372 店	C社 318 店	D社 317 店	その他 1,091 店

マルチ・スズキ	MARUTI SUZUKI＋NEXA 2,689 店（2,370 店 +321 店）

出典：マルチ・スズキ社に対するヒアリング調査に基づく（2018 年 8 月）。

5. 製品面における現地ニーズへの適応

また，同社では日本で販売されているスズキ車をそのまま現地で販売しているわけではない。細かなところまで現地仕様が進められている。

一般的に，PC やスマホなどの汎用品がそうであるように，グローバル展開を進める製造業の場合には開発した製品を全世界で標準化していく事例が多い。自動車も同様である。もちろん，各国の法規制に縛られるため，そのルールの中での運用が義務づけられるが，例えばトヨタにおいても，もともとは標準化されたデザイン，グローバル規格の製品，本国本社の集中的コントロールによって競争優位を追求するメーカーだった（立石 2003）。それが近年，徐々に現地仕様車が開発されるようになっているが，それが現地のニーズを満たしているかどうかは別の問題となる。実際，そのトヨタの場合も2011年にインド専用車「エティオス」を投入した際，現地の気候を考え1リットルのミネラルウォーターのペットボトルが7本入るダッシュボードを設置したり，現地では頻繁にクラクションを鳴らすドライバが多いので鳴らしやすい形状にするなどの工夫が見られるのだが，売上に対する効果は芳しくなかった（赤羽2014）。

マルチ・スズキの場合，徹底的に現地化を推進するための取り組みがみられる。ただ，もちろんそこには今も触れたように現地のルールに従わざるを得ない部分もある。インドの場合，例えば複雑な税制度が挙げられる。

インドでは購買時に大きく2種類の税金が課せられる。1つはGSTと呼ばれる物品・サービス税である。購入品によってさらに4段階に分類されているが，自動車は最高税率が適用され，一律28%となる。その他，CESSと呼ばれる特別徴収税もあり，これがボディサイズと排気量（ガソリン車とディーゼル車それぞれ設定）によって税率が大きく異なる仕組みとなっている。

税制の恩恵を受けるためには，ボディサイズが4.0m以下である他，排気量もガソリン車であれば1200cc以下，ディーゼル車であれば1500cc以下である必要がある。これを越える場合，先のGST28%に加えさらにCESS15%（合計43%）を負担しなくてはならない。逆にこの範囲内の場合，GST28%に加えガソリン車のCESSは1%（合計29%），ディーゼル車は3%（合計31%）で済む。

この税制度があるために，例えばスズキが日本で販売している「エスクード」は全長4.2 mあるが，インドでは全長4.0 m以下にし，「VITARA BREZZA」として販売されている。

図表6-6が2018年8月時点においてNEXAで扱われている車種，また図表6-7が同様にマルチ・スズキでの取扱車種である。

だが，こうした税制度だけが現地仕様を増やした理由ではない。インドにおけるマーケティング調査から積極的に現地仕様車が投入されている。

例えば，インドではセダンタイプの車種にステイタスを感じるユーザーが多いというニーズ特性が強いことからこれを重視し，スイフトの「ハッチバックにトランクをつけたモデル」（橋本氏）として「スイフト・ディザイア」を開発し2008年に投入している（図表6-8参照）。全長も，初代ディザイアは4.2mあったが，税制の関係により2世代目から4.0m以下におさえている。

図 6-6　NEXA 店取扱車種

（＊ 2018 年 8 月時点，排気量はガソリン車とディーゼル車を並記）

BALENO
998cc+1797cc/1248cc
インド生産。インドから輸出。

CIAZ
1373cc/1248cc
インド生産、国内向け。日本での販売は無し。

S-CROSS
1248cc/1598cc

IGNIS
1197cc/1248cc

図 6-7　MARUTI SUZUKI での主な取扱車種

（＊ 2018 年 8 月時点，排気量はガソリン車とディーゼル車を並記）

DZIRE
1197cc/1248cc
インド市場用に開発。SWIFTのセダンタイプ。

VITARA BREZZA
1248cc
エスクードをベースにインド市場用に開発。
現地の税制に配慮し、エスクードよりも小型化。（全長4,000mm以内に）

ERTIGA
1373cc/1248cc
インド市場用に開発。7人乗り。

SWIFT
1197cc/1248cc
日本での新モデルは2017年冬にインドへ投入。

WAGON R
998cc

ALTO 800
796cc
インド市場用、エントリーモデル。に開発。2012年、24万4,000ルピーで投入。

注：上記の他に「ALTO K10」，「CELERIO」，商用車の取扱がある。

また，図表6-7にも掲載されているように，ディザイアは最新のモデルからAピラーと呼ばれるフロントシート前方の左右にある柱をハッチバック型スイフトよりも斜めに倒し，より流線型に近いデザインが採用されるなど，インド市場にしか投入されていない車種にも専用デザインが設けられている。この変更が両モデルの差異を大きく拡げたことにより，最新型モデルの車名から「スイフト」を外し，「DZIRE」となっている。

図表6-8　スイフトディザイア

注：画像はスズキ公式サイトより

他には，「CIAZ」や「ERTIGA」などはインド市場向けに開発されているモデルである。こうした現地仕様車を開発する上で，同社では研究開発スタッフも同席のなか，他社のユーザーにもヒアリング調査が実施されるという。このような調査の結果，例えば「DZIRE」には後部座席にエアコンの吹き出し口を設置するなどの修正も行われている。

6. 販売面における現地での取り組み

次に，販売面について見てみよう。近年，同社製品がインドでうまく販売できている背景にあるのは，販売ネットワークが機能していることが挙げられる。そこには，日本国内とよく似た取り組みがインドでも展開されていることが分かる。まず日本の仕組みについて整理する。

かつて，スズキは2006年にダイハツに逆転されるまで，日本国内において30年以上にわたりトップシェアを維持していたが，その圧倒的な競争優位は同社固有の販売ネットワークに支えられていた。

同社は業販店と呼ばれる全国の整備工場を組織化している。スズキとは資本関係の無い市街地の整備工場が同社の車を販売するのだが，こうした業販店が全国に5万店舗ほどあり，年間の販売台数に応じて階層化されている。図表6-9がその内容である。

この図表に示す①のみがスズキの直営販売店となっているのだが，それ以外，すなわち②から⑤までが業販店となる。各地域に存在する直営販売店がそれぞれの地域にある業販店を管理する役割を担う。この階層の上に行けば行くほど1台販売あたりの販売奨励金は大きくなる仕組みとなっている。スズキ本体にとって①を除くと販売上重要な関係になっているのが，②および③であり，その数は現在国内でおよそ3200店ほどであるという[4)]。

ダイハツにも業販店が無いわけではない。だが，有力な業販店はスズキに比べると半数ほどしか無いということだけでなく，スズキの場合は販売成績に応じて副代理店が毎年約10%入れ替わるようになっている。また，業販店の後継者を5年任期でスズキに入社させ，ビジネスの基本を学ばせるなど，業販店のマネジメントに力を入れてきている[5)]。

こうした業販店のうち，副代理店クラス以上になると「副代理店大会」というイベントに招待される。副代理店大会は，全国各地をエリアごとに分け，毎年1月に開催される大きなイベントである。大会には，各副代理店から数名が招待され，1000名以上が参加する規模となっている。当日は鈴木修会長や鈴

図表6-9　スズキの国内における販売ネットワークの分類

①スズキ自動車直営販売店
　スズキの資本が入った直営店。

②スズキアリーナ店
　直営ではないスズキの正規ディーラー。ただし、ここでは軽自動車を除く小型車のみをスズキから直接仕入れて事業を展開しているため、より正確には小型車のみの正規ディーラーということとなる。また、小型車（軽を除く）を年間60台以上販売している企業がこの部類に含まれることとなる。
　希に上記①の範疇にもアリーナ店と名がつく販売店が存在するため、地域によっては①のアリーナ店と②のアリーナ店が併存する地域もある。そのため、複雑な印象を受けるが、スズキ社内ではそれぞれのアリーナ店は明確に分類されている。

③副代理店
　市街地にある一般の自動車修理工場で、スズキ車（小型車および軽自動車）を年間24台以上販売している企業。

④特約店
　市街地にある一般の自動車修理工場で、スズキ車（小型車および軽自動車）を年間6台以上販売している企業。

⑤一般店
　上記①から④以外の店舗を指す。

出典：スズキ販売店経営者からのヒアリングによる。

木俊宏社長も駆けつけ，講演の他にその年の政策が発表されたり，新型車があるような場合はマスコミに発表するよりも前にその会場で披露されることもある。また，夜の宴会では鈴木会長自らお酌をしに各テーブルをまわったり，大物演歌歌手による歌謡ショーも企画されている。こうした場に呼ばれることを，多くの副代理店が目指している。

このような販売ネットワークの構築，およびそのマネジメントが日本国内におけるスズキの競争力を作り出しているのだが，同社はインドにもその仕組みを展開させるべく，80 年代にインド市場へ参入した当初より現地の販売ネットワークを構築していく。

その当時は政府との合弁だったこともあり，政府と何らかのつながりがある者が販売店を経営したり，あるいは 2 輪車やトラクターの販売店経営者が加わっていくこととなった。日本の業販店と同様に，マルチ・スズキとは資本関係の無い独立したオーナーが経営しているのだが，販売スタッフには販売方法や接客マナー，各店舗の戦略的な取り組み方法など，マルチ・スズキ側が積極的に指導していく。かつては外部に委託していたこれらの研修も，1998 年にはマルチ・スズキ自身が実施するための専門の部署も設置されるようになる。

また，図表 6-5 に示したように，インド全土に存在している 2,700 ほどの店舗の管理については，日本の業販店システムと同様に，成績に応じて 5 つに階層化されている。その成績とは，対前年比の販売の伸び，部品用品売上，保険販売，クレーム率，ショールーム運営面などである。現在では，こうした販売店がマルチ・スズキにとって欠かせない存在となっており，年 1 回開かれる販売店大会での表彰制度は販売店にとって大きなインセンティブとなっている。

このように，インドでの販売ネットワークは日本のそれとよく似た構造となっていることが分かるのだが，一方で現地での営業推進の方法等については現地独自の取り組みも見られる。

マルチ・スズキはインド全土を 6 つのゾーンに分け，営業活動が進められている。各ゾーンにはゾーン長を配置し，週 1 回の電話会議や，月 1 回の本社ミーティングなどにより，各ゾーンの状況を細かく見ていくような仕組みがある。かつては 4 つに分けられていたが，地域ごとのより詳細な情報を入手するべく，橋本氏によって変更が加えられた。同氏によれば，インドでは大きな祭事があると縁起を担いで車などの高額商品が購入される風習があるという。その祭事は，6 つのゾーンによって日程が異なる。

こうした営業推進における日本との違いは，インドでは販売店との窓口になっている地域担当スタッフがインド各地にある地域オフィスに滞在し，その担当者と電話会議やマルチ・スズキ本社での会議を行いながら情報の共有化が図られている。これに対し，日本では地域担当は本社で業務を行っており，担当地区には出張ベースで訪問する程度であるという。

他に，有力な販売店には四半期ごとに開かれる営業推進のための会議に参加してもらい，彼らの持つ情報をもとに，ターゲット層の選定など，より実践的な戦略が練られている。こうしたインド独自の取り組みが現地での販売スキルの涵養につながっていくものと思われる。

以上のように，スズキの海外事業におけるインドでの成功は，日本の販売システムをもとに展開され，また現地の状況に則して改良されたことに見いだせる。この販売上の仕組みは，中国や米国など他の国では展開されておらず，海外に展開できたのはインドのみである。インドで確認されるこれら独自の活動が，マーケティング戦略的にどのような意味を持つか，次節で整理してみよう。

第4節　考察：マルチ・スズキのマーケティング・ケイパビリティ

ここでは，前節で見てきたマルチ・スズキのマーケティング活動を本書の趣旨に沿って整理し，どのようなマーケティング・ケイパビリティが見出せるかを検証する。より深く検証を行うために，同社のこれまでの活動期間を3つのフェーズに分けた上で整理していくことにする。第1フェーズがスズキのインド進出（1982年）から出資比率を過半数に引き上げたことを通じて子会社化した2002年までとし，第2フェーズが子会社化を機に経営の自由度を持てるようになった2003年から橋本氏が赴任するまでの2011年まで，そしてそれ以降を第3フェーズとして検証することとする。

当初，スズキが世界の競合企業に先駆けてインド市場への参入を果たせたのは，綿密な計画に基づいたわけではなかった。また，当時はインド政府との合弁であったこともあり，戦略的自由度は制限されていたということも言える。そのような中でスズキがまず投入したのが初代「アルト」だった。だが，デザインは日本のものと同じだったが，現地の環境に合わせるべく排気量を800cc

に上げて投入した。デザインや機能などは，基本的に日本で販売したものと同じだった。しかしながら，この第1フェーズにおいて80%近くの高いシェアを獲得することもできたのは，インド政府の外資規制による参入障壁の存在が理由に挙げられる。

第2フェーズにおいては，それまでの競争環境とは大きく異なってくる。規制緩和により他国からの競争相手が増加してきたためである。加えて，2000年代にはインド経済の低迷もあり，このことも事業環境を大きく変化させていく。そのこともあり，当時マルチ・スズキはシェアを30%台にまで落としてしまう。そのため，より市場のニーズに近づけることが志向されることになる。スズキの主力車種である「スイフト」をセダンタイプにした「スイフト・ディザイア」の投入である。

2010年代に入ると，売上は100万台を超えるようにはなったが，その後はしばらく成長が鈍化する。その結果，2012年に新しいマーケティング担当者として橋本氏が赴任し，マーケティング戦略の面で大きな変革が進められる。まず，現地の状況に，より近づけるべく新しいチャネルNEXAを構築する。日本でも試されたことのない新しい取り組みである。また，インド全土をそれまでの4つのゾーンから6つへ増やし，より詳細に状況を把握できるように変えている。こうした取り組みからは「アダプティブ・ケイパビリティ」の活動が進められたものと理解できるだろう。

一方で，日本の業販店システムとよく似た販売ネットワークを農村部にまで本格的に拡大していったのも第3フェーズだが，ここからは「インサイドアウト」の活動が確認される。こうした現地販売店のうち，有力な販売店については，同社の営業推進会議にも参加させる体制をつくり，様々なマーケティング戦略が試されている。その結果，例えば，農村部で成果を上げている取り組みなどのアイデアもこの会議の中から出されている。ここからは「架橋プロセス」を確認することができる。他にも本章のこれまでの内容をもとに，マルチ・スズキの国際マーケティング・ケイパビリティを整理したものが図表6-10である。

このように，マルチ・スズキからは特に第3フェーズに見るマーケティング活動が，2015年以降の業績向上に関係していることが分かる。これらの活動がマルチ・スズキのマーケティング・ケイパビリティの構築につながっているのである。

図表 6-10　マルチ・スズキの国際マーケティング・ケイパビリティ

			第1フェーズ インド進出（1982年）から 子会社化（2002年）まで	第2フェーズ 2003年から2011年まで	第3フェーズ 2012年以降
国際マーケティング・ケイパビリティ	子会社のマーケティング・ケイパビリティ	アウトサイドイン	一部の車種では排気量を上げて対応	現地販売店との関係性を強化し，現地のニーズを把握	現地での一般ユーザーからの意向調査強化，インド市場専用車の開発
		インサイドアウト	日本の販売ネットワークを基本モデルに現地へ展開，日本で販売されていた車種を同じデザインのまま現地投入	現地でも競争力があると判断される車種については，日本と同じデザインコンセプトのまま投入	日本式の販売ネットワークを基本モデルに，農村部にまで拡大
		架橋プロセス	N.A.	税制により，車の全長短縮化の他，現地のニーズを反映したモデル「スイフト・ディザイア」を投入	現地の有力な販売店も参加する営業推進会議の設定
		ネットワーキング	現地政府と合弁し関係性維持，現地販売店の人材育成注力	現地販売店網を拡充	現地販売店との関係性さらなる強化
		アダプティブ	N.A.	インド全土からの情報収集体制を強化	「NEXA」構築，現地営業管理体制の強化
	多国籍企業固有の組織システム	本社－子会社間調整	本社からの知識移転	子会社化に伴い現地のマネジメント体制強化	販売ネットワークの移転，強化

出典：筆者作成。

第5節　お わ り に

本章はスズキのインド子会社マルチ・スズキの近年における業績向上に注目し，その背景にある同社のマーケティング・ケイパビリティに関する事例研究を行った。

こうした取り組みが奏功し，マルチ・スズキの業績は近年一貫して上昇傾向にある。図表 6-11 には，マルチ・スズキの業績とともに本国本社の業績を示しているが，2015 年以降はスズキの連結売上高に占めるマルチ・スズキの売上高は，30％を越えるほどになっており，スズキ本体の業績にかなり貢献していることがわかる。

図表6-11　スズキとマルチ・スズキの業績推移

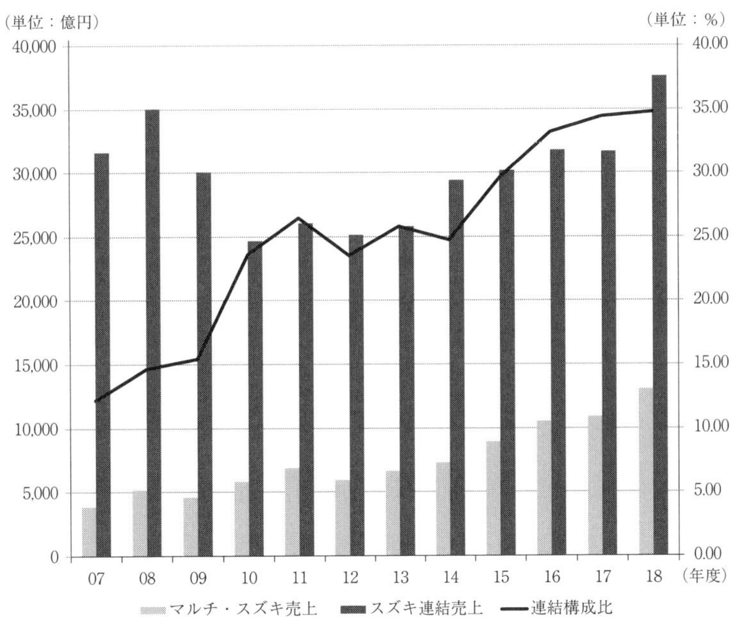

出典：スズキ株式会社の有価証券報告書（各年版）により作成。

このように，マルチ・スズキにおけるインド市場での成功は，単に進出時から一貫して同市場のトップランナーとして存在し続けてきたということだけではなく，同社独自の活動，特に近年のマーケティング活動からは大きな意味を見出すことができる。

そして，現地仕様にすることが技術的に難しいとされる自動車において，現地市場向け製品開発を，マーケティング部門主導の下に進められながら，近年の業績拡大という成果に結びつけているのである。

《付記》

本章の事例において示されるデータは，①公刊されている文献，新聞・雑誌記事およびホームページなどの二次データと②延べ20名に対するインタビュー（各60～90分間），およびメールによるインタビュー1回（橋本氏），いずれも半構造化インタビュー形式により得られた一次データに基づいている。これらのインタビューは，以下の通り実施した。

実施日	対　　象
2006年5月10日	スズキ株式会社秘書室特命グループ　伊藤宏仲氏
2006年6月29日	同上
2006年5月10日	同　湖西工場管理課長　大橋知久氏
同上	同　湖西工場管理課長　大井徹也氏
2006年6月1日	人事部研修センター長　村上庄吉氏
2006年6月28日	株式会社スズキ部品富山代表取締役社長　青島豊彦氏
同上	同　管理部長　沼田　弘氏
同上	同　総務経理グループ長　坂中悦雄氏
同上	同　製造部第三プロジェクト長　前田泰男氏
2016年3月18日	スズキ株式会社人事部人事第一課長　北村昌弘
同上	同　広報部長　岡島有孝氏
同上	同　経営企画室経営戦略部長　髙木宏一郎氏
2017年6月12日	同上
同上	同　経営企画室　松本祥弘氏
2017年8月14日	マルチ・スズキ・インディア社 CEO　鮎川堅一氏
同上	同　執行役員　橋本隆彦氏
同上	同　三田敦史氏
同上	Rana Motors Pvt. Ltd.（NEXA），CEO J. S. Rekhi 氏
同上	同　Relationship Manager, Puneet Jhamb 氏
同上	D. D. Motors, Managing Director, Rajiv Gambhir 氏

*所属と肩書きはすべてインタビュー実施時。

［注］

1）本章は内田（2017）に基づきながら，データの更新とともに大幅に加筆修正が行われたものである。
2）日本経済新聞，2017年10月11日付朝刊。
3）スズキ公式webサイト「沿革」に基づく。《http://www.suzuki.co.jp/corporate/development/》（2017年7月31日）
4）インターネット情報『毎日新聞 経済プレミア』2016年5月18日付，毎日新聞社。《https://mainichi.jp/premier/business/articles/20160517/biz/00m/010/003000c》（2017年7月29日）
5）『週刊東洋経済』2006年3月25日号。

［参考文献］

赤羽　淳（2014）「日系3大自動車メーカーの低価格車戦略の検証」『産業学会研究年報』第29号，153-168頁。
内田康郎（2017）「マルチ・スズキにみるインド市場開発に関する戦略事例」『富山大学ワーキング・ペーパー』No.309，1-12頁。

鈴木　修（2008）『おれは，中小企業のおやじ』日本経済新聞出版社。
立石佳代（2003）「日米自動車メーカーの国際課戦略の比較―トヨタ自動車，ゼネラル・モーターズを中心に―」『日本大学大学院総合社会情報研究科紀要』No.4, 26-38頁。
『日経Automotive』2016年3月号，28-29頁。
『日経Automotive』2016年6月号，44-51頁。
『日経Automotive』2017年2月号，82-85頁。
『日経Automotive』2017年5月号，5頁。
『日経Automotive』2017年9月号，82-85頁。
『日経ビジネス』2016年3月21日号，12-13頁。

〈謝辞〉

本事例は，以上の皆さまによるインタビュー調査をもとにしているとともに，特にマルチ・スズキ社の橋本隆彦様には現地での長時間の調査の他，メールでの追加調査にも快くご協力いただきました。この場を借りて御礼申し上げます。なお本研究で行われインドでの視察については，JSPS科研費26380500の助成を受けたものであることを申し添えます。

（内田康郎）

第7章

日本コカ・コーラ社の国際マーケティング・ケイパビリティ

―チャネル戦略の転換能力を中心に―

第1節　国際マーケティング・ケイパビリティにおけるチャネルの役割

グローバルブランドの代表格といえるコカ・コーラ・カンパニーは，世界標準化と現地適応化を巧みに組み合わせた国際マーケティングを展開している。Ghemawat (2007) は，セミ・グローバリゼーションの認識のもと，過去，同社で実施された極端な世界標準化の問題点について指摘している。また，同社は経営者が変わるたびに世界標準化と現地適応化の間で揺れたという経緯をたどりながら，現在はハイブリッドな複合化戦略を採るに至ったという指摘もある（大石 2017)。実際，日本市場では缶コーヒーのジョージアやスポーツ飲料のアクエリアスといった独自ブランドを開発し，アジア・欧州などに展開し，世界ブランドに成長させることに成功している（古川 2017)。経営の内的・外的環境の変化に応じて適切な戦略の選択を行うためには，それを可能にするより本質的な能力に着目する必要がある。この点について諸上 (2012) は，ダイナミック・ケイパビリティ論の導入が必要であると指摘している。ダイナミック・ケイパビリティは，内的・外的な競争力を構築・統合・再配置する模倣困難な能力であり，センシング，シージング，リ・コンフィギュレーションを駆使して持続的競争優位性を確保する能力である（諸上 2013)。本書では，ケイパビリティ論ならびにダイナミック・ケイパビリティ論をさらに一歩進め，国際マーケティング・ケイパビリティのフレームワークを提示している。そこで本章ではこの枠組みに沿って，コカ・コーラ社の日本市場におけるマーケティング戦略について，特にチャネル戦略の展開の観点から検証する。

コカ・コーラ社が日本市場で現地適応化によるブランド開発を行ってもその成果を達成するためには，言うまでもなく日本の流通制度に適合した販売を実現しなければならない。しかし，流通制度は国によって相当な差異があるため，多国籍企業の多くはチャネル戦略で苦労を強いられている。特に，多国籍企業が現地子会社に投入できる経営資源には限りがあるため，膨大な人的資源や資金を長期にわたって投入する必要がある販売チャネルの構築においては，既に現地にある流通企業（カスタマー）とのアライアンスが不可欠となる。周知の通り，米国では大手メーカーと大手小売チェーンとの直接取引が進んでいるが，日本では卸売業が介在する割合が現在でも米国に比べて高い。従来，日本の消費財市場では全国の小売店舗にきめ細かく配荷する能力を持つ卸売業の機能が重視され，日系メーカーは配荷率の向上を目的とした卸売業や小売チェーンとの取引交渉に多くの経営資源を投入してきた。一方，外資系メーカーは限られた経営資源の投資効率を重視し，マーケティング戦略の成果が強く期待できる特定のカスタマーにフォーカスしたチャネル戦略を採用する傾向がある。そこで日本市場の流通構造が今後どのように変化するか，成長チャネルはどこか，自社のマーケティング戦略が最も有効に機能するカスタマーは誰か，そのカスタマーとどのようなアライアンスを構築できるかを見極めるための現地チャネルに関するセンシング能力の有無が極めて重要になる。例えば，P&Gは米国のように日本の流通でも大手スーパーによる寡占化が進行するという予想のもとに，それを促進するような取引制度改革を1990年代の末に行った（根本 2004, 原・田中 2007）。しかし，実際には同社が予想したスピードでは寡占化が進行せず，コンビニエンスストアの成長や自動販売機の普及が急速に進むなどの日本の流通特有の変化が起きた。外資系メーカーにおけるこうした現地の流通チャネルの動向に関するセンシングの課題が浮かび上がる。

また，現地の流通チャネルは単なる販売経路ではなく，現地市場に通じた情報ネットワークでもあり，購買者との重要なコミュニケーションのチャネルでもある。さらにはそうしたチャネルから競合企業や消費者の情報さえも入手することが可能である。飲料事業は国や地域・文化による嗜好の差が大きく，現地の市場特性の把握が特に重要となる。そのためには現地の流通企業とのアライアンスが不可欠となる。

このようにダイナミック・ケイパビリティの観点からは，チャネルを通じたセンシング，流通企業を組み込んだリ・コンフィギュレーションが重要であり，本書の国際マーケティング・ケイパビリティの観点からアウトサイドイン，インサイドアウト，架橋プロセス，ネットワーキング，さらに関連するケイパビリティとして本社－現地子会社間の調整が必要となる。本章ではこれらのケイパビリティがいかに構築されるかを日本におけるコカ・コーラ社の事例により検証する。

第2節　本事例の焦点と事業の前提

本章で取り上げる日本コカ・コーラ株式会社（以下，日本コカ・コーラ社）のチャネル戦略は，1957年にザ コカ・コーラ カンパニーが日本法人（日本飲料工業株式会社，現，日本コカ・コーラ株式会社）を設立し，日本の地域の有力商業者や大手企業の出資によるボトラー社によるフランチャイズ体制を構築したところから始まる。フレーバーは本国から輸入し，原液を守山工場で生産して各ボトラー社に供給し，ボトラー社の工場でボトリングして出荷する体制を敷いた。その後，17のボトラー社が設立されたが，順次，規模化と効率化を求めて経営を統合し，現在は5社体制にまで集約されている。

日本の流通の特徴の1つに自動販売機とコンビニエンスストアの普及がある。同社の自動販売機は1962年から導入された。2016年の日本における飲料自動販売機の設置台数は約247万台に上るが，近年は若干減少傾向にある。一方，コンビニエンスストアは1970年代半ばに登場し，2018年の時点で約6万店舗にまで成長している[1)]。これらのチャネルは小売価格の値崩れが起きにくいことから，コカ・コーラ社の日本市場の利益率は世界における他の市場と比較しても高いものとなっている。一方で，日本市場はサントリーやキリンビバレッジ，アサヒ飲料などの強力な競合企業が数多く存在し，また，日本独自の緑茶や缶コーヒーをはじめとした，他国にはあまり見られなかった飲料カテゴリーが存在していたため，外資系飲料メーカーとしては日本の市場に適応した迅速な製品開発が課題となった（多田 2010）。日本コカ・コーラ社もポカリスウェットに対抗する「アクエリアス」をはじめ，缶コーヒーの「ジョージア」，緑茶の「綾鷹」，そして国内の飲料市場で最速でトップシェアをとった「いろはす」など，日本発の有力ブランドの開発に成功している。しかし，前述の通り競合企業との競争が厳しく，大手小売チェーンの売り場スペースの確保はボトラー各社による販売体制をとる同社ではマーケティング上の課題となっていた。すなわち，小売チェーンとの個別取引条件交渉を中心としたセリングの限界を克服し，店頭での購買者に対する有効なコミュニケーションの実現を目的としたショッパー・マーケティングの全国統一的な展開が課題となっていたのである（赤尾 2011）。

本章ではこうした課題を克服すべく展開された同社のチャネル戦略について取り上げる。日本市場への参入から今日までの間に展開された重要なチャネル戦略の転換は以下のように分類できる。

第1は，1995年から2006年までのコカ・コーラナショナルセールス株式会社（以下CCNSCと略す）の設立の経緯とその具体的なチャネル戦略，およびその成果である。

第2は，2007年以降，現在に至るコカ・コーラ カスタマーマーケティング株式会社（CCCMC）におけるカテゴリーマネジメントとショッパー・マーケティングの展開によるチャネル戦略の深化とその成果である。

第3は，2007年から現在までのコカ・コーラ本社と日本コカ・コーラ株式会社による営業能力開発プログラムの構築，およびその能力を基盤としたカスタマーマーケティングの展開である。

以上の焦点を検証する前に，日本コカ・コーラ社の日本市場における現在の事業の枠組みについて確認しておく（図表7-1参照）。

コカ・コーラ社は同社がコカ・コーラシステムと称するフランチャイズ・ビジネス組織と機能分業体制を構築している。フランチャイザーである日本コカ・コーラ社がブランド・マネジメント，製品開発，チャネル政策，品質管理，対マクドナルドのマネジメント，ボトラーへのコンサルテーション等を担当し，フランチャイジーであるボトラー社は製造，販売，物流，回収・リサイクル，投資を行い，地域の製造権利・販売権利を持っている。したがって，コカ・コーラ社の日本におけるチャネル戦略および対大手グローバル・カスタマー（小売業および外食産業など）戦略は常に販売地域が限定されているボトラー社という組織を介して間接的に行わざるを得ない点に課題を抱えており，この課題への対応そのものが同社のチャネル戦略の焦点となっている。

図表 7-1　コカ・コーラシステム機能と組織体系

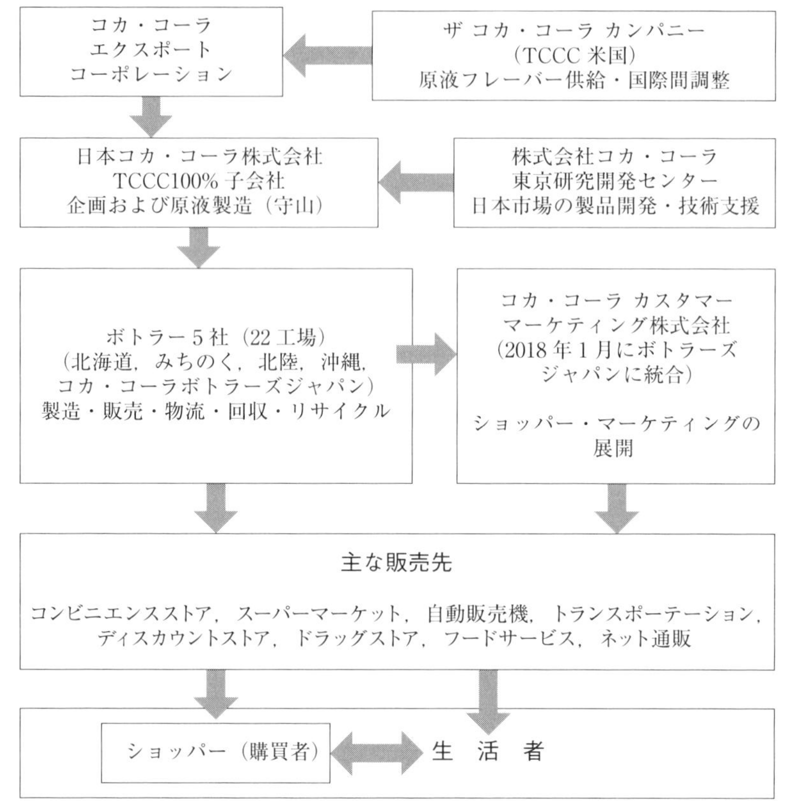

出典：筆者作成。

なお，1993 年 1 月には製品開発の現地適応化をさらに強化するために，ザ コカ・コーラ カンパニーの全額出資による株式会社コカ・コーラ東京研究開発センターが設立されている。従来の米国本社を中心とした技術開発部門から分離・独立した同社は，日本のニーズに即した製品開発・技術サポートを行っている。

また，詳細は後述するが，2007 年には CCNSC の後継としてコカ・コーラ カスタマーマーケティング株式会社（以下 CCCMC と略す）が設立され，ショッパー・マーケティングを展開してカスタマーに対するマーケティング支援を行っている。同社は 2018 年 1 月にコカ・コーラボトラーズ ジャパン株式会社の子会社となっている。

第3節　日本コカ・コーラ社のチャネル戦略

1. CCNSCの設立経緯とチャネル戦略

1995年に日本コカ・コーラ株式会社とボトラー社の出資によりCCNSCが設立された。従来，コカ・コーラブランド商品の販売業務は，各地のボトラー社がそれぞれのテリトリーで担当していた。そこに当時，急速に成長してきた全国規模のスーパーマーケットとコンビニエンスストアから食品・飲料売場における商品政策と販売支援業務を一括で引き受ける体制が求められるようになったのである。もともとボトラー社によるテリトリーごとの体制は各社が独立した企業であるため，エリアの顧客への営業権益をめぐっては，互いに競争関係となる可能性もあった。取引条件交渉もボトラー各社に任されていたためその内容が統一されておらず，その結果，納品価格や決済条件がボトラーごとに異なったものとなっていた。このことが全国展開する大規模なチェーンストアとのビジネスにおいて支障を引き起こすことになったのである。このため，全国チェーンストアへのセールス強化と窓口の一本化ならびに一括決済を実現する機能を担うCCNSCが立ち上げられた。CCNSCは日本コカ・コーラ社とボトラー各社が株主となり，1995年に設立され，ボトラー社より社長が選任された。

当時の日本の市場ではコンビニエンスストアが急速に成長しつつあった。日本コカ・コーラ社は，この成長小売業態に着目し，ここと戦略的同盟関係を構築することを将来の成長戦略の柱として位置付けた。しかしながら，当時，ある大手コンビニエンスストアにおける日本コカ・コーラ社のシェアは同社の市場全体のシェア水準の半分程度の水準にとどまっていた。そこでこのコンビニエンスストアのインストアシェアを早急に引き上げて戦略的同盟の基盤を構築するチャネル戦略を目指した。まず，CCNSCが着目したのは小売マージンの見直しである。具体的には納品価格を引き下げ，コンビニエンスストアの飲料製品の小売マージン率を一気に引き上げたのである。しかしながら，単に納品価格を引き下げただけでなく，引き下げ分を販売促進費として当該チェーンストアに提供することで取引量を増やし，同社のシェアの大幅な拡大に結び付けたのである。当時，日本コカ・コーラ社は製品ラインナップにおいてコカ・コーラ，ファンタ，ジョージア，アクエリアス，ウーロン茶などを有していたものの，競合他社も同様の製品ラインを持ち，ブランドによっては拮抗しているものもあったが，上記のような価格戦略によって売上高の大幅な拡大に成功したのである。これに併せ，導入されたのが，一層の値ごろ感の訴求である。主力アイテムの増量缶を通常容量の缶とほぼ同様の価格帯で供給するなど，思い切った販売促進の攻勢をかけたのである。さらに，ミニッツメイドを米国から輸入するといったグローバルブランド資産の活用により，製品ラインナップのさらなる強化を図った。また，当時のコンビニエンスストアは定価販売が基本とされており，販売促進の戦略が若干希薄であった。そこで同社はコンビニエンスストアでのメーカー販売促進を強化したのである。店頭でのバンドル販売キャンペーンにあわせ，セールス・プロモーション用のキャラクターを提供するなど，当時のコンビニエンスストアではまだ目新しかった施策を次々と導入した。

こうした成長小売業態への傾斜配分は，他の外資系企業，例えばP&Gのように公平性を原則とするグローバル標準化チャネル戦略を展開する多国籍企業では，基本的に実行が困難な戦略といえる。このような一種のディーラー・プロモーションとしてのリベートの活用は，ある意味では極めて日本的なチャネル戦略といえる。しかし，CCNSCは，単なる売り場確保の競争手段としてではなく，将来，有力カスタマーとのアライアンスによるショッパー・マーケティングの展開を実現すための関係基盤構築の手段として，こうした納品価格の調整を行ったのである。

このような日本的なチャネル戦略の実施について，米国本社ならびに日本コカ・コーラ社の外国人マネジャーは特に反対せず，それでシェア拡大という明確な成果を達成することが可能であればこれを認める考えであったという。米国ではロビンソン・パットマン法があることから，このような差別的な取引条件は認められにくいが，日本をはじめとした海外現地法人ではそのような傾斜配分が比較的容易であった。一方，当然ながら小規模のボトラーや中小の食料品店，酒販店などからは不満が出るおそれはあったものの，同社は日本市場におけるコンビニエンスストアの成長性を見越して，あえて戦略的に先手を打ったのである。ここに，同社の現地の流通の変化に対するセンシング能力の高さが見て取れる。以降，日本コカ・コーラ社と当該コンビニエンスストアとの関係は強固になっていった。メーカーとしてのマーケティング効率の面からみると，コンビニエンスストアは本部によるスーパーバイジング体制がしっかり整備されており，メーカーとしての店頭支援負担が少ないことから他の小売業態と比較して営業コストが低く抑えられる。さらにコンビニエンスストアは高度な物流システムを有していることから物流コストも低い。そのため納品価格を低く設定しても結果的には日本コカ・コーラ社としては十分な収益性も確保できた可能性が高いのである。

こうしたチャネル戦略の現地適応化は，米国本社の 1993 年 ~1995 年の事業計画において，CCNSC の設立と併せて，一括決済導入などの基本チャネル戦略ならびに対小売チェーンアライアンス戦略として提案され，問題なく承認されたという。また，細かい取引条件については本社から決定権限が委譲されており，本国の承認なしで進められたという。すなわち基本的な戦略がしっかりと守られており，具体的な成果が出れば現地市場に適応したこうした戦略的な取引条件は認められるという柔軟な本社－現地子会社間の調整が行われていたことになる。こうしたことが可能であった大きな要因として，グローバルでみたザ　コカ・コーラカンパニー全体の利益への日本市場の貢献が極めて大きかったことが挙げられる。この日本市場の高い利益率は，定価販売を基本とする自動販売機とコンビニエンスストアの収益貢献が高かったことによるものと推定される。

CCNSC の設立後，日本のコカ・コーラ・システムの組織体制は統合化と集約化の方向をたどることになる。従来は日本コカ・コーラ社の下にボトラー各社が配置されており，CCNSC の位置付けは両者の出資子会社の形をとっていた。CCNSC の設立以前は日本コカ・コーラ社とボトラー社が毎月調整会議を開催し，販売価格もその場ですり合わせていた。このような体制では意思決定に時間を要することから，より迅速な市場対応を図るため，販売価格の決定権などを CCNSC に少しずつ移譲をしていった。こうしたマーケティング展開の統一化の動きにあわせ，1998 ～ 1999 年頃にはボトラー各社の製造工場の合併も進められて規模の経済性を高めるとともに，基幹情報システムもグローバル標準に合わせて ERP システムへ統合していった。工場の集約にともない，後の 2006 年には製品の在庫管理も同社の SCM を担ったコカ・コーラ ナショナルビバレッジに一元化した。これによって全国統一の製造原価でボトラー社が製品を購入できることになったのである。

このように，同社のサプライチェーン体制はこの時期に集約されて，供給基盤の強化が図られていった。しかしながらその後，競合企業の追い上げが激しくなり，日本コカ・コーラ社および各ボトリング企業は次に述べる新たな組織改革に乗り出すことになる。

2. CCCMCの設立経緯とチャネル戦略

2000年代に入ると競合メーカーはコカ・コーラ システムの取り組みに追随して同様な取引戦略を展開し，売上を伸ばすなど競争は一層，激しさを増していった。コンビニエンスストアでは主力商品が弁当類などに移っていくなかで，同時に購買される成長カテゴリーとなった緑茶や水でのコカ・コーラ社のシェアは競合よりも低かった。CCNSCはもともとボトラー各社が主導して設立した背景があるが，寄り合い所帯のCCNSCは製品開発力とブランド力を活かすような組織的営業能力が十分とは言えなかった。そのため，前述のコンビニエンスストアに対するチャネル戦略も日本コカ・コーラ社からの支援人材を活用して実行していたのである。またこの頃には，バイイングパワーを背景としたコンビニエンスストアの交渉力の増大に加えて，90年代から起きていた自動販売機の道路はみ出し問題に起因する自動販売機による売上の頭打ち等も逆風となり，業績の改善が喫緊の課題となった[2)]。

そこで抜本的な改革を意図して2007年，CCNSCを母体にしてCCCMCが設立された。CCNSCはセールス中心の戦略から脱却し，ショッパー・マーケティングをチャネル戦略の基本に据え直した。急激に変化する市場環境を見据え，カスタマー（顧客流通企業）を支援することをチャネル戦略の中心に据えることをボトラー各社に提案した。当時の製品ポートフォリオでは，炭酸系飲料のコカ・コーラ，スポーツ系飲料のアクエリアス，そしてジョージアコーヒーでトップシェアを取っていたが，コーポレートブランドメーカーとして，一層の強化を図るべく，緑茶や水のカテゴリーをテコ入れするための新製品開発が推し進められた。また，消費者とのコミュニケーションの方法も価格訴求中心からブランド価値の提示へと転換させることが試みられた。こうした施策の実現に向かって議論を重ねながら，CCCMCの設立にこぎつけたのである。CCCMCの初代社長にはP&Gから日本コカ・コーラ社へ転籍しCCNSCおよび日本コカ・コーラ社でセールス改革を進めた経験豊富なトップが就任した。

CCCMCの組織能力を向上させる取り組みは3つのフェーズで進められた。

第1フェーズ（同社では「外部から能力を借りる」フェーズと位置付けていた）では，P&G社出身も含め，20数名の日本コカ・コーラ社からの出向により，能力の補強を図るとともに，トレードマーケティング本部を設置し，ブランド・マーケティングや購買者行動に着目したショッパー・マーケティング機能の向上を図った。また，カスタマーとのパートナーシップの強化を目標に有力な流通企業とのアライアンスの深化を推進した。CCNSCではインストアシェアの拡大に重点が置かれ，セールス目標達成を目指す組織であったが，CCCMCでは製品ブランド戦略を中核に据えたカスタマー・マネジメントの実践を意図して，日本コカ・コーラ社との強固な連携の構築を目指した。

組織能力向上の第2フェーズ（同社では「能力を買う」フェーズと位置付けていた）では，積極的に外部人材を採用し，P&G社の実務経験者を積極的に活用してカスタマーマーケティングの新たな取り組みを展開した。まず，2006年頃から，緑茶，水のブランド力の強化を目的として成長小売業のトップ企業とアライアンスを組みながら情報連携を進め，これらのカテゴリーの新商品開発を精力的に推進した。ここでは，「製品開発に営業と小売業の声を聴く」，「製品開発のクオリティーを上げる」といった具体的な行動目標が掲げられた。そうした戦略を推進する中での最初のヒット商品となったのが「いろはす」である。「いろはす」は世界最速の約3カ月でトップシェアを達成したが，それは巷間喧伝されているような軽量ボトルとエコ・コンセプトによる成功のみならず，チャネル戦略による成功でもあった。「いろはす」が発売された2008年当初，営業部門は2月からの販売を企画したが，あえて発売開始を飲料需要が本格的になる5月まで延期し，天候が暑くなってから最大の発売効果がもたらされるようにするなど周到なマーケティング計画を練り，実践した。販売価格は競合品より低く設定し，コンビニエンスストアでの店頭価格も自販機の販売価格より引き下げ，コンビニエンスストアとスーパーマーケットとの価格差を埋めて立ち上がり期における成長推進力の強化を図ったのである。これらのマーケティング施策は目覚ましい効果を上げ，短期間でシェアナンバーワンを実現し，コンビニエンスストアの主力商品へと成長する足掛かりを確保することができたのである。続いて，緑茶ブランドの強化も進められ，「綾鷹」が開発された。「綾鷹」は当初，特定コンビニエンスストア限定の留め型商品として発売した。購買者の反応・評価を細かく分析し，販売開始後もひらがなのフリガナを入れたパッケージに変更するなどの工夫を重ねた結果，子供を含む購買者層の拡大を実現したのである。

組織能力向上の第3フェーズ（同社では「育てる」フェーズと位置付けていた）では，次に述べる米国のトレーニングチームとのプロジェクトで本格的な営業研修プログラムの共同開発が進められた。

3. セールス能力開発プログラムの構築とカスタマーマーケティングの展開

2007年にCCCMCを立ち上げる際には，前述の通りターゲット顧客（有力な流通企業）との関係性と提案力の強化が課題となっていた。CCCMCの設立直後から，日本コカ・コーラ社では営業力の強化を目的とした顧客取引関係の構築とその効果の検証および計画の再調整までの要点を整理し，管理サイクルを着実に回すことと情報の共有を組織的に行える能力開発プログラムを米国本社と連携して開発していた。このプログラムでは，極めて実践的な営業活動マニュアルの整備を進めたのである。このプログラムの特徴は，カスタマー（顧客流通企業）の課題の理解と顧客価値の共創に向けたソリューションの提供，協働取組への合意の形成，さらに実行プロセスの管理による関係強化のナレッジが体系的に整備されたもので，今日でも世界的なマーケティング・ケイパビリティのレベルアップツールとして活用されている。特に，日本コカ・コーラ社が強化していたショッパー・マーケティングのカスタマー展開においてその実行力を担保する基盤となっている。ショッパー・マーケティングは，従来の店頭での販売強化を主眼としたセールス・プロモーションから，購買者の心理・ニーズ・行動に着目したマーケティングへと転換したものである。膨大な購買データに基づく科学的で具体的なマーケティング計画を顧客と協働で実践するもので，単なる取引条件の交渉による販売からの脱却を可能にする。このようなプログラムによるカスタマーマーケティングの実行能力の基盤を構築したことが，以下に述べるダブル・ブランドのような高度な顧客共同取組みの実現につながったものといえよう。また，流通チャネル間競争の極めて厳しい日本市場における現地子会社のナレッジが本社を通じてその他の海外現地子会社間で共有されていることは注目すべきことである。

2013年頃から大手コンビニエンスストアは差別化された高価格PBを強化

する動きを加速するようになった。例えば，たばこのようなマージン率の低いカテゴリーの販売が伸びると本部ロイヤルティのベースとなる粗利益の伸びが鈍化するため，高価格PBは粗利益率の低下を補うねらいもある。しかしながら，飲料カテゴリーでは緑茶以外のカテゴリーの販売が期待するほどに伸びていない状況であった。こうしたコンビニエンスストアの状況を捉え，課題解決策の1つとして，コカ・コーラブランドと大手コンビニエンスストアのストアブランドの両方を1つの商品に併記するダブル・ブランド戦略が提案された。消費者調査の結果，両方のブランドを併記することによりブランド評価が向上することが確認されていたためである。2014年に日本コカ・コーラ社がアトランタの米国本社と交渉し，日本市場におけるダブル・ブランド戦略が承認されることになった。若干の紆余曲折はあったものの，結果的にはCCCMCの提案によるダブル・ブランドが「(小売チェーンブランド名) ＋ジョージア・フロム・コカ・コーラ」の名称で商品化されることとなった。折しも，ダブル・ブランドが導入された2014年の日本は冷夏に見舞われ，飲料の全体の売り上げは大きく低迷した。にもかかわらず，当該製品は目標の販売金額を達成している。

さらに，脳科学を応用したニューロマーケティングの活用による小売店頭の棚作りやチラシ広告の改善提案の試みも有力な流通企業との連携で実践され，売り上げ拡大に貢献した。このようなカスタマーマーケティングの展開によってCCCMCが設立された2007年から10年後の2017年には日本市場での売上高をおよそ1.5倍にも増加させることに成功したのである。

ダブル・ブランド戦略やニューロマーケティングの導入などの新たなマーケティングの取り組みは，商品のブランド価値の向上を目的とした流通企業との深いアライアンス関係の構築という質的な進化を伴うものと評価できる。いわばセールスからマーケティングへの転換という顧客関係の質的進化を伴うものといえよう。

第4節　国際マーケティング・ケイパビリティからみた本事例の検討

本事例をダイナミック・ケイパビリティの観点からみると，チャネルを通じたセンシング，流通企業を組み込んだリ・コンフィギュレーションを巧みに行ったと評価される。国際マーケティング・ケイパビリティの観点からは，アウトサイドイン，インサイドアウト，架橋プロセス，ネットワーキング，および関連するケイパビリティとして本社－現地子会社間の調整の関係が注目される。これらのケイパビリティが事例企業においてどのように関連づけられ，能力を発揮できる仕組みとして構築されるかを検証する。

まず，日本コカ・コーラ社のチャネル戦略の転換点に着目し，日本市場に本格的に参入した1957年からCCNSCが設立されるまでの1994年を第1フェーズとする。かなり長い期間であるがチャネル戦略の観点からみるとこの期間はボトラー各社による販売体制を柱に全国の中小零細な小売店や自動販売機へのこまめな供給サービスによって安定した販売が実現していた時代である。対消費者戦略としてはコカ・コーラという世界的ブランドをバックにしたテレビCMによって認知度を高め，圧倒的なシェアを獲得した。チャネル面ではルートセールスによる自動販売機への補充と小売店舗の売り場スペースの確保の目的から競合他社を意識した取引条件交渉の実行，さらには競合製品への対抗ブランドの開発にある。

第2フェーズは，CCNSCが設立された1995年からCCCMCが設立される前の2006年までの11年間とする。この期間は，顧客である小売チェーンの全国展開とコンビニエンスストアの成長に対応して，価格戦略と取引条件，物流サービスを統一すべくボトラー各社の販売戦略の意思決定をCCNSCに集約した時期である。CCNSCを立ち上げたものの，ともすれば競争関係にもある各ボトラー社の協力体制の実現は容易でない。そこで，ボトラー社のマーケティング展開力を補う形で日本コカ・コーラ社から人材を補強し，ここから成長小売業態のコンビニエンスストアに予算を傾斜配分したマーケティングの施策によって日本コカ・コーラ社のインストアシェアを急速に拡大し，有力流通企業とのアライアンス基盤を形成する準備を行った時期ととらえることができる。このようなチャネル戦略はコンビニエンスストアの戦略を正確に理解した上で，そこに日本コカ・コーラ社自身の戦略課題を巧みに適合させて，ともに成長を実現した点で優れたケイパビリティを発揮した成果と評価できるだろう。また，成長チャネルを的確にとらえてプロアクティブにチャネル戦略を展開したことはセンシング能力の高さを示すものである。インストアシェアの拡大という結果に対して米国の本社も日本の子会社に権限を移譲している。

第3フェーズは，CCCMCが設立された2007年から現在までの11年間である。この時期は，競合企業による摸倣的なチャネル獲得競争が展開されたことを契機として，従来の対小売取引条件交渉による販売促進から，消費者・購買者を対象とし，カスタマーと協働してブランド価値を向上させるマーケティングへの転換を図った時期といえる。

以上の3フェーズごとに国際マーケティング・ケイパビリティがどのように構築されてチャネル戦略を進化させてきたかを整理したものが図表7-2である。

図表7-2から，フェーズごとに現地市場の流通環境・競争環境が変化し，これに適応するためにチャネル戦略を切り替えていることがわかる。まず，日本では地域性の強い飲料ビジネスにおいて現地の有力資本と提携することによって配荷能力を高めた。ボトラーシステムの導入である。次に販売チャネルである小売チェーンの全国展開に合わせてボトラーの取引条件の統一化をすすめ，そして成長小売業態とのアライアンスを強化するために，経営資源の傾斜配分と協働マーケティングの展開などの戦略的転換を柔軟に行っている。CCCMCでは，こうしたチャネルに関連する経営環境変化の方向性を的確に捉え，プロアクティブに経営資源の再編成を行っていることがわかる。一方で，いくら正しいチャネル戦略を企画してもそれを有効展開するのに実行能力が備わっていなければ画餅に帰すことになる。日本コカ・コーラ社では，この実行能力のベースとなる営業能力基盤強化のプログラムを国際標準として整備をしているのである。このことは多国籍企業に必要な本国のみならず現地子会社で獲得したナレッジの国際間活用と蓄積の仕組みとして捉えることが出来る。

本社－現地子会社間の調整について諸上・根本（1996）は，集中化，プログラム化，社会化に分けて調整メカニズムを類型化している。本事例の本社－現地子会社間の調整は，経営環境の差が大きいことから集中化の程度は低く，プログラム化と社会化の程度は高いと解釈できるため，「ローバル（Lobal）経営」の調整メカニズムに分類できる[3)]。

さて，国際マーケティングにおいて上記の事例のように，経営環境の変化を正確に認識し，プロアクティブにチャネル戦略を転換し，必要な内的・外的経営資源を再構築するチャネル戦略の展開を可能にするケイパビリティの源泉はどこにあるのだろうか。注目されることは，本事例企業のチャネル戦略の転換期を担った人材が他の多国籍企業からの転職組であったことである。これらの企業では，目的・目標を明確にし，適切な選択を行い，仮説を立て，事前に関

図表 7-2　日本コカ・コーラ社のチャネル戦略に関連した国際マーケティング・ケイパビリティ

			第1フェーズ ボトラー中心の販売 参入～1994年	第2フェーズ 全国統一チャネル 1995年～2006年	第3フェーズ 協働マーケティング 2007年～2018年
国際マーケティング・ケイパビリティ	子会社のマーケティング・ケイパビリティ	アウトサイドイン	地域ごとの販売機会の確保と競合の情報獲得	顧客となる流通企業の戦略へ適合 成長小売業態の分析	主要な流通企業からのセンシングに基づく購買者（消費者）にフォーカスしたマーケティング展開
		インサイドアウト	標準的マーケティング戦略の提供 ブランド認知の促進	ボトラー間のチャネル戦略の統一のための組織編成 子会社の人的能力の開発と活用	営業能力開発プログラムによる人材教育 市場調査機能の活用 ニューロマーケティングの活用
		架橋プロセス	競合他社に対抗できる製品ラインの整備と製品開発	成長小売業態への販売促進費の傾斜配分によるアライアンス基盤の整備	ダブル・ブランド戦略の展開によるアライアンスのさらなる強化
		ネットワーキング	地域の有力企業とフランチャイズ・ネットワーク（ボトラーシステム）を形成	ボトラーとの関係調整と成長小売業態との関係強化	現地の成長小売業態との関係強化
		アダプティブ・ケイパビリティ	競合対抗製品の開発 自動販売機とルートセールス網の構築	競合企業に対抗しうる現地製品ラインの開発	本社の知識を活用しつつ，営業能力強化プログラムを現地主導によりグローバル・プログラムとして開発
	多国籍企業固有の組織システム	本社－子会社間調整	ボトラーシステムの本社からの移転 成果基準による現地への意思決定権限移譲	本社との調整に基づくボトラー調整組織の立ち上げと成長小売業態への販売促進予算の投入 日本市場適応化製品の国際市場への展開	成長小売業態とのアライアンスを推進する際に，調整を通じて本社の承認を獲得 ブランド／チャネル戦略をめぐる本国と現地の経営環境の差から生じる影響力の違いを利用した調整プロセス 営業能力プログラムのグローバル活用

出典：筆者作成。

係者間で徹底的に議論し，KPI（Key Performance Indicator）を設定して結果をレビューし，そしてそこから得たナレッジを組織として蓄積することを徹底して教育されるという。多国籍企業においては，多様な価値観を有した人材がどのように協働できるか，それをどのように組織として蓄積し再活用できるか。本事例は外資系企業の日本市場での展開の事例であるが，日本企業の国際マーケティング・ケイパビリティ向上にも人材能力の開発が鍵となることを示唆している。すなわち，市場からの有用な情報の獲得，進出国の価値観の理解（アウトサイドイン）のみならず，これを活用する組織内部の経営資源（インサイドアウト）を経営環境の変化に適応して再組織化し，蓄積するケイパビリティもまた事業成果の有力な説明要因となるのではないだろうか。

〈付記〉

本事例は，元コカ・コーラ カスタマーマーケティング株式会社代表取締役社長で，本章執筆時点，RETAIL MARKETING 株式会社代表取締役社長の井辻秀剛氏に下記の通り複数回にわたってインタビューした内容に基づいて記述している。同氏のご協力に深く感謝申し上げる。ただし，本文の記述内容についての責任はすべて筆者が負うものである。

第1回　2018年7月13日16時30分~18時30分

第2回　2018年7月30日10時00分~12時30分

第3回　2018年10月19日15時00分~18時20分

第4回　2018年11月16日15時00分~18時40分

［注］

1）一般社団法人日本フランチャイズチェーン協会のJFAコンビニエンスストア統計調査月報によれば，2018年10月現在の主要7社の合計店舗数は約5万6千店舗となっている。

2）自動販売機の道路はみ出し問題は，1990年に市民団体が自動販売機の道路へのはみ出しを問題視して，大蔵省，国税庁，東京都，酒類・たばこメーカー等にはみ出し自動販売機の撤去を申し入れた。以降，「はみ出し自動販売機対策協議会」が設立され，日本自動販売機工業会，自販機保安整備協議会，日本自動販売協会にはみ出し自動販売機の移設・撤去などの是正措置を要請した。その後，順次，はみだし自動販売機が撤去された。

3）諸上はグローバル経営の段階を経営資源の分散度（A）とグローバル政策調整度（B）の2軸で分類し，ドメスティック型（A低-B低），マルチ・ドメスティック型（A高-B低），シンプル・グローバル型（A低-B高）に分類し，両軸の高い領域内をさらに類型化し，マルチ・リージョナル型（地域本社調整型），ローバル型（子会社調整型），ユニ・グローバル型（本社調整型），グローカル型（相互調整型）に分類している。本事例はLocal主導のGlobal調整として概念化されているローバル型に分類される。

［参考文献］

赤尾一成（2011）「日本コカ・コーラのショッパー・マーケティングへの取り組み」，社団法人流通経済研究所『ショッパー・マーケティング』日本経済新聞出版社，第11章所収。

古川裕康（2017），大石芳裕『グローバル・マーケティング零』白桃書房，第2章所収。

原頼利・田中孝明（2007）「P&GジャパンのSCモデル」，諸上茂登・M. Kotabe・大石芳裕・小林一『戦略的SCMケイパビリティ』同文舘出版，第11章所収。

諸上茂登（2012）『国際マーケティング論の系譜と新展開』同文舘出版。
―――（2013）『国際マーケティング講義』同文舘出版。
諸上茂登・根本孝編著（1996）『グローバル経営の調整メカニズム』文眞堂。
根本重之（2004）『新取引制度の構築－流通と営業の革新－』白桃書房。
大石芳裕（2017）『実践的グローバル・マーケティング』ミネルヴァ書房。
Pankaj Ghemawat (2007), *Redefining Global Strategy: Crossing borders in a world where differences still matter*, Harvard Business Review Press.（望月衛訳（2009）『コークの味は国ごとに違うべきか－ゲマワット教授の経営教室』文芸春秋。）
多田和美（2010）「日本コカ・コーラ社の製品開発活動と成果」『経済学研究』（北海道大学）第60巻1号，27-77頁。

（橋本雅隆）

第8章

国際マーケティング・ケイパビリティの定量分析*

第1節　はじめに

本調査の目的は，標準化－適応化戦略，マーケティング・ケイパビリティ，本社－子会社間調整が，事業成果に対していかなる影響を与えるかを実証的に検証することである。すでに4章で検討したように，企業の意思決定としての戦略，とりわけ標準化－適応化戦略と事業成果との間の関係は実証的に曖昧であった。そこで，本章では，マーケティング・ケイパビリティ変数と本社－子会社間調整変数を組み込むことによって，本章で提示する分析フレームワークが有する多国籍企業の事業成果に対する説明力を検証する。調査対象は，日系多国籍製造企業の海外現地子会社である。

こうした定量分析を行う背景は，次の通りである。理論的には，標準化－適応化戦略とともに，マーケティング・ケイパビリティと本社－子会社間調整が，事業成果に影響を与えるという予測に対する実証的証拠を提示する。単純に，戦略，ケイパビリティ，調整と成果との因果関係を検証するのみならず，戦略と成果の関係におけるケイパビリティと調整の調整効果（moderating effect）を実証的に明らかにする点に本調査の力点がある。これは，本書の「戦略からケイパビリティへ（戦略計画から実行能力へ）」という理論的な方向性の検証に他ならない。

実務的には，本書では，国際マーケター（現地子会社のマーケティング担当者，そして，グローバル・マーケティング・オフィサーなど）が直面する意思決定問題への示唆を引き出すことを目指している。本書では，5・6・7 章における定性分析と本章における定量分析から引き出された実証的証拠に基づいてインプリケーションと実践的なガイドラインを実務家に提示する。特に，本調査から得られるエビデンスは，マーケティング・ケイパビリティ構築の実務的な必要性を強調するにとどまらない。いかなる条件下でマーケティング・ケイパビリティや本社－子会社間調整が戦略策定を支援し，事業成果を向上させるかに関するマネジリアル・インプルケーションが示される。

これらの本書の目的と背景に基づく本章のリサーチ・クエスチョンは，「日系多国籍企業の現地子会社における標準化－適応化戦略，マーケティング・ケイパビリティ，本社－子会社間調整と事業成果との関係を実証的に明らかにする」ことである。このリサーチ・クエスチョンは，「標準化－適応化戦略，マーケティング・ケイパビリティ，本社－子会社調整は，それぞれ事業成果へ正の影響を与える」「マーケティング・ケイパビリティは，標準化－適応化戦略よりも事業成果への正の影響が強い」「マーケティング・ケイパビリティは，標準化－適応化戦略と事業成果の関係を強化する」「本社－子会社間調整は，標準化－適応化戦略と事業成果の関係を強化する」という第 4 章で示された 4 つの命題をさらに作業仮説にブレイクダウンして検証される。

本調査の特徴は，「日系多国籍製造企業の現地子会社」という調査対象と密接に関連している。特に重要なのは，本調査が「海外子会社パースペクティブ」を取っていることである。本社のマーケティング・ケイパビリティと海外子会社のマーケティング・ケイパビリティは，性格を異にする。前者が，長期的かつ全社的視点に立つのに対して，後者は比較的に短期的かつ現場の視点に立ったものである。海外子会社のマーケティング・ケイパビリティは，本国とは異なる経営環境において構築される。多国籍企業の海外子会社は，本社との調整を通じて，戦略を策定する。そうした戦略的意思決定の成否は，海外子会社のマーケティング・ケイパビリティによって影響される。すなわち，多国籍企業の国際マーケティングの優劣は，本社の国際マーケティング・ケイパビリティとともに，世界各国に立地する海外子会社が有するマーケティング・ケイパビリティの束によって決定されるのである。とりわけ，現地子会社は，現地市場とのインターフェイスであり，そのマーケティング・ケイパビリティこそが多国籍企業の国際マーケティングにおいて決定的な役割を果たす。

本調査の分析フレームワークは，図表 8-1 の通りである。標準化－適応化戦

図表 8-1　分析フレームワーク

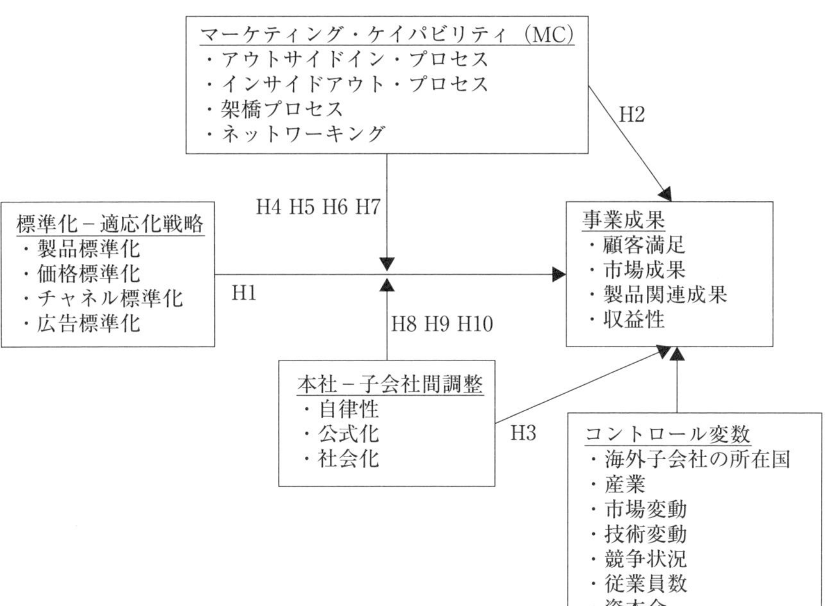

略は，製品，価格，チャネル，そして，広告のマーケティング・ミックス要素に分解されている。マーケティング・ケイパビリティ（MC）は，アウトサイドイン・プロセス，インサイドアウト・プロセス，架橋プロセス，そして，ネットワーキングの4要素から構成される。そして，本社－子会社間調整は，自律性（集権化の反転），公式化，そして，社会化の3要素からなる。まず，命題1の「標準化－適応化戦略，マーケティング・ケイパビリティ，本社－子会社間調整は，それぞれ事業成果へ正の影響を与える」から，以下の作業仮説が提示される（H1 ～ H3）。

H1a：製品標準化は，事業成果（顧客満足，市場成果，製品関連成果，収益性）に正の影響を与える。

H1b：価格標準化は，事業成果（顧客満足，市場成果，製品関連成果，収益性）に正の影響を与える。

H1c：チャネル標準化は，事業成果（顧客満足，市場成果，製品関連成果，収益性）に正の影響を与える。

H1d：広告標準化は，事業成果（顧客満足，市場成果，製品関連成果，収益性）に正の影響を与える。

H2a：アウトサイドイン・プロセスは，事業成果（顧客満足，市場成果，製品関連成果，収益性）に正の影響を与える。

H2b：インサイドアウト・プロセスは，事業成果（顧客満足，市場成果，製品関連成果，収益性）に正の影響を与える。

H2c：架橋プロセスは，事業成果（顧客満足，市場成果，製品関連成果，収益性）に正の影響を与える。

H2d：ネットワーキングは，事業成果（顧客満足，市場成果，製品関連成果，収益性）に正の影響を与える。

H3a：自律性は，事業成果（顧客満足，市場成果，製品関連成果，収益性）に正の影響を与える。

H3b：公式化は，事業成果（顧客満足，市場成果，製品関連成果，収益性）に正の影響を与える。

H3c：社会化は，事業成果（顧客満足，市場成果，製品関連成果，収益性）に正の影響を与える。

命題２の「マーケティング・ケイパビリティは，標準化－適応化戦略よりも事業成果への正の影響が強い」は，仮説１と仮説２の変数間関係の強さの比較によって検証される。

命題３の「マーケティング・ケイパビリティは，標準化－適応化戦略と事業成果の関係を強化する」は，標準化－適応化戦略と事業成果の関係に対するマーケティング・ケイパビリティの調整効果によって検証される。作業仮説は，以下の通りである。

H4a：アウトサイドイン・プロセスは，製品標準化と事業成果（顧客満足，市場成果，製品関連成果，収益性）の関係を強化する。

H4b：アウトサイドイン・プロセスは，価格標準化と事業成果（顧客満足，市場成果，製品関連成果，収益性）の関係を強化する。

H4c：アウトサイドイン・プロセスは，チャネル標準化と事業成果（顧客満足，市場成果，製品関連成果，収益性）の関係を強化する。

H4d：アウトサイドイン・プロセスは，広告標準化と事業成果（顧客満足，市場成果，製品関連成果，収益性）の関係を強化する。

H5a：インサイドアウト・プロセスは，製品標準化と事業成果（顧客満足，市場成果，製品関連成果，収益性）の関係を強化する。

H5b：インサイドアウト・プロセスは，価格標準化と事業成果（顧客満足，市場成果，製品関連成果，収益性）の関係を強化する。

H5c：インサイドアウト・プロセスは，チャネル標準化と事業成果（顧客満足，市場成果，製品関連成果，収益性）の関係を強化する。

H5d：インサイドアウト・プロセスは，広告標準化と事業成果（顧客満足，市場成果，製品関連成果，収益性）の関係を強化する。

H6a：架橋プロセスは，製品標準化と事業成果（顧客満足，市場成果，製品関連成果，収益性）の関係を強化する。

H6b：架橋プロセスは，価格標準化と事業成果（顧客満足，市場成果，製品関連成果，収益性）の関係を強化する。

H6c：架橋プロセスは，チャネル標準化と事業成果（顧客満足，市場成果，製品関連成果，収益性）の関係を強化する。

H6d：架橋プロセスは，広告標準化と事業成果（顧客満足，市場成果，製品関連成果，収益性）の関係を強化する。

H7a：ネットワーキングは，製品標準化と事業成果（顧客満足，市場成果，製品関連成果，収益性）の関係を強化する。

H7b：ネットワーキングは，価格標準化と事業成果（顧客満足，市場成果，製品関連成果，収益性）の関係を強化する。

H7c：ネットワーキングは，チャネル標準化と事業成果（顧客満足，市場成果，製品関連成果，収益性）の関係を強化する。

H7d：ネットワーキングは，広告標準化と事業成果（顧客満足，市場成果，製品関連成果，収益性）の関係を強化する。

命題4の「本社－子会社間調整は，標準化－適応化戦略と事業成果の関係を強化する」は，標準化－適応化戦略と事業成果の関係に対する本社－子会社間調整の調整効果によって検証される。作業仮説は，以下の通りである。

H8a：自律性は，製品標準化と事業成果（顧客満足，市場成果，製品関連成果，収益性）の関係を強化する。

H8b：自律性は，価格標準化と事業成果（顧客満足，市場成果，製品関連成果，収益性）の関係を強化する。

H8c：自律性は，チャネル標準化と事業成果（顧客満足，市場成果，製品関連成果，収益性）の関係を強化する。

H8d：自律性は，広告標準化と事業成果（顧客満足，市場成果，製品関連成果，収益性）の関係を強化する。

H9a：公式化は，製品標準化と事業成果（顧客満足，市場成果，製品関連成果，収益性）の関係を強化する。

H9b：公式化は，価格標準化と事業成果（顧客満足，市場成果，製品関連成果，収益性）の関係を強化する。

H9c：公式化は，チャネル標準化と事業成果（顧客満足，市場成果，製品関連成果，収益性）の関係を強化する。

H9d：公式化は，広告標準化と事業成果（顧客満足，市場成果，製品関連成果，収益性）の関係を強化する。

H10a：社会化は，製品標準化と事業成果（顧客満足，市場成果，製品関連成果，収益性）の関係を強化する。

H10b：社会化は，価格標準化と事業成果（顧客満足，市場成果，製品関連成果，収益性）の関係を強化する。

H10c：社会化は，チャネル標準化と事業成果（顧客満足，市場成果，製品関連成果，収益性）の関係を強化する。

H10d：社会化は，広告標準化と事業成果（顧客満足，市場成果，製品関連成果，収益性）の関係を強化する。

上のような一連の仮説検証から期待される本調査の貢献は，以下の３点である。第１に，仮説の検証を通じて，理論的な予測力を判断できる点である。すでに論じてきたように，標準化－適応化戦略の事業成果に対する説明力は限定的であった。マーケティング・ケイパビリティ変数と本社－子会社間調整変数を組み込むことで，事業成果に対してより説明力のある分析フレームワークを提示できると考えている。「日系」「製造」「海外子会社」というサンプリング・フレームの中で，特にマーケティング・ケイパビリティが果たす役割について実証的証拠を提示することは，理論的にも実践的にも重要な貢献であると考えている。

第２に，本調査が有するデータの独自性が挙げられる。一部の例外を除いて

（山下他 2012），日系多国籍企業のデータを用いた実証的研究は少ない。これは，主に米国で作られた理論や構成概念や分析フレームワークの一般化可能性に対して一定の示唆を与えるものである。また，多国籍企業の海外子会社に対する実証研究も少ない。先行研究の多くは，コスト面から特定国に立地した多国籍企業に限定して実証的研究を行ってきた（Jaakkola *et al.* 2010, Marcati 1989, Zou *et al.* 2003）。特に，国際的な文脈でマーケティング・ケイパビリティを分析するためには，海外子会社への調査が決定的に重要となる。なぜなら，それぞれの海外子会社のマーケティング・ケイパビリティが蓄積され，なおかつ，本社のマーケティング・ケイパビリティと有機的に結合することで，多国籍企業全体のマーケティング・ケイパビリティが形成されるからである。

第3に，本調査が示す実務的インプリケーションがある。本書は，国際マーケターに対して事業成果向上のためのガイドラインを提示することを目的としている。この目的のためには，定量的なデータを収集し，その分析に基づいたインプリケーションの提示が欠かせない。先行研究における戦略策定の視点のみならず，マーケティング・ケイパビリティと本社－子会社間調整といった視点も兼ね備えたより統合的な分析フレームの検証によって示されるインプリケーションは，国際マーケターに対してより包括的なインサイトを与えるものであろう。また，本調査における海外子会社パースペクティブは，異質な環境下で活動する国際マーケターに対して，より実践的な知識を提供するだろう。

第2節　データの収集とサンプル

1. サンプリング・フレーム

本調査ではサンプリング・フレームを，アジア・オセアニア地域に立地する日系製造企業（BtoB）の販売機能を持つ海外子会社に設定している。以下では，調査対象を，日系多国籍企業の海外子会社，アジア・オセアニア地域，BtoB，そして，販売機能を持つ海外子会社とした理由を記す。

まず，調査対象企業を「日系多国籍企業の海外子会社」とした理由は次の通りである。第1に，本調査の目的が日系多国籍企業の国際マーケティング実践に対するマネジリアル・インプリケーションの導出にあるからである。第3章で検討したように，日系多国籍企業の国際マーケティングは，とりわけ新興国市場においてうまくいっていないという問題意識が存在する。こうした問題に対して特に，マーケティング・ケイパビリティの観点からアプローチすることで一定のガイドラインを示すことができるだろう。日系多国籍企業の海外における活動のエビデンスを収集することで，この課題が達成されると考えている。第2に，すでに言及したように海外子会社のネットワークで構築されるマーケティング・ケイパビリティこそが，多国籍企業全体のマーケティング・ケイパビリティにおいて重要な役割を果たすからである。「優れた国際マーケティング戦略を立案し，これを優れて実行するために，多国籍企業はいかなる組織能力を備えるべきなのか」といった問いに答えるためには，海外子会社の現地での活動に焦点を当てた分析を欠かすことができない。

次に，海外子会社の拠点をアジア・オセアニア地域に限定した理由は，次の通りである。第1に，日系製造企業の法人数が当該地域に最も集中していることが挙げられる。経済産業省（2018）によると，日系製造企業の海外現地法人の約67%がアジア・オセアニア地域に立地している。第2に，サンプルの同質性を担保するためである。アメリカや欧州に立地する海外現地法人の活動は，日本本国からの地理的及び文化的距離や制度的異質性の影響を受けやすい。無論，アジア・オセアニア地域における文化的あるいは制度的な多様性が存在するのも事実である。しかしながら，本調査は日系製造企業の海外子会社の活動に焦点が当てられており，国籍や制度や文化による影響を地域間で比較することを目的とはしていない。したがって，日系製造企業の海外子会社の活動を検証する目的においては，アジア・オセアニア地域にサンプリング・フレームを限定することで，より同質的なサンプルを収集できる。第3の理由は，予算制約である。本調査では，約5,000社の海外子会社に質問票を郵送している。トライアド全ての地域でこれを行うことは禁止的にコストが高まる。そこで，アジア・オセアニアに地域を限定することにより，サンプルの同質性を担保しつつ，予算制約をクリアし，そして，調査目的を果たすことができるだろう。

産業をBtoBに限定した理由は，次の通りである。第1に，我々が対象地域に設定しているアジア・オセアニア地域には，生産効率の向上，市場開拓，ビジネスパートナーなどの当該地域参入に伴うフォローという目的の下に多くの日系多国籍企業が進出しており，その多くがBtoB産業に属する企業であるという実態が挙げられる。第2に，第2章で述べたように日本が今後世界市場における競争優位を獲得する上で注力すべき製造業，すなわちBtoB産業に属し，成果を導出している日系多国籍企業の海外子会社に共通した要素を抽出することは，理論的にも実務的にも大きな価値があるためである。加えて，BtoB企業のみを分析対象とする意図としては，BtoC産業に属する企業が遂行するマーケティングの性格がBtoB企業のそれと大きく異なることが予想されるからである。したがって，可能な限りサンプル数を増やし，サンプルの同質性を担保するためにBtoB企業に調査対象が限定された。

最後に，販売機能を持つ海外子会社に限定して調査を行なった理由は以下の通りである。本調査では，グローバル産業内で競争している日系多国籍企業のアジア・オセアニア地域に拠点を置く海外子会社のマーケティング担当部門（あるいはそれに相当する現地事業に精通した統括部門，および人材）に対して，産業間を超えてアンケートを郵送し調査した。本調査において，マーケティング部門ごとに調査をする方が，当該多国籍企業全体を調査対象とするよりも，より具体的に精緻に現地で展開されるケイパビリティの実態の特徴を捉えられることができると判断したため販売機能を有する海外子会社をサンプルの対象とした。

2. データ収集の手続き

データ収集は，質問票の郵送とEメールの送付によって行われた。質問票は，4,954社（海外子会社）に郵送された。質問票調査への協力を依頼するカバーレターは，現地子会社の総務・広報・企画室の担当者宛と代表取締役ないしマーケティング責任者宛の2種類が同封された。本調査の回答者は，マーケティング担当者ないし現地の事業に最も精通している経営層のいずれかを想定している。総務・広報・企画室の担当者宛のカバーレターには，適切な回答者へ質問票が回付される旨の依頼文が添えられている。回答者宛のカバーレターには，詳細な調査内容の説明文が添えられた。回答率の向上のために，調査の協力が得られた際には，調査結果のサマリーが送付される旨も付記された。次の段階として，さらなる回答率の向上を目指すために，質問票を送付した企業の回答を促すEメールを送付した。

なお，人権の保護及び法令等の遵守の対応として，質問票調査から得られた情報の秘匿性が守られるように最大限の配慮を行っている。回答者へのカバーレターには，個別の回答内容が一般開示されないことが記されている。収集されたデータが統計処理にかけられる場合には，ロー・データから企業名は削除され，分析者が個別企業の情報にアクセスできないように配慮した。また，統計処理の結果を開示する場合にも，分析結果から特定の企業が推測できない情報に限り公開するように細心の注意を払っている。

185件が郵送先に適切に送り届けることが不可能であったため手元に返送されたが，最終的に313件のアンケートが回収された（回収率6.6%）。回答者の役職別の内訳として，代表取締役社長が191名，副社長が21名，部門責任者の合計が87名で，内47名が事業部長，19名が営業あるいはマーケティング部門長，10名が工場長，4名が経理部門長，3名が国際部門長，2名が戦略部門長，1名が事務部門長，1名が人事部門長であった。また役職に就いていない回答者は5名で，内3名が事務・総務，経理が1名，営業が1名であった。その他，3名が顧問，6名は無回答であった。これらのうち，2件は質問内容が現地での事業展開内容から回答できるものではないとして未回答である。

回収されたアンケートをデータ化する際には，複数人でデータの記入漏れやミスの有無を確認することでデータの質を確保した。質問項目において未回答であった項目，同じ質問項目に対して2つ以上の回答が記されているなどの項目においては，欠損値扱いとした。また，回収済アンケートにおいて，未回答の空欄が多く見受けられるサンプル，および，回答の評定尺度が連続して同じ項目に記されているサンプルなどは除外した。以上のような手続きを経て得られた有効回答は，262件（有効回答率5.5%）であった。

3. サンプルのプロフィール

国籍，産業，規模に関するサンプルの特性は次の通りである。図表8-2は，有効回答サンプルの活動拠点の国籍を示している。上位には中国（28.2%），タイ（27.1%）インドネシア（10.7%），台湾（7.3%）と続き，その4カ国で全体の73.3%を占めている。なお，2件のサンプルに関しては国籍情報が不明であった。図表8-3の産業においては，輸送用機器（27.5%），化学（20.6%），電気機器（14.5%），機械（8.0%），精密機（7.6%）が上位を占め，それらの産業が全体の78.2%を構成している。図表8-4と図表8-5の企業規模に関しては，海外子会社の資本金と従業員数が示されている。資本金においては，10億円未満が57.3%と全サンプルの過半数以上を占めていた。従業員数は500人未満と回答したサンプルが全体の77.1%を占める結果となった。

なお，サンプル特性（国籍，産業，規模）が回答傾向に有意な差を生じさせ

図表8-2　サンプル分布
（子会社の所在国別）

所在国	度数	%
中国	74	28.2
タイ	71	27.1
インドネシア	28	10.7
台湾	19	7.3
インド	15	5.7
マレーシア	14	5.3
シンガポール	13	5.0
韓国	11	4.2
ベトナム	6	2.3
フィリピン	5	1.9
香港・マカオ	3	1.1
パキスタン	1	.4
不明	2	.8
合計	262	100.0

図表8-3　サンプル分布
（業種別）

業種	度数	%
輸送用機器	72	27.5
化学	54	20.6
電気機器	38	14.5
機械	21	8.0
精密機器	20	7.6
非鉄金属製品	11	4.2
食料品	8	3.1
ゴム製品	8	3.1
鉄鋼	8	3.1
金属製品	7	2.6
パルプ・紙	6	2.2
ガラス・土石	4	1.5
繊維製品	2	.8
石油・石炭	2	.8
医薬品	1	.4
合計	262	100.0

図表8-4　サンプル分布
（資本金別）

資本金	度数	%
10億円未満	150	57.3
10億～100億円未満	95	36.3
100億～500億円未満	12	4.6
500億～1000億円未満	2	.7
不明	3	1.1
合計	262	100.0

図表8-5　サンプル分布
（従業員数別）

従業員数	度数	%
500人未満	202	77.1
500～1000人未満	34	13.0
1000～5000人未満	24	9.1
5000～10000人未満	0	0
10000人以上	1	.4
不明	1	.4
合計	262	100.0

ていないかを確認するために，t 検定行った。まず，国籍では，最も多かった中国とその他の国籍で比較したところ，市場変動と技術変動，競争状況，価格標準化で有意な差が見られた。次に，産業では，最も多かった輸送用機器とその他の産業で比較したところ，価格標準化とチャネル標準化，自律性で有意な差が見られた。そして，規模別では，10 億円が中央値だったため，これを基準として高低の 2 グループに分け比較したところ，競争状況とチャネル標準化，アウトサイドイン・プロセス，インサイドアウト・プロセス，架橋プロセス，社会化，顧客満足，市場成果で有意な差が見られた。これらの結果を受けて，厳密には有意な差が見られた変数については除外するべきではあるが，全ての変数で有意な差が見られないことは稀である。したがって，本研究では，結果に対する考察でこれらのサンプル特性による差異について十分に留意することとして，有効回答サンプルを全てプールしてデータの分析を行うこととした。

第 3 節　測　定　具

図表 8-6 の通り，本調査では，先行研究で用いられている尺度を採用している。先行研究の尺度は 5 点尺度と 7 点尺度が混在しているが，日本で行われる質問票調査は一般的に 5 点尺度が用いられているため，すべての質問項目を 5 点のリッカート・スケールに統一した。各変数の尺度に関する概要は以下の通りである。

まず，標準化－適応化戦略の尺度は，Katsikeas *et al.*（2006）を採用した。この尺度を採用した理由は，先行研究において幅広く用いられている（Hultman *et al.* 2011）ためである。測定に際しては，被験者に「日本本国市場との比較における現地子会社の主力市場と主力製品（サービス）」を想定して回答を促した。それぞれの尺度は，製品（7 項目），価格（4 項目），チャネル（6 項目），そして，広告（6 項目）といった個別のマーケティング・ミックス要素から構成され，日本本国市場と比較して「1. まったく異なる～5. ほぼすべて同じ」までの 5 点尺度で質問を行っている。

次に，マーケティング・ケイパビリティの尺度は，Blesa and Ripollés（2008）と Ripollés and Blesa（2012）に基づいて作成した。それぞれの項目は，「1. 全

図表8-6　尺度リスト

カテゴリー	変　数	先行研究
標準化－適応化戦略	製品標準化	Katsikeas *et al.* (2006)
	価格標準化	
	チャネル標準化	
	広告標準化	
マーケティング・ケイパビリティ	アウトサイドイン・プロセス	Blesa and Ripollés (2008) Ripollés and Blesa (2012)
	インサイドアウト・プロセス	
	架橋プロセス	
	ネットワーキング	
本社－子会社間調整	自律性（集権化）	Ghoshal and Nohria (1989)
	公式化	Ghoshal and Nohria (1989)
	社会化	Ghoshal and Nohria (1989) Luo (2003) Nobel and Birkinshaw (1998)
事業成果	顧客満足	Vorhies and Morgan (2005)
	市場成果	Morgan *et al.* (2003) Murray *et al.* (2011) Vorhies and Morgan (2005) Walker and Ruekert (1987)
	製品関連成果	Murray *et al.* (2011) Styles *et al.* (2008)
	収益性	Vorhies and Morgan (2005)
コントロール変数	企業規模	Schilke *et al.* (2009) Zhou *et al.* (2012)
	市場変動	Jaworski and Kohli (1993) Olson *et al.* (2005)
	技術変動	Jaworski and Kohli (1993) Olson *et al.* (2005)
	競争状況	Jaworski and Kohli (1993) Kaleka and Morgan (2017) Morgan *et al.* (2003)

くその通りではない～5. 全くその通りである」の5点尺度で質問している。アウトサイドイン・プロセス（2項目）は，現地顧客として「子会社にとって重要な顧客（法人，最終消費者，小売業など）」を想定し，顧客との関係構築と顧客のニーズ理解に関する質問を行っている。インサイドアウト・プロセス

(3 項目) は，財務管理，事業全体のオペレーション管理，そして，効果的な人的資源管理といった現地子会社の内部オペレーションの能力に関して質問している。架橋プロセス (4 項目) は，現地子会社の主力製品 (サービス) を念頭に，新製品市場導入，主力製品 (サービス) の質，販売・ロジスティクス，そして，情報活用に関する質問を行っている。ネットワーキング (3 項目) は，「現地における戦略的パートナー (現地流通業者，現地サプライヤー，その他現地の提携先等) との関係」について，信頼，相互協力と目標共有，そして，知識・能力の相互利用に関する質問を行っている。

本社－子会社間調整は，集権化，公式化，そして，社会化という 3 つの構成概念から構成される。これらの尺度は Ghoshal and Nohria (1989)，Luo (2003)，Nobel and Birkinshaw (1998) をベースに作成された。まず，集権化 (4 項目) に関しては，Ghoshal and Nohria (1989) に基づいて，「1. 本社のみで意思決定が下される，2. 本社が意思決定を下すが，子会社も提案できる，3. 双方が意思決定において平等の影響力を有している，4. 子会社が意思決定を下すが，本社も提案できる，そして，5. 子会社のみで意思決定が下される」の 5 点尺度で質問を行っている。これは，得点が大きくなるほど子会社による意思決定裁量が大きくなるため，「自律性」と読み替えることができる。Ghoshal and Nohria (1989) の研究も，本調査と同じく多国籍企業における本社－子会社間調整に焦点を当てており，以下 4 つの具体的な意思決定状況における本社と子会社の意思決定権限の所在を上述の 5 点尺度で測定している。彼らは，より一般的な多国籍企業の本社－子会社間調整を測定するために「新製品の現地市場導入」「製品仕様・設計の変更」「製造プロセス変更」そして「シニアマネジャーのキャリア開発計画変更」といった意思決定状況を質問しており，本調査においてもそれらの項目を採用した。

次に，公式化 (3 項目) に関しては，Ghoshal and Nohria (1989) を採用した。それぞれの項目は，「1. 全くその通りではない～5. 全くその通りである」の 5 点尺度で質問している。公式化は，「子会社と本社の間の業務遂行上の関係」について，本社による公正でわかりやすいルールや方針の提供，本社による様々な状況下でとるべき活動のガイドラインの提供，本社によるモニタリングの有無に関する質問を行っている。

社会化 (7 項目) は，Ghoshal and Nohria (1989)，Luo (2003)，Nobel and Birkinshaw (1998) の尺度をベースにしている。当変数は，「本社と子会社間

の連絡・調整」について測定する尺度であり，本社－子会社間の情報フロー，本社－子会社間における物理的な接点，本社在籍のメンター的存在の有無の3要素から構成されている。なお，Luo (2003) で測定されている情報フローに関しては，本社と子会社間調整における社会化変数と親和性が高いことから，本調査においては社会化の尺度として採用することとした。まず，本社－子会社間の情報フローであるが，本社とのEメールと電話連絡，情報共有手続き（情報共有システムや定期会議など），情報フローのスピードから構成されている。本社とのEメールと電話連絡については，「1. かなり緊密に行っている～5. 全く緊密に行っていない」の5点尺度で質問しており，情報共有手続き（情報共有システムや定期会議など），情報フローのスピードに関しては，「1. 全くその通りではない～5. 全くその通りである」の5点尺度で測定している。本社－子会社間における物理的な接点においては，子会社マネジメント層の本社への訪問回数は，「1. ほとんど訪問していない～5. 10回以上訪問した」の5点尺度で，本社からの訪問受け入れ回数については，「1. ほとんど受け入れていない～5. 10回以上受け入れた」の5点尺度で，人材ローテーション・プログラムの実行については「1. 全くその通りではない～5. 全くその通りである」の5点尺度で質問している。そして，本社在籍のメンター的存在の有無については，「1. 全くその通りではない～5. 全くその通りである」の5点尺度で質問している。

事業成果変数については，本調査では顧客満足，市場成果，製品関連成果，収益性（財務的事業成果）という4つの変数群で質問した。すべての事業成果変数は，ここ2～3年における，主要な現地競争相手（現地競合）との比較において，「1. 現地競合よりはるかに低いレベル～5. 現地競合よりはるかに高いレベル」の5点尺度で評価する形式の質問をしている。これらの変数は，先行研究において内的一貫性が高く，被引用数が多いという基準で選択された。その結果，Morgan *et al.* (2003)，Murray *et al.* (2011)，Styles *et al.* (2008) Vorhies and Morgan (2005)，Walker and Ruekert (1987) の尺度を採用した。

顧客満足（4項目）については，顧客満足の達成度，顧客への価値の提供，顧客の要求への適切な対応，価値ある優良顧客の維持に関する質問をしている。市場成果（14項目）については，市場シェア伸び高，売上の伸び高，新規顧客の獲得，既存顧客売上の伸び高，競合製品の変化に対する対応力，新製品の市場導入に至るまでのリードタイム，成功を収めることができた現地市場向け新製品の数，現地市場向け新製品から得られる収益，製品1個当たりの生産コスト，販売価格（値付け），流通マージンの割合，自社ブランドの知名度，自社ブランドの想起率，自社ブランドの独自性についての質問をしている。

製品関連成果（4項目）については，製品の差別化，製品の流通カバー率，現地向け製品開発のスピード，新製品の市場導入スピードについて問う質問を設定している。当変数の尺度開発にあたっては，Murray *et al.*（2011）の尺度（Product Performance）を使用した。具体的には，成功した新製品数，新製品の市場導入スピード，製品イノベーションの3変数から構成されている。本調査においては，対象となるサンプルが比較的小規模なBtoB企業であるため，そもそも新製品の数が少ない可能性があるため，成功した新製品数を削除し，新製品の市場導入スピードを現地向け製品開発のスピード，新製品の市場導入スピードの2項目に分割した。これは，対象サンプルをBtoB企業にしているため，クライアントからの要望に対応する成果を測定するためには開発スピードも欠かせないという当該産業特有の特性に配慮するためである。また，製品イノベーションを製品差別化に読み替えた。その理由としては，本調査で対象としている小規模なBtoB企業は，イノベーションがそもそも少ない可能性があるためである。最後に，製品の流通カバー率であるが，Styles *et al.*（2008）の尺度に基づいて作成した。当該尺度は市場，チャネルサポート，流通パフォーマンス，顧客へのアフターサービス，市場シェア向上能力の5項目で構成されている。本研究が対象とするBtoB企業が，海外現地市場において取引している主要なクライアントは納品先製造企業，卸業者，小売業者と多岐にわたる。BtoB企業にとって，多様な取引先企業に自社製品を取り扱ってもらう事も非常に重要な成果項目の1つである。本調査においては，特に市場カバー率を流通カバー率と読み替え，製品関連成果の項目として設定した。

収益性（財務的事業成果）（5項目）に関しては，収益性（利益率），投資利益率（ROI），売上高利益率（ROS），事前に設定された財務的数値目標の達成度，新製品による総売上への貢献度を質問している。

コントロール変数としては，市場変動，技術変動，競争要因といった企業外部要因に加えて，企業規模（資本金と従業員数），マーケティングに携わるマネジャーないし現地トップの管理職としての経験年数といった企業内部要因を設定した。これらの企業内部要因に関しては，Schilke *et al.*（2009），Zhou *et al.*（2012）の研究において使われている尺度を使用した。上述した企業の外部要因に相当する変数についても，既存研究のなかでも内的一貫性が高いものや論文の被引用数から変数を選択した。本研究では，Jaworski and Kohli (1993)，Kaleka and Morgan (2017)，Morgan *et al*. (2003)，Olson *et al*. (2005)，Schilke *et al*. (2009)，Zhou *et al*. (2012) の研究において操作化されている変数を選定している。個別に見ていくと，市場変動・技術変動はともにJaworski and Kohli (1993) とOlson *et al*. (2005) の尺度を採用し，「1. 全くその通りではない～5. 全くその通りである」の5点尺度で質問している。市場変動 (2項目) については，現地子会社の「所属業界における顧客の状況」に関して，顧客嗜好の変化や顧客の新製品探索の傾向を問う質問をしている。技術変動 (5項目) は，「所属業界における技術の状況」においての技術の変化，プロセス技術変化，技術変化による新たな事業機会の発生，技術進歩による製品アイデア創出，技術的進歩を確認する質問をしている。競争状況 (7項目) に関しては，Jaworski and Kohli (1993) とKaleka and Morgan (2017)，Morgan *et al*. (2003) の尺度を採用し，「所属業界の競争状況」における市場競争の激しさ，販促競争の程度，価格競争の程度，競争的な動きの程度を「1. 全くその通りではない～5. 全くその通りである」の5点尺度で質問し，本国市場と現地市場における市場環境 (顧客ニーズ，競合の規模と技術力，法規制) の違いについて，それぞれ「1. 全く異なる～5. ほとんど同じである」の5点尺度で質問している。

いずれの尺度も海外で開発されたものであるため，質問内容が適切に伝わっているかを検証し，回答のしやすさを向上させるためにプレテストが行われた。期間は，2018年8月25日～9月3日に設定し，日系の多国籍企業 (製造業) の海外子会社に従事する13名のマーケティングないし営業担当者に，メールで質問票を送信し，うち12名から回答を，そして1名からコメントを得た。依頼の際，本調査の目的を説明の上，自身の事業活動を踏まえて回答することを依頼した。単なる質問の回答に留まらず，質問の主旨が伝わらないもしくはよくわからない事項について詳細に記述してもらった。また，プレアンケートに対するコメントについては，電話で直接協力者とコミュニケーションを取りながら，主旨が適切に伝わらない質問文の修正を施した。プレテストの結果，前提条件 (回答者が在籍する海外子会社の事業を想定した質問であることを強調するべき)，ワーディング (BtoB産業特有の文脈に沿った言葉や表現を採用するべき) などにおいて修正を施した。なお，本調査で用いられた質問項目は，章末の付録に掲載されている。

完成した質問票に基づいて得られたデータから尺度の信頼性分析を行った。図表 8-7 は相関分析の結果であり，対角線上にクロンバックの α 値が記されている。信頼性を担保するために，各尺度の α 値が最大となるように，項目を削除した。また，本調査が BtoB 企業向けに行われているため，BtoC に関連するオリジナルの質問項目を削除した。まず，広告標準化では，「広告メッセージ」「創造的な広告表現」「メディア戦略」の 3 項目が BtoB 企業にとって一般的ではないため削除した。自律性に関しては，「シニアマネジャーのキャリア開発計画変更」に関する項目を，α 値を向上させるために削除した。公式化に関しては，「本社は，ルールや方針が軽視されないように，貴子会社をモニタリングしている」の項目を，α 値を向上させるために削除した。社会化に関しては，「貴子会社所属のマーケティング部門長（準じる役職の方）は，本社との E メールや電話を通じた相談，打ち合わせ等をどの程度緊密に行っていますか」の項目を，α 値を向上させるために削除した。なお，図表 8-7 では，社会化の α 値が .70 となっているが，小数点 3 桁では .695 と .70 を下回っている。

図表 8-7　相関マトリクス

	1	2	3	4	5	6	7	8	9	10	11	12	13	14	15
1 製品標準化	0.87														
2 価格標準化	.39**	0.88													
3 チャネル標準化	.42**	.48**	0.87												
4 広告標準化	.41**	.31**	.40**	0.81											
5 アウトサイドイン・プロセス	.29**	0.06	.15*	0.05	0.85										
6 インサイドアウト・プロセス	.14*	0.05	0.01	0.07	. 40**	0.77									
7 架橋プロセス	.16*	-0.02	0.08	0.05	.55**	.63**	0.73								
8 ネットワーキング	.19**	.15*	.13*	.20*	.37**	.30**	.31**	0.85							
9 自律性	-.18**	-.19**	-.13*	-.17*	.16*	0.06	0.13	-0.03	0.84						
10 公式化	.19**	0.11	0.10	0.04	.14*	.24**	.23**	.19**	-0.07	0.86					
11 社会化	.20**	0.08	.19**	.21**	.21**	.22**	.27**	.26**	-0.04	.52**	0.70				
12 顧客満足	0.07	-0.02	0.10	0.02	.37**	.36**	.44**	0.08	.22**	-0.03	0.09	0.89			
13 市場成果	.18**	0.07	0.12	0.03	.39**	.35**	.46**	.19**	.21**	0.10	.17**	.65**	0.89		
14 製品関連成果	.19**	0.13	0.12	0.07	.39**	.35**	.48**	.14*	.20**	0.07	.14*	.55**	.73**	0.83	
15 収益性	.16*	0.11	0.10	0.06	.30**	.44**	.37**	0.11	.19**	0.01	0.07	.58**	.65**	.57**	0.90

**. 相関係数は 1% 水準で有意（両側），*. 相関係数は 5% 水準で有意（両側），対角線はクロンバック α を示す。

しかし，いくつかの既存研究では0.6以上でも採用していること（Landis and Koch 1977），また，限りなく0.7に近いことから，本研究では社会化を分析に用いることにした。最後に，市場成果に関しては，「自社ブランドの知名度」「自社ブランドの想起率」「自社ブランドの独自性」といったBtoC企業に関連する項目を削除した。なお，分析フレームワークに含まれる主要変数の記述統計は図表8-8の通りである。

図表8-8　記述統計

	度数		平均値	中央値	標準偏差
	有効	欠損			
製品標準化	262	0	3.92	4.00	0.79
価格標準化	255	7	2.71	2.50	0.99
チャネル標準化	257	5	2.98	3.00	0.90
広告標準化	170	92	2.84	3.00	0.94
アウトサイドイン・プロセス	261	1	3.86	4.00	0.68
インサイドアウト・プロセス	260	2	3.35	3.33	0.76
架橋プロセス	245	17	3.40	3.50	0.61
ネットワーキング	261	1	3.51	3.67	0.77
自律性	261	1	2.87	2.67	0.98
公式化	262	0	3.36	3.50	0.94
社会化	261	1	3.26	3.33	0.68
顧客満足	261	1	3.65	3.75	0.76
市場成果	246	16	2.82	2.82	0.59
製品関連成果	253	9	3.07	3.00	0.74
収益性	255	7	3.06	3.00	0.79

第4節　実 証 結 果

1．スタディ1

スタディ1では，重回帰分析を用いて命題1「標準化－適応化戦略，マーケティング・ケイパビリティ，本社－子会社調整は，それぞれ事業成果へ正の影響を与える」（H1～H3）と命題2「マーケティング・ケイパビリティは，標準化－適応化戦略よりも事業成果への正の影響が強い」が検証される。仮説の検証に先立ちいくつかの点を確認しておく。まず，従属変数を顧客満足，市場成果，製品関連成果，そして，収益性としたすべてのモデルにおいて.1％水準で有意であることが確認できる。また，すべてのコントロール変数は成果変数に対して有意な影響を与えていない。そして，すべての変数でVIFが10を下回っているため，多重共線性は生じていないと言える（Neter *et al.* 1990）。

命題1「標準化－適応化戦略，マーケティング・ケイパビリティ，本社－子会社間調整は，それぞれ事業成果へ正の影響を与える」に基づく作業仮説（H1～H3）の検証結果は，次の通りである。まず，H1abcdにおける標準化－適応化戦略の成果に対する統計的に有意な影響は，いずれの成果変数においても見られなかった。したがって，H1abcdはすべて支持されなかった。次に，マーケティング・ケイパビリティと成果の関係においては，いくつか有意な影響が見られた。インサイドアウト・プロセスは，顧客満足（$p < 5\%$），製品関連成果（$p < 5\%$），そして，収益性（$p < .1\%$）に正の影響を与えている。したがって，H2bは部分的に支持された。架橋プロセスは，顧客満足（$p < 5\%$），市場成果（$p < 1\%$），そして，製品関連成果（$p < 1\%$）に正の影響を与えている。したがって，H2cは部分的に支持された。本社－子会社間調整に関しては，自律性が収益性に正の影響を与えている（$p < 5\%$）。したがって，H3aは部分的に支持された。

命題2「マーケティング・ケイパビリティは，標準化－適応化戦略よりも事業成果への正の影響が強い」に関しては，上の重回帰分析の結果に基づいて検証される。標準化－適応化戦略はすべての成果変数に統計的に有意な影響を与

図表 8-9　重回帰分析の結果（従属変数：顧客満足）

	非標準化係数		標準化係数	t 値	有意確率	共線性の統計量	
	B	標準誤差	ベータ			許容度	VIF
(定数)	2.123	.629		3.378	.001		
製品標準化	.034	.087	.037	.392	.696	.570	1.754
価格標準化	-.054	.062	-.075	-.884	.378	.699	1.430
チャネル標準化	.030	.078	.034	.389	.698	.644	1.553
広告標準化	.050	.070	.064	.708	.480	.614	1.630
アウトサイドイン・プロセス	.152	.103	.141	1.473	.143	.544	1.839
インサイドアウト・プロセス	.247	.096	.255	2.560	.012	.504	1.985
架橋プロセス	.312	.132	.259	2.360	.020	.414	2.415
ネットワーキング	-.037	.084	-.036	-.444	.658	.745	1.342
自律性	.057	.059	.075	.964	.337	.817	1.224
公式化	-.161	.069	-.204	-2.329	.021	.647	1.546
社会化	-.023	.102	-.021	-.221	.825	.579	1.726
資本金	.109	.098	.087	1.112	.268	.810	1.234
従業員数	-.097	.091	-.084	-1.067	.288	.810	1.235
管理職経験年数	.012	.049	.018	.239	.812	.877	1.141
市場変動	-.044	.082	-.049	-.531	.596	.587	1.704
技術変動	-.119	.093	-.120	-1.284	.201	.567	1.765
競争状況	-.039	.097	-.035	-.396	.692	.644	1.554
自由度 =151 F 値 =3.921 p < .1% R^2=.332 修正済み R^2=.247							

図表 8-10　重回帰分析の結果（従属変数：市場成果）

	非標準化係数		標準化係数	t 値	有意確率	共線性の統計量	
	B	標準誤差	ベータ			許容度	VIF
(定数)	.890	.524		1.699	.092		
製品標準化	.030	.072	.040	.412	.681	.569	1.758
価格標準化	.012	.051	.021	.239	.811	.700	1.429
チャネル標準化	-.009	.065	-.013	-.140	.889	.640	1.562
広告標準化	.021	.058	.033	.353	.725	.610	1.638
アウトサイドイン・プロセス	.069	.087	.080	.788	.432	.521	1.920
インサイドアウト・プロセス	.131	.081	.169	1.619	.108	.498	2.008
架橋プロセス	.299	.111	.309	2.694	.008	.411	2.430
ネットワーキング	-.032	.074	-.038	-.432	.666	.713	1.402
自律性	.099	.051	.161	1.961	.052	.802	1.246
公式化	-.021	.058	-.034	-.366	.715	.639	1.564
社会化	.005	.085	.005	.057	.955	.575	1.740
資本金	.085	.081	.085	1.045	.298	.816	1.226
従業員数	.024	.075	.026	.312	.756	.806	1.240
管理職経験年数	.045	.041	.087	1.118	.265	.883	1.132
市場変動	.040	.069	.056	.582	.561	.580	1.723
技術変動	-.057	.081	-.070	-.706	.481	.544	1.837
競争状況	-.101	.081	-.116	-1.256	.211	.637	1.570
自由度 =147 F 値 =3.251 p < .1% R^2=.298 修正済み R^2=.207							

図表 8-11 重回帰分析の結果（従属変数：製品関連成果）

	非標準化係数		標準化係数	t 値	有意確率	共線性の統計量	
	B	標準誤差	ベータ			許容度	VIF
(定数)	1.213	.596		2.037	.044		
製品標準化	.077	.083	.083	.937	.351	.570	1.755
価格標準化	.054	.058	.074	.926	.356	.701	1.427
チャネル標準化	-.059	.074	-.066	-.795	.428	.644	1.552
広告標準化	.057	.066	.073	.855	.394	.611	1.635
アウトサイドイン・プロセス	.182	.097	.169	1.874	.063	.549	1.821
インサイドアウト・プロセス	.198	.091	.206	2.173	.032	.492	2.033
架橋プロセス	.437	.125	.365	3.487	.001	.405	2.470
ネットワーキング	-.165	.079	-.162	-2.085	.039	.732	1.367
自律性	.089	.056	.117	1.580	.117	.812	1.231
公式化	-.080	.065	-.101	-1.219	.225	.647	1.545
社会化	.017	.096	.016	.181	.857	.562	1.780
資本金	.041	.091	.033	.448	.655	.795	1.258
従業員数	-.111	.085	-.096	-1.305	.194	.819	1.221
管理職経験年数	-.017	.046	-.027	-.382	.703	.866	1.154
市場変動	-.023	.078	-.025	-.288	.773	.584	1.711
技術変動	-.106	.088	-.107	-1.204	.231	.566	1.766
競争状況	-.074	.092	-.067	-.808	.420	.645	1.551
自由度 =152 F 値 =5.312 $p < .1\%$ R^2=.401 修正済み R^2=.325							

図表 8-12　重回帰分析の結果（従属変数：収益性）

	非標準化係数		標準化係数	t 値	有意確率	共線性の統計量	
	B	標準誤差	ベータ			許容度	VIF
(定数)	.852	.668		1.275	.205		
製品標準化	.135	.092	.138	1.460	.147	.567	1.764
価格標準化	.018	.065	.024	.285	.776	.707	1.414
チャネル標準化	-.007	.083	-.007	-.081	.936	.649	1.542
広告標準化	.011	.075	.014	.151	.880	.609	1.641
アウトサイドイン・プロセス	.076	.109	.067	.696	.488	.543	1.841
インサイドアウト・プロセス	.427	.102	.424	4.194	.000	.495	2.022
架橋プロセス	.062	.140	.049	.441	.660	.403	2.481
ネットワーキング	-.025	.089	-.023	-.282	.778	.730	1.369
自律性	.155	.063	.194	2.466	.015	.817	1.224
公式化	-.051	.073	-.062	-.700	.485	.648	1.544
社会化	-.110	.107	-.096	-1.022	.309	.568	1.760
資本金	.027	.102	.021	.269	.788	.797	1.254
従業員数	.044	.095	.036	.457	.648	.825	1.212
管理職経験年数	.010	.051	.015	.199	.842	.859	1.164
市場変動	.096	.088	.101	1.089	.278	.584	1.713
技術変動	-.105	.099	-.100	-1.062	.290	.572	1.748
競争状況	-.067	.104	-.058	-.649	.517	.643	1.556
自由度 =149 F 値 =3.875 $p < .1\%$ R^2=.333 修正済み R^2=.247							

えなかった。それに対して，マーケティング・ケイパビリティ変数の中で，インサイドアウト・プロセスと架橋プロセスはいくつかの成果変数に統計的に有意な正の影響を与えている。このことから，標準化－適応化戦略よりもマーケティング・ケイパビリティの方が成果に対する説明力が高いと言える。したがって，命題2は支持されたと言える。

ここで，いくつか注意すべき点を示す。まず，ネットワーキングは製品関連成果に対して統計的に有意な負の影響を与えている（$p < 5\%$）。また，公式化は顧客満足に対して統計的に有意な負の影響を与えている（$p < 5\%$）。これらの結果はわれわれの行なった理論的予測と逆の結果となっている。この点においては9章において検討される。

2. スタディ2

スタディ2では命題3の「マーケティング・ケイパビリティは，標準化－適応化戦略と事業成果の関係を強化する」（H4～7）と命題4の「本社－子会社間調整は，標準化－適応化戦略と事業成果の関係を強化する」（H8～10）を二元配置の分散分析によって検証する。

分散分析の手続きは次の通りである。まず，独立変数（製品標準化，価格標準化，チャネル標準化，広告標準化）と調整変数（アウトサイドイン・プロセス，インサイドアウト・プロセス，架橋プロセス，ネットワーキング，自律性，公式化，社会化）を中央値でカットして高い群と低い群に分けた（図表8-8）。なお，中央値ちょうどは高い群に含まれている。これによって，命題3の検証では独立変数(4)×調整変数(4)×従属変数(4)で計64通りの分析が行われ，命題4の検証では独立変数(4)×調整変数(3)×従属変数(4)で計48通りの分析が行われた。なお，独立変数の高い群と低い群のそれぞれにおいて，調整変数の高い群と低い群の差を検定している。

ここでいかなる場合に，仮説が支持されたとするかに関して説明する。命題3・4に基づく仮説は「独立変数（標準化－適応化戦略）と従属変数（事業成果）との関係を調整変数（マーケティング・ケイパビリティと本社－子会社間調整）が強化する」と読み替えることができる。したがって，独立変数が低い群で調整変数の高い群の値が調整変数の低い群の値よりも統計的に有意に高い場合，あるいは，独立変数が高い群で調整変数の高い群の値が調整変数の低い群の値よりも統計的に有意に高い場合の一方または双方において仮説は検証されたと言える。これを図示したのが，図表8-13と図表8-14である。図表8-13においてaとbのいずれか一方ないし双方に統計的な有意差が見られるならば仮説は支持されている。また，図表8-14のように調整変数が交差する場合においてもcに統計的な有意差が見られるならば仮説は支持されている。なお，パターンBを左右反転させても仮説は検証されるとみなされる。

図表8-15は仮説4の検証結果に関する統計量を示している。なお，調整Lは，独立変数が低い群あるいは高い群における調整変数の低い群の平均値を表している。調整Hは，独立変数が低い群あるいは高い群における調整変数の高い群の平均値を表している。また，独立Lは独立変数が低い群における，

図表8-13　仮説検証パターンA

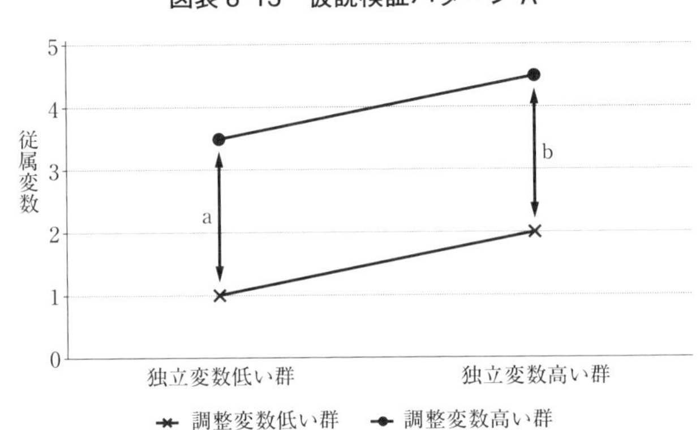

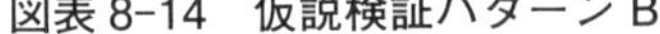

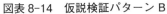

図表8-14　仮説検証パターンB

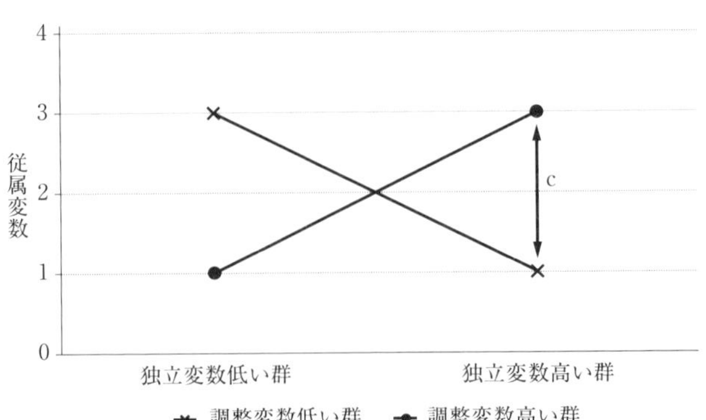

調整変数の低い群と高い群との間のF値，自由度，有意確率を表しており，独立Hは独立変数が高い群における，調整変数の低い群と高い群との間のF値，自由度，有意確率を表している。こうした略記は，図表8-15から図表8-21まで共通に用いられている。

図表8-15の通り，独立変数（製品標準化，価格標準化，チャネル標準化，広告標準化）の低い群および高い群の双方で，調整変数であるアウトサイドイン・プロセスの低い群と高い群との間に統計的に有意な差が見られる。したがって，仮説4「アウトサイドイン・プロセスは，a製品標準化，b価格標準化，cチャネル標準化，d広告標準化と成果（顧客満足，市場成果，製品関連成果，収益性）の関係を強化する」は支持された。これらの結果は，図表8-13のパターンAにおけるaとbで統計的に有意な差が認められることを意味する。

図表8-16は仮説5の検証結果に関する統計量を示している。図表8-16の通り，独立変数（製品標準化，価格標準化，チャネル標準化，広告標準化）の低い群および高い群の双方で，調整変数であるインサイドアウト・プロセスの低い群と高い群との間に統計的に有意な差が見られる。したがって，仮説5「インサイドアウト・プロセスは，a製品標準化，b価格標準化，cチャネル標準化，d広告標準化と成果（顧客満足，市場成果，製品関連成果，収益性）の関係を強化する」は支持された。

図表8-17は仮説6の検証結果に関する統計量を示している。図表8-17の通り，独立変数（製品標準化，価格標準化，チャネル標準化，広告標準化）の低い群および高い群の双方で，調整変数である架橋プロセスの低い群と高い群との間に統計的に有意な差が見られる。したがって，仮説6「架橋プロセスは，a製品標準化，b価格標準化，cチャネル標準化，d広告標準化と成果（顧客満足，市場成果，製品関連成果，収益性）の関係を強化する」は支持された。

図表8-18は仮説7の検証結果に関する統計量を示している。図表8-18の通り，独立変数（製品標準化，価格標準化，チャネル標準化，広告標準化）の低い群ないし高い群において，調整変数であるネットワーキングの低い群と高い群との間に部分的に統計的に有意な差が見られた。これらの結果から，仮説7「ネットワーキングは，a製品標準化，b価格標準化，cチャネル標準化，d広告標準化と成果（顧客満足，市場成果，製品関連成果，収益性）の関係を強化する」は部分的に支持された。

図表 8-15　仮説 4 の検証結果

従属変数	独立変数低い群		独立変数高い群		統　計　量	
顧客満足	調整 L	調整 H	調整 L	調整 H	独立 L	独立 H
H4a（製品）	3.32	3.82	3.38	3.76	$F(1, 256)=12.25, p<1\%$	$F(1, 256)=6.14, p<5\%$
H4b（価格）	3.26	3.84	3.35	3.76	$F(1, 249)=15.68, p<.1\%$	$F(1, 249)=8.32, p<1\%$
H4c（チャネル）	3.25	3.77	3.37	3.78	$F(1, 251)=12.10, p<1\%$	$F(1, 251)=8.45, p<1\%$
H4d（広告）	3.38	3.78	3.24	3.60	$F(1, 165)=5.70, p<5\%$	$F(1, 165)=4.77\ p<5\%$
	独立変数低い群		独立変数高い群		統　計　量	
市場成果	調整 L	調整 H	調整 L	調整 H	独立 L	独立 H
H4a（製品）	2.42	2.97	2.67	2.94	$F(1, 241)=24.54, p<.1\%$	$F(1, 241)=5.16, p<5\%$
H4b（価格）	2.34	2.97	2.63	2.94	$F(1, 234)=29.93, p<.1\%$	$F(1, 234)=7.80, p<1\%$
H4c（チャネル）	2.36	2.94	2.66	2.95	$F(1, 238)=29.93, p<.1\%$	$F(1, 238)=7.38, p<1\%$
H4d（広告）	2.47	3.01	2.52	2.86	$F(1, 160)=15.23, p<.1\%$	$F(1, 160)=6.66, p<5\%$
	独立変数低い群		独立変数高い群		統　計　量	
製品関連成果	調整 L	調整 H	調整 L	調整 H	独立 L	独立 H
H4a（製品）	2.60	3.15	2.90	3.25	$F(1, 248)=15.70, p<.1\%$	$F(1, 248)=5.84, p<5\%$
H4b（価格）	2.59	3.16	2.83	3.28	$F(1, 241)=15.48, p<.1\%$	$F(1, 241)=10.99, p<1\%$
H4c（チャネル）	2.58	3.18	2.79	3.23	$F(1, 244)=17.36, p<.1\%$	$F(1, 244)=10.80, p<1\%$
H4d（広告）	2.59	3.30	2.70	3.14	$F(1, 165)=17.91, p<.1\%$	$F(1, 165)=7.27, p<5\%$
	独立変数低い群		独立変数高い群		統　計　量	
収益性	調整 L	調整 H	調整 L	調整 H	独立 L	独立 H
H4a（製品）	2.67	3.13	2.79	3.23	$F(1, 250)=9.35, p<1\%$	$F(1, 250)=7.75, p<.1\%$
H4b（価格）	2.56	3.18	2.78	3.21	$F(1, 243)=15.48, p<1\%$	$F(1, 243)=8.73, p<1\%$
H4c（チャネル）	2.58	3.18	2.82	3.20	$F(1, 246)=14.13, p<.1\%$	$F(1, 246)=7.21, p<1\%$
H4d（広告）	2.70	3.23	2.69	3.14	$F(1, 161)=7.97, p<1\%$	$F(1, 161)=6.64, p<5\%$

図表 8-16　仮説 5 の検証結果

従属変数	独立変数低い群		独立変数高い群		統　計　量	
顧客満足	調整 L	調整 H	調整 L	調整 H	独立 L	独立 H
H4a（製品）	3.26	3.90	3.41	3.81	$F(1, 255)=20.96, p<.1\%$	$F(1, 255)=9.38, p<1\%$
H4b（価格）	3.28	3.91	3.36	3.81	$F(1, 249)=19.98, p<.1\%$	$F(1, 249)=12.59, p<.1\%$
H4c（チャネル）	3.33	3.80	3.34	3.86	$F(1, 250)=11.67, p<1\%$	$F(1, 250)=16.19, p<.1\%$
H4d（広告）	3.43	3.83	3.09	3.77	$F(1, 164)=6.80, p<5\%$	$F(1, 164)=21.68, p<.1\%$
	独立変数低い群		独立変数高い群		統　計　量	
市場成果	調整 L	調整 H	調整 L	調整 H	独立 L	独立 H
H4a（製品）	2.53	2.92	2.68	2.98	$F(1, 240)=12.48, p<.1\%$	$F(1, 240)=9.03, p<1\%$
H4b（価格）	2.59	2.89	2.60	3.01	$F(1, 234)=7.25, p<1\%$	$F(1, 234)=15.86, p<.1\%$
H4c（チャネル）	2.50	2.92	2.69	2.99	$F(1, 237)=15.40, p<.1\%$	$F(1, 237)=8.72, p<1\%$
H4d（広告）	2.61	3.01	2.53	2.90	$F(1, 159)=9.29, p<1\%$	$F(1, 159)=8.76, p<\ 1\%$
	独立変数低い群		独立変数高い群		統　計　量	
製品関連成果	調整 L	調整 H	調整 L	調整 H	独立 L	独立 H
H4a（製品）	2.58	3.22	2.96	3.28	$F(1, 247)=22.02, p<.1\%$	$F(1, 247)=6.44, p<5\%$
H4b（価格）	2.65	3.21	2.87	3.32	$F(1, 241)=16.24, p<.1\%$	$F(1, 241)=12.82, p<.1\%$
H4c（チャネル）	2.66	3.21	2.85	3.26	$F(1, 243)=16.94, p<.1\%$	$F(1, 243)=10.48, p<1\%$
H4d（広告）	2.73	3.35	2.70	3.21	$F(1, 164)=15.09, p<.1\%$	$F(1, 164)=11.61, p<1\%$
	独立変数低い群		独立変数高い群		統　計　量	
収益性	調整 L	調整 H	調整 L	調整 H	独立 L	独立 H
H4a（製品）	2.52	3.32	2.78	3.31	$F(1, 249)=32.06, p<.1\%$	$F(1, 249)=17.42, p<.1\%$
H4b（価格）	2.58	3.29	2.69	3.33	$F(1, 243)=25.29, p<.1\%$	$F(1, 243)=25.85, p<.1\%$
H4c（チャネル）	2.61	3.26	2.67	3.35	$F(1, 245)=22.21, p<.1\%$	$F(1, 245)=28.04, p<.1\%$
H4d（広告）	2.69	3.40	2.63	3.25	$F(1, 160)=18.09, p<.1\%$	$F(1, 160)=16.28, p<.1\%$

図表 8-17　仮説 6 の検証結果

従属変数	独立変数低い群		独立変数高い群		統　計　量	
顧客満足	調整L	調整H	調整L	調整H	独立L	独立H
H4a（製品）	3.39	3.88	3.43	3.91	F(1, 240)=11.15, p<1%	F(1, 240)=14.88, p<.1%
H4b（価格）	3.31	3.98	3.46	3.84	F(1, 234)=21.67, p<.1%	F(1, 234)=9.76, p<1%
H4c（チャネル）	3.33	3.91	3.46	3.88	F(1, 235)=17.64, p<.1%	F(1, 235)=10.44, p<1%
H4d（広告）	3.50	3.83	3.18	3.79	F(1, 156)=4.07, p<5%	F(1, 156)=17.14, p<.1%
	独立変数低い群		独立変数高い群		統計量	
市場成果	調整L	調整H	調整L	調整H	独立L	独立H
H4a（製品）	2.53	2.98	2.74	3.04	F(1, 226)=15.02, p<.1%	F(1, 226)=9.38, p<1%
H4b（価格）	2.50	3.02	2.72	3.01	F(1, 220)=20.20, p<.1%	F(1, 220)=8.68, p<1%
H4c（チャネル）	2.55	3.00	2.74	3.01	F(1, 223)=17.61, p<.1%	F(1, 223)=9.38, p<1%
H4d（広告）	2.70	3.01	2.53	2.98	F(1, 151)=5.29, p<5%	F(1, 151)=9.38, p<.1%
	独立変数低い群		独立変数高い群		統計量	
製品関連成果	調整L	調整H	調整L	調整H	独立L	独立H
H4a（製品）	2.66	3.26	2.96	3.38	F(1, 233)=19.23, p<.1%	F(1, 233)=13.26, p<.1%
H4b（価格）	2.66	3.33	2.93	3.37	F(1, 227)=22.98, p<.1%	F(1, 227)=14.51, p<.1%
H4c（チャネル）	2.75	3.31	2.87	3.33	F(1, 229)=18.60, p<.1%	F(1, 229)=14.20, p<.1%
H4d（広告）	2.80	3.40	2.67	3.29	F(1, 156)=14.35, p<.1%	F(1, 156)=18.69, p<.1%
	独立変数低い群		独立変数高い群		統計量	
収益性	調整L	調整H	調整L	調整H	独立L	独立H
H4a（製品）	2.71	3.23	2.92	3.33	F(1, 235)=11.83, p<1%	F(1, 235)=10.03, p<1%
H4b（価格）	2.63	3.31	2.91	3.27	F(1, 229)=19.78, p<.1%	F(1, 229)=7.89, p<1%
H4c（チャネル）	2.74	3.31	2.90	3.26	F(1, 231)=15.61, p<.1%	F(1, 231)=6.94, p<1%
H4d（広告）	2.88	3.31	2.72	3.25	F(1, 153)=5.77, p<5%	F(1, 153)=10.61, p<1%

図表 8-18　仮説 7 の検証結果

従属変数	独立変数低い群		独立変数高い群		統　計　量	
顧客満足	調整L	調整H	調整L	調整H	独立L	独立H
H4a（製品）	3.60	3.61	3.64	3.72	F(1, 256)=0.01, p=n.s.	F(1, 256)=0.40, p=n.s.
H4b（価格）	3.65	3.63	3.59	3.72	F(1, 249)=0.02, p=n.s.	F(1, 249)=0.96, p=n.s.
H4c（チャネル）	3.55	3.73	3.66	3.65	F(1, 251)=1.60, p=n.s.	F(1, 251)=.004, p=n.s.
H4d（広告）	3.57	3.77	3.47	3.47	F(1, 164)=1.25, p=n.s.	F(1, 164)=.103, p=n.s.
	独立変数低い群		独立変数高い群		統　計　量	
市場成果	調整L	調整H	調整L	調整H	独立L	独立H
H4a（製品）	2.71	2.77	2.79	3.00	F(1, 242)=0.30, p=n.s.	F(1, 242)=4.81, p<5%
H4b（価格）	2.70	2.85	2.79	2.94	F(1, 235)=1.54, p=n.s.	F(1, 235)=2.25, p=n.s.
H4c（チャネル）	2.67	2.91	2.81	2.94	F(1, 239)=4.77, p<5%	F(1, 239)=1.36, p=n.s.
H4d（広告）	2.72	3.01	2.71	2.80	F(1, 160)=4.15, p<5%	F(1, 160)=0.52, p=n.s.
	独立変数低い群		独立変数高い群		統　計　量	
製品関連成果	調整L	調整H	調整L	調整H	独立L	独立H
H4a（製品）	2.95	2.88	3.04	3.33	F(1, 249)=0.23, p=n.s.	F(1, 249)=5.65, p<5%
H4b（価格）	2.91	3.06	3.10	3.24	F(1, 242)=0.96, p=n.s.	F(1, 242)=1.21, p=n.s.
H4c（チャネル）	2.88	3.20	3.06	3.16	F(1, 245)=5.28, p<5%	F(1, 245)=0.52, p=n.s.
H4d（広告）	2.89	3.38	3.07	2.95	F(1, 165)=7.80, p<1%	F(1, 165)=0.56, p=n.s.
	独立変数低い群		独立変数高い群		統　計　量	
収益性	調整L	調整H	調整L	調整H	独立L	独立H
H4a（製品）	2.97	2.89	2.98	3.32	F(1, 251)=0.25, p=n.s.	F(1, 251)=6.91, p<1%
H4b（価格）	2.94	3.04	2.99	3.24	F(1, 244)=0.44, p=n.s.	F(1, 244)=3.64, p=n.s.
H4c（チャネル）	2.89	3.20	3.04	3.16	F(1, 247)=4.44, p<5%	F(1, 247)=0.77, p=n.s.
H4d（広告）	2.90	3.39	2.99	3.02	F(1, 161)=6.77, p<5%	F(1, 161)=0.05, p=n.s.

図表 8-19 は仮説 8 の検証結果に関する統計量を示している。図表 8-19 の通り，独立変数（製品標準化，価格標準化，チャネル標準化，広告標準化）の低い群ないし高い群において，調整変数である自律性の低い群と高い群との間に部分的に統計的に有意な差が見られた。これらの結果から，仮説 8「自律性は，a 製品標準化，b 価格標準化，c チャネル標準化，d 広告標準化と成果（顧客満足，市場成果，製品関連成果，収益性）の関係を強化する」は部分的に支持された。

図表 8-20 は仮説 9 の検証結果に関する統計量を示している。図表 8-20 の通り，独立変数（製品標準化，価格標準化，チャネル標準化，広告標準化）の低い群および高い群の双方で，調整変数である公式化の低い群と高い群との間に統計的に有意な差は見られなかった。したがって，仮説 9「公式化は，a 製品標準化，b 価格標準化，c チャネル標準化，d 広告標準化と成果（顧客満足，市場成果，製品関連成果，収益性）の関係を強化する」は支持されなかった。

図表 8-21 は仮説 10 の検証結果に関する統計量を示している。図表 8-21 の通り，独立変数（製品標準化，価格標準化，チャネル標準化，広告標準化）の

図表 8-19　仮説 8 の検証結果

従属変数	独立変数低い群		独立変数高い群		統　計　量	
顧客満足	調整 L	調整 H	調整 L	調整 H	独立 L	独立 H
H4a（製品）	3.55	3.65	3.55	3.86	F(1, 256) =0.41, p=n.s.	F(1, 256) =6.10, p<.5%
H4b（価格）	3.44	3.80	3.61	3.71	F(1, 249) =5.97, p<5%	F(1, 249) =0.59, p=n.s.
H4c（チャネル）	3.50	3.73	3.56	3.80	F(1, 251) =2.58, p=n.s.	F(1, 251) =3.32, p=n.s.
H4d（広告）	3.50	3.77	3.51	3.46	F(1, 164) =2.62, p=n.s.	F(1, 164) =0.09, p=n.s.
	独立変数低い群		独立変数高い群		統　計　量	
市場成果	調整 L	調整 H	調整 L	調整 H	独立 L	独立 H
H4a（製品）	2.62	2.84	2.82	2.99	F(1, 242) =3.90, p<5%	F(1, 242) =2.99, p=n.s.
H4b（価格）	2.59	2.90	2.81	2.94	F(1, 235) =7.26, p<1%	F(1, 235) =1.83, p=n.s.
H4c（チャネル）	2.64	2.90	2.82	2.95	F(1, 239) =5.99, p<5%	F(1, 239) =1.55, p=n.s.
H4d（広告）	2.70	2.95	2.71	2.84	F(1, 160) =3.38, p=n.s.	F(1, 160) =0.94, p=n.s.
	独立変数低い群		独立変数高い群		統　計　量	
製品関連成果	調整 L	調整 H	調整 L	調整 H	独立 L	独立 H
H4a（製品）	2.76	3.09	3.12	3.27	F(1, 249) =5.85, p<5%	F(1, 249) =0.17, p=n.s.
H4b（価格）	2.79	3.12	3.09	3.27	F(1, 242) =5.13, p<5%	F(1, 242) =2.05, p=n.s.
H4c（チャネル）	2.90	3.12	3.00	3.27	F(1, 245) =2.55, p=n.s.	F(1, 245) =3.98, p<5%
H4d（広告）	2.89	3.21	2.97	3.08	F(1, 165) =3.65, p=n.s.	F(1, 165) =0.45, p=n.s.
	独立変数低い群		独立変数高い群		統　計　量	
収益性	調整 L	調整 H	調整 L	調整 H	独立 L	独立 H
H4a（製品）	2.74	3.14	3.09	3.22	F(1, 251) =7.03, p<1%	F(1, 251) =0.97, p=n.s.
H4b（価格）	2.74	3.17	3.05	3.18	F(1, 244) =8.20, p<1%	F(1, 244) =1.08, p=n.s.
H4c（チャネル）	2.85	3.17	3.03	3.19	F(1, 247) =4.93, p<5%	F(1, 247) =1.27, p=n.s.
H4d（広告）	2.92	3.20	2.96	3.10	F(1, 161) =2.34, p=n.s.	F(1, 161) =0.66, p=n.s.

図表 8-20　仮説 9 の検証結果

従属変数	独立変数低い群		独立変数高い群		統　計　量	
顧客満足	調整 L	調整 H	調整 L	調整 H	独立 L	独立 H
H4a（製品）	3.60	3.62	3.84	3.61	F(1, 257)=0.02, p=n.s.	F(1, 257)=2.91, p=n.s.
H4b（価格）	3.71	3.58	3.72	3.62	F(1, 250)=0.83, p=n.s.	F(1, 250)=0.54, p=n.s.
H4c（チャネル）	3.70	3.57	3.72	3.62	F(1, 252)=0.88, p=n.s.	F(1, 252)=0.51, p=n.s.
H4d（広告）	3.68	3.63	3.61	3.42	F(1, 165)=0.09, p=n.s.	F(1, 165)=1.42, p=n.s.
	独立変数低い群		独立変数高い群		統　計　量	
市場成果	調整 L	調整 H	調整 L	調整 H	独立 L	独立 H
H4a（製品）	2.69	2.78	2.95	2.87	F(1, 242)=0.57, p=n.s.	F(1, 242)=0.57, p=n.s.
H4b（価格）	2.74	2.77	2.88	2.85	F(1, 235)=0.09, p=n.s.	F(1, 235)=0.08, p=n.s.
H4c（チャネル）	2.75	2.80	2.88	2.86	F(1, 239)=0.20, p=n.s.	F(1, 239)=0.04, p=n.s.
H4d（広告）	2.78	2.86	2.71	2.78	F(1, 160)=0.37, p=n.s.	F(1, 160)=0.22, p=n.s.
	独立変数低い群		独立変数高い群		統　計　量	
製品関連成果	調整 L	調整 H	調整 L	調整 H	独立 L	独立 H
H4a（製品）	2.85	3.01	3.29	3.13	F(1, 249)=1.24, p=n.s.	F(1, 249)=1.59, p=n.s.
H4b（価格）	2.91	3.03	3.22	3.14	F(1, 242)=0.62, p=n.s.	F(1, 242)=0.36, p=n.s.
H4c（チャネル）	2.97	3.06	3.16	3.08	F(1, 245)=0.41, p=n.s.	F(1, 245)=0.33, p=n.s.
H4d（広告）	3.00	3.11	2.95	3.05	F(1, 165)=0.40, p=n.s.	F(1, 165)=0.34, p=n.s.
	独立変数低い群		独立変数高い群		統　計　量	
収益性	調整 L	調整 H	調整 L	調整 H	独立 L	独立 H
H4a（製品）	2.95	2.93	3.29	3.09	F(1, 251)=0.02, p=n.s.	F(1, 251)=2.12, p=n.s.
H4b（価格）	3.02	2.93	3.23	3.05	F(1, 244)=0.32, p=n.s.	F(1, 244)=1.67, p=n.s.
H4c（チャネル）	3.16	2.91	3.04	3.11	F(1, 247)=2.99, p=n.s.	F(1, 247)=0.23, p=n.s.
H4d（広告）	2.99	3.11	3.10	2.94	F(1, 161)=0.39, p=n.s.	F(1, 161)=0.89, p=n.s.

図表 8-21　仮説 10 の検証結果

従属変数	独立変数低い群		独立変数高い群		統　計　量	
顧客満足	調整 L	調整 H	調整 L	調整 H	独立 L	独立 H
H4a（製品）	3.55	3.67	3.69	3.68	F(1, 256)=0.72, p=n.s.	F(1, 256)=0.00, p=n.s.
H4b（価格）	3.63	3.67	3.62	3.67	F(1, 249)=0.06, p=n.s.	F(1, 249)=0.14, p=n.s.
H4c（チャネル）	3.61	3.64	3.65	3.66	F(1, 251)=0.05, p=n.s.	F(1, 251)=0.01, p=n.s.
H4d（広告）	3.65	3.65	3.53	3.46	F(1, 165)=0.00, p=n.s.	F(1, 165)=0.21, p=n.s.
	独立変数低い群		独立変数高い群		統　計　量	
市場成果	調整 L	調整 H	調整 L	調整 H	独立 L	独立 H
H4a（製品）	2.68	2.79	2.80	2.96	F(1, 241)=0.93, p=n.s.	F(1, 241)=2.93, p=n.s.
H4b（価格）	2.68	2.85	2.78	2.92	F(1, 234)=1.96, p=n.s.	F(1, 234)=1.97, p=n.s.
H4c（チャネル）	2.69	2.88	2.82	2.90	F(1, 238)=3.28, p=n.s.	F(1, 238)=0.49, p=n.s.
H4d（広告）	2.75	2.95	2.71	2.78	F(1, 160)=2.07, p=n.s.	F(1, 160)=0.29, p=n.s.
	独立変数低い群		独立変数高い群		統　計　量	
製品関連成果	調整 L	調整 H	調整 L	調整 H	独立 L	独立 H
H4a（製品）	2.83	3.01	3.12	3.23	F(1, 248)=1.54, p=n.s.	F(1, 248)=0.85, p=n.s.
H4b（価格）	2.93	3.02	3.06	3.23	F(1, 241)=0.39, p=n.s.	F(1, 241)=1.85, p=n.s.
H4c（チャネル）	2.95	3.10	3.02	3.15	F(1, 244)=1.14, p=n.s.	F(1, 244)=0.94, p=n.s.
H4d（広告）	2.96	3.22	2.97	3.04	F(1, 165)=2.12, p=n.s.	F(1, 165)=0.20, p=n.s.
	独立変数低い群		独立変数高い群		統　計　量	
収益性	調整 L	調整 H	調整 L	調整 H	独立 L	独立 H
H4a（製品）	2.88	2.99	3.20	3.11	F(1, 250)=0.44, p=n.s.	F(1, 250)=0.46, p=n.s.
H4b（価格）	2.96	3.00	3.12	3.08	F(1, 243)=0.06, p=n.s.	F(1, 243)=0.08, p=n.s.
H4c（チャネル）	3.07	2.96	3.05	3.11	F(1, 246)=0.53, p=n.s.	F(1, 246)=0.21, p=n.s.
H4d（広告）	3.00	3.15	3.09	2.94	F(1, 161)=0.68, p=n.s.	F(1, 161)=0.84, p=n.s.

低い群および高い群の双方で，調整変数である社会化の低い群と高い群との間に統計的に有意な差が見られなかった。したがって，仮説10「社会化は，a製品標準化，b価格標準化，cチャネル標準化，d広告標準化と成果（顧客満足，市場成果，製品関連成果，収益性）の関係を強化する」は支持されなかった。

以上の分析結果から，仮説検証結果をまとめたものが図表8-22である。仮説検証の結果は，マーケティング・ケイパビリティの事業成果に対する直接的な影響，そして，標準化－適応化戦略と事業成果との関係を強化する効果を明確に示している。特に，アウトサイドイン・プロセス，インサイドアウト・プロセス，そして，架橋プロセスの事業成果に対する強い影響が見て取れる。また，マーケティング・ケイパビリティにおけるネットワーキングと本社－子会社調整における自律性もまた事業成果に対して一定の影響を与えている。これらの結果に対する考察は9章で行われる。

＊本章は以下の通りに分担執筆された。
深澤は，第1節（161頁から167頁），第2節（167頁から173頁）を執筆し，鈴木は第3節（173頁から179頁）を執筆した。第4節（180頁から190頁）は，深澤，鈴木の共同執筆である。

図表 8-22　仮説検証のまとめ

仮説	独立変数	調整変数	従属変数	結果
仮説 1a	製品標準化	–	事業成果	棄却
仮説 1b	価格標準化	–	事業成果	棄却
仮説 1c	チャネル標準化	–	事業成果	棄却
仮説 1d	広告標準化	–	事業成果	棄却
仮説 2a	アウトサイドイン・プロセス	–	事業成果	棄却
仮説 2b	インサイドアウト・プロセス	–	事業成果	部分的に支持
仮説 2c	架橋プロセス	–	事業成果	部分的に支持
仮説 2d	ネットワーキング	–	事業成果	棄却
仮説 3a	自律性	–	事業成果	部分的に支持
仮説 3b	公式化	–	事業成果	棄却
仮説 3c	社会化	–	事業成果	棄却
仮説 4a	製品標準化	アウトサイドイン・プロセス	事業成果	支持
仮説 4b	価格標準化	アウトサイドイン・プロセス	事業成果	支持
仮説 4c	チャネル標準化	アウトサイドイン・プロセス	事業成果	支持
仮説 4d	広告標準化	アウトサイドイン・プロセス	事業成果	支持
仮説 5a	製品標準化	インサイドアウト・プロセス	事業成果	支持
仮説 5b	価格標準化	インサイドアウト・プロセス	事業成果	支持
仮説 5c	チャネル標準化	インサイドアウト・プロセス	事業成果	支持
仮説 5d	広告標準化	インサイドアウト・プロセス	事業成果	支持
仮説 6a	製品標準化	架橋プロセス	事業成果	支持
仮説 6b	価格標準化	架橋プロセス	事業成果	支持
仮説 6c	チャネル標準化	架橋プロセス	事業成果	支持
仮説 6d	広告標準化	架橋プロセス	事業成果	支持
仮説 7a	製品標準化	ネットワーキング	事業成果	部分的に支持
仮説 7b	価格標準化	ネットワーキング	事業成果	棄却
仮説 7c	チャネル標準化	ネットワーキング	事業成果	部分的に支持
仮説 7d	広告標準化	ネットワーキング	事業成果	部分的に支持
仮説 8a	製品標準化	自律性	事業成果	部分的に支持
仮説 8b	価格標準化	自律性	事業成果	部分的に支持
仮説 8c	チャネル標準化	自律性	事業成果	部分的に支持
仮説 8d	広告標準化	自律性	事業成果	棄却
仮説 9a	製品標準化	公式化	事業成果	棄却
仮説 9b	価格標準化	公式化	事業成果	棄却
仮説 9c	チャネル標準化	公式化	事業成果	棄却
仮説 9d	広告標準化	公式化	事業成果	棄却
仮説 10a	製品標準化	社会化	事業成果	棄却
仮説 10b	価格標準化	社会化	事業成果	棄却
仮説 10c	チャネル標準化	社会化	事業成果	棄却
仮説 11d	広告標準化	社会化	事業成果	棄却

［参考文献］

Blesa, A. and Ripollés, M. (2008), "The Influence of Marketing Capabilities on Economic International Performance," *International Marketing Review*, 25(6), pp.651-673.

Ghoshal, S. and N. Nohria (1989), "Internal Differentiation within Multinational Corporations," *Strategic Management Journal*, 10(4), pp.323-337.

Hultman, M., S. K. Constantine and J. R. Matthew (2011), "Export Promotion Strategy and Performance: The Role of International Experience," *Journal of International Marketing*, 19(4), pp.17-39.

Jaakkola, M., K. Möller, P. Parvinen, H. Evanschitzky and H. Mühlbacher (2010), "Strategic Marketing and Business Performance: A Study in Three European 'Engineering Countries'," *Industrial Marketing Management*, 39(8), pp.1300-1310.

Jaworski, B. J. and A. K. Kohli (1993), "Market Orientation: Antecedents and Consequences," *Journal of Marketing*, 57(3), pp.53-70.

Kaleka, A. and N. A. Morgan (2017), "How Marketing Capabilities and Current Performance Drive Strategic Intentions in International Markets," *Industrial Marketing Management*, (published electronically February 20), DOI: 10.1016/j.indmarman.2017.02.001.

Katsikeas, C. S., S. Samiee and M. Theodosiou (2006), "Strategy Fit and Performance Consequences of International Marketing Standardization," *Strategic Management Journal*, 27(9), pp.867-890.

経済産業省（2018）「（参考）国・地域別現地法人企業数（詳細版）」『第 47 回　海外事業活動基本調査概要』1-23 頁。《https://www.e-stat.go.jp/stat-search/files?page=1&layout=datalist&toukei=00550120&kikan=00550&tstat=000001011012&cycle=7&tclass1=000001023635&tclass2=000001113714&result_page=1&second2=1》（最終アクセス：2019 年 1 月 4 日）

Landis, J. R. and G. G. Koch (1997), "The Measurement of Observer Agreement for Categorical Data," *Biometrics*, 33(1), pp.159-174.

Luo, Y. (2003), "Market-seeking MNEs in an Emerging Market: How Parent-Subsidiary Links Shape Overseas Success," *Journal of International Business Studies*, 34(3), pp.290-309.

Marcati, A. (1989), "Configuration and Coordination: The Role of U.S. Subsidiaries in the international network of Italian Multinationals," *Management International Review*, 29(3), pp.35-50.

Morgan, N. A., S. V. Zou, W. Douglas and C. S. Katsikeas (2003), "Experiential and Informational Knowledge, Architectural Marketing Capabilities, and the Adaptive Performance of Export Ventures: A Cross-National Study," *Decision Sciences*, 34(2), pp287-321.

Murray, J. Y., G. Y. Gao and M. Kotabe (2011), "Market Orientation and Performance of Export Ventures: the Process through Marketing Capabilities and Competitive Advantages," *Journal.of the Academy of Marketing Science*, 39(2), pp.252-269.

Neter, J., W. Wasserman, and M. H. Kutner (1990), *Applied Linear Statistical Models: Regression, Analysis of Variance, and Experimental Designs*, IL, Irwin. Chicago.

Nobel, R. and J. Birkinshaw (1998), "Innovation in Multinational Corporations: Control and Communication Patterns in International R&D Operations," *Strategic Management Journal*, 19(5): pp.479-496.

Olson, E. M., S. F. Slater and G. T. M. Hult (2005), "The Performance Implications of Fit

Among Business Strategy, Marketing Organization Structure, and Strategic Behavior," *Journal of Marketing*, 69(3), pp.49–65.

Ripollés, M. and A. Blesa (2012), "International New Ventures as "Small Multinationals": The Importance of Marketing Capabilities," *Journal of World Business*, 47, pp.277–287.

Schilke, O., M. Reimann and J. S. Thomas (2009), "When Does International Marketing Standardization Matter to Firm Performance?," *Journal of International Marketing*, 17(4), pp.24–46.

Styles, C., P. G. Patterson and F. Ahmed (2008), "A Relational Model of Export Performance," *Journal of International Business Studies*, 39(3), pp.880–900.

Vorhies, Douglas W. and N. A. Morgan (2005), "Benchmarking Marketing Capabilities for Sustainable Competitive Advantage," *Journal of Marketing*, 69(1), pp.80–94.

Walker, O. C., Jr. and R. W. Ruekert (1987), "Marketing's Role in the Implementation of Business Strategies: A Critical Review and Conceptual Framework," *Journal of Marketing*, 51(3), pp.15–33.

山下裕子・福冨言・福地宏之・上原渉・佐々木将人（2012）『日本企業のマーケティング力』有斐閣。

Zhou, L., A. Wu, and B. R. Barnes (2012), "The Effects of Early Internationalization on Performance Outcomes in Young International Ventures: The Mediating Role of Marketing Capabilities," *Journal of International Marketing*, 20(4), pp.25–45.

Zou, S., E. Fang and S. Zhao (2003), "The Effect of Export Marketing Capabilities on Export Performance: An Investigation of Chinese Exporters," *Journal of International Marketing*, 11(4), pp.32–55.

（深澤琢也・鈴木仁里）

付録　質問項目リスト

<table>
<tr><th></th><th colspan="3">質　問　項　目</th><th>尺　　度</th></tr>
<tr><td rowspan="29">標準化－適応化戦略</td><td rowspan="8">製品標準化</td><td colspan="3">Q. 日本本国市場との比較における，貴子会社の主力市場の主力製品（サービス）の標準化戦略について</td></tr>
<tr><td>Q6-1</td><td>製品設計</td><td rowspan="7">（1. 全く異なる仕様である～
5. ほぼ全て同じ仕様である）</td></tr>
<tr><td>Q6-2</td><td>製品品質</td></tr>
<tr><td>Q6-3</td><td>ブランド名</td></tr>
<tr><td>Q6-4</td><td>パッケージング</td></tr>
<tr><td>Q6-5</td><td>ラベリング</td></tr>
<tr><td>Q6-6</td><td>保証</td></tr>
<tr><td>Q6-7</td><td>プレとアフターサービス</td></tr>
<tr><td rowspan="5">価格標準化</td><td colspan="3">Q. 日本本国市場との比較における，貴子会社の主力市場の主力製品（サービス）価格の標準化戦略について</td></tr>
<tr><td>Q7-1</td><td>取引業者への販売価格</td><td rowspan="4">（1. 全く異なる～
5. ほぼ全て同じある）</td></tr>
<tr><td>Q7-2</td><td>最終消費者への販売価格</td></tr>
<tr><td>Q7-3</td><td>原価に対して最終消費者が負担する金額</td></tr>
<tr><td>Q7-4</td><td>販売条件（支払い方法，付帯サービス）</td></tr>
<tr><td rowspan="7">チャネル標準化</td><td colspan="3">Q. 日本本国市場との比較における，貴子会社の主力市場の主力製品（サービス）のチャネルの標準化戦略について</td></tr>
<tr><td>Q8-1</td><td>流通チャネルの長さ</td><td rowspan="6">（1. 全く異なる～
5. ほぼ全て同じである）</td></tr>
<tr><td>Q8-2</td><td>仲介業者の種類</td></tr>
<tr><td>Q8-3</td><td>流通活動の範囲</td></tr>
<tr><td>Q8-4</td><td>流通チャネル管理方法</td></tr>
<tr><td>Q8-5</td><td>在庫管理方法</td></tr>
<tr><td>Q8-6</td><td>発注処理システム</td></tr>
<tr><td rowspan="7">広告標準化</td><td colspan="3">Q. 日本本国市場との比較における，貴子会社の主力市場の主力製品（サービス）の広告の標準化戦略について</td></tr>
<tr><td>Q9-1</td><td>広告メッセージ</td><td rowspan="6">（1. 全く異なる～
5. ほぼ全て同じである）</td></tr>
<tr><td>Q9-2</td><td>創造的な広告表現</td></tr>
<tr><td>Q9-3</td><td>メディア戦略</td></tr>
<tr><td>Q9-4</td><td>販売促進ツール</td></tr>
<tr><td>Q9-5</td><td>広報活動</td></tr>
<tr><td>Q9-6</td><td>人的販売スキル</td></tr>
<tr><td rowspan="3">マーケティング・ケイパビリティ</td><td rowspan="3">アウトサイドイン・プロセス</td><td colspan="3">Q. 現地の顧客に対する理解について</td></tr>
<tr><td>Q11-1</td><td>顧客との関係構築とその維持および強化</td><td rowspan="2">（1. 全く異なる仕様である～
5. ほぼ全て同じ仕様である）</td></tr>
<tr><td>Q11-2</td><td>顧客の現在，将来のニーズの理解</td></tr>
</table>

			質問項目	尺度
マーケティング・ケイパビリティ	インサイドアウト・プロセス	Q. 子会社内部のオペレーションについて		
		Q12-1	財務管理の能力	（1. 全く異なる仕様である～ 5. ほぼ全て同じ仕様である）
		Q12-2	ビジネスマネジメント（オペレーション管理）経験	
		Q12-3	人的資源管理（採用，研修，配置）の実行	
	架橋プロセス	Q. 主力製品（サービス）の現地への導入について		
		Q13-1	新製品の現地市場への導入能力	（1. 全く異なる仕様である～ 5. ほぼ全て同じ仕様である）
		Q13-2	主力製品（サービス）の品質	
		Q13-3	ロジスティクスの管理能力	
		Q13-4	現地市場情報の製品開発への活用	
	ネットワーキング	Q. 現地における戦略的パートナー（現地流通業者，現地サプライヤー，その他現地の提携先等）との関係について		
		Q10-1	堅固な信頼関係	（1. 全く異なる仕様である～ 5. ほぼ全て同じ仕様である）
		Q10-2	相互の協力と目標の共有	
		Q10-3	専門知識の共有と活用	
本社－子会社間調整	自律性	Q. 本社との間における意思決定の方法について		
		Q14-1	新製品の現地市場への導入時	（1. 本社のみで意思決定が下される～ 5. 子会社のみで意思決定が下される）
		Q14-2	製品仕様や設計の変更時	
		Q14-3	製造プロセスの変更時	
		Q14-4	シニアマネジャーのキャリア開発計画の変更時	
	公式化	Q. 本社との間における業務遂行上の関係について		
		Q15-1	公正でわかりやすいルールや方針の提供	（1. 全くその通りではない～ 5. 全くその通りである）
		Q15-2	様々な状況下でとるべき活動のガイドラインの提供	
		Q15-3	本社によるモニタリング	
	社会化	Q. 本社との間における，連絡・調整について		
		Q16-1	本社とのＥメールと電話連絡	（1. かなり緊密に行っている～ 5. 全く緊密に行っていない）
		Q16-2	情報共有手続き（情報共有システムや定期会議など）	（1. 全くその通りではない～ 5. 全くその通りである）
		Q16-3	情報フローのスピード	
		Q16-4	子会社マネジメント層の本社への訪問回数	（1. ほとんど訪問していない～ 5.10 回以上訪問した）
		Q16-5	本社からの訪問受け入れ回数	（1. ほとんど受け入れていない～ 5.10 回以上受け入れた）
		Q16-6	人材ローテーション・プログラムの実行	（1. 全くその通りではない～ 5. 全くその通りである）
		Q16-7	本社に相談できるメンター的存在の有無	

		質　問　項　目		尺　　度
事業成果	顧客満足	Q. ここ2～3年における，主要な現地競争相手（現地競合）と比較した事業成果について		
		Q17-1	顧客満足の達成度	(1. 現地競合よりはるかに低いレベル～5. 現地競合よりはるかに高いレベル)
		Q17-2	顧客への価値の提供	
		Q17-3	顧客の要求への適切な対応	
		Q17-4	価値ある優良顧客の維持	
	市場成果	Q18-1	市場シェア伸び高	(1. 現地競合よりはるかに低いレベル～5. 現地競合よりはるかに高いレベル)
		Q18-2	売上の伸び高	
		Q18-3	新規顧客の獲得	
		Q18-4	既存顧客売上の伸び高	
		Q18-5	競合製品の変化に対する対応力	
		Q18-6	新製品の市場導入に至るまでのリードタイム	
		Q18-7	成功を収めることができた現地市場向け新製品の数	
		Q18-8	現地市場向け新製品から得られる収益	
		Q18-9	製品1個あたりの生産コスト	
		Q18-10	販売価格（値付け）	
		Q18-11	流通マージンの割合	
		Q18-12	自社ブランドの知名度	
		Q18-13	自社ブランドの想起率	
		Q18-14	自社ブランドの独自性	
	製品関連成果	Q19-1	製品の差別化	(1. 現地競合よりはるかに低いレベル～5. 現地競合よりはるかに高いレベル)
		Q19-2	製品の流通カバー率	
		Q19-3	現地向け製品開発のスピード	
		Q19-4	新製品の市場導入スピード	
	収益性	Q20-1	収益性（利益率）	(1. 現地競合よりはるかに低いレベル～5. 現地競合よりはるかに高いレベル)
		Q20-2	投資利益率（ROI）	
		Q20-3	売上高利益率（ROS）	
		Q20-4	事前に設定された財務的数値目標の達成度	
		Q20-5	新製品による総売上への貢献度	

		質　問　項　目		尺　　度
コントロール変数	プロフィール	Q. サンプル企業のプロフィールについて		
コントロール変数	プロフィール	Q21-1	子会社の所在国	（自由記述）
コントロール変数	プロフィール	Q21-2	産業	（自由記述）
コントロール変数	対象顧客	Q. 主要な対象顧客について		
コントロール変数	対象顧客	Q22-1	主要な標的顧客	（1. 最終消費者～2. 企業などの法人）
コントロール変数	対象顧客	Q22-2	最終消費者との接点	（1. 最終消費者へ直接販売のため接点がある～ 5. すべての販売形態を採用）
コントロール変数	企業規模	Q. 経営資源について		
コントロール変数	企業規模	Q23-1	資本金	（1.10 億円未満～5.1000 億円以上）
コントロール変数	企業規模	Q23-2	従業員数	（1.500 人未満～5.10000 人以上）
コントロール変数	キャリア	Q. 回答者の経歴について		
コントロール変数	キャリア	Q24	回答者の管理職経験年数	（1. 経験無し～5.10 年以上）
コントロール変数	市場変動	Q. 所属業界における顧客状況について		
コントロール変数	市場変動	Q25-1	顧客嗜好の変化	（1. 全くその通りではない～5. 全くその通りである）
コントロール変数	市場変動	Q25-2	顧客の新製品探索の傾向	
コントロール変数	技術変動	Q. 所属業界における技術状況について		
コントロール変数	技術変動	Q26-1	技術の変化	（1. 全くその通りではない～5. 全くその通りである）
コントロール変数	技術変動	Q26-2	プロセス技術変化	
コントロール変数	技術変動	Q26-3	技術変化による新たな事業機会の発生	
コントロール変数	技術変動	Q26-4	技術進歩による製品アイデアの創出	
コントロール変数	技術変動	Q26-5	技術的進歩	
コントロール変数	競争状況	Q. 所属業界における競争状況について		
コントロール変数	競争状況	Q27-1	市場競争の激しさ	（1. 全くその通りではない～5. 全くその通りである）
コントロール変数	競争状況	Q27-2	販促競争の程度	
コントロール変数	競争状況	Q27-3	価格競争の程度	
コントロール変数	競争状況	Q27-4	競争的な動きの程度	
コントロール変数	競争状況	Q27-5	市場環境の違い（顧客ニーズ）	（1. 全く異なる～5. ほとんど同じである）
コントロール変数	競争状況	Q27-6	市場環境の違い（競合の規模と技術力）	
コントロール変数	競争状況	Q27-7	市場環境の違い（法規制）	

第Ⅲ部

考察編

—実践ガイドラインの開発と新時代の国際マーケティング研究—

ここでは，実証編での検証結果を受けて考察を展開する。定性分析，定量分析の結果と先行研究の関係つき検討を重ね，本書のインプリケーションを示す。この作業を通じて，本書の目的である国際マーケターに向けた実践ガイドラインを導出する。国際マーケターが，明日から取り組むことができる活動を具体的に提案する。

そして，終章である第10章において，新時代の国際マーケティング研究を展望する。特に今後10年間に予測されるドラスティックな技術変化と地球社会のサステナビリティ危機の深刻化が，企業のマーケティングと消費者行動に与える影響について考察する。

第9章

国際マーケティング・ケイパビリティが示唆するもの*

―実践ガイドラインの開発―

第1節　はじめに

本章では理論編と実証編を受けて考察を展開する。本章の構成は以下の通りである。まず第2節では本書の理論的貢献を示す。本書ではすでに第3章において日本における国際マーケティング研究の系譜を，そして第4章において標準化－適応化研究から国際マーケティング・ケイパビリティ研究への流れについてレビューしている。これら先行研究に対して本書が示す新たな論理と研究ドメインを明確にする。とりわけ多国籍企業固有の国際マーケティング・ケイパビリティの内容について考察する。続く第3節では，定性分析，定量分析の結果について国際マーケティング・ケイパビリティの概念フレームワーク（第4章）に基づいて発見事項を整理する。この作業を通じて国際マーケティング・ケイパビリティの事業成果への影響力を確認し，戦略からケイパビリティへの焦点の移行について詳細に検討する。そして，第4節では，理論と実務の両面より本書のインプリケーションを示す。第1章において示したように，本書の目的の1つは国際マーケターへの実践ガイドラインの開発にあった。一体，多国籍企業の国際マーケターはどのような仕組みへ投資をすれば事業成果を高めることができるのだろうか。このガイドラインの提示をもって本書のむすびとする。

第2節　理論的貢献

「優れた国際マーケティングは競争優位を説明できるのか」(Takeuchi and Porter 1986, 諸上 1988, 臼井 2006),「優れた国際マーケティングとはいかなる取り組みなのか」(馬場 2004)。本書はこの問いの答えへ接近する試みである。本書では，我が国における国際マーケティング研究の系譜を追うとともに（第3章），国際マーケティング研究の一時代を築いた標準化－適応化の戦略研究（戦略意思決定に関する研究）の限界を示し，国際マーケティング・ケイパビリティ研究を開拓している（第4章)。ここではこれら先行研究に対して本書が示す理論的貢献を検討する。競争優位を説明する論理として，なぜ，マーケティング・ケイパビリティが登場したのか。また，マーケティング・ケイパビリティ研究，戦略経営論，そして，国際マーケティング研究へ本書が与える理論的な貢献とは何か。順にみていこう。

1. なぜマーケティング・ケイパビリティ研究なのか

第3章では，なぜ，本書のテーマであるマーケティング・ケイパビリティを研究対象とする必要があるのか，について日本における国際マーケティング研究を学説史的に検討することでアプローチした。文脈依存性と経路依存性という概念を用いて学説的な整理を試みた点に第3章の特徴がある。文脈依存性は，研究対象の選択に影響を与える国や文化や経済状況や研究スタイルといった諸要因を意味する。経路依存性は，継時的な理論間の影響関係や人的関係に根ざした研究の継承・発展プロセスを意味する。

文脈依存性は，特に日本企業の国際化プロセスに焦点を当てている。文脈依存性に基づいて3つの時代区分が行われた。それは，輸出における国際化の期間（第二次世界大戦後)，多国籍化が本格化した期間（1985年のプラザ合意以降)，そして，多国籍企業の配置完了後の期間（2000年代以降）である。これら3つの期間ごとに日本の国際マーケティング研究が「何を明らかにしてきて」，そして，「何を明らかにしてこなかったか」がレビューされた。

第二次世界大戦後の日本は貿易立国としての国家モデルをとっていた。必然的に，国際マーケティング研究では，輸出マーケティングに対する関心が集まった。やがて，1985年のプラザ合意以降，日本企業が本格的に多国籍化を進めるようになると，日本の国際マーケティング研究は多様化していった。そして，主要な日系多国籍企業が世界各国に拠点のネットワークを配置し終わると，日本の国際マーケティング研究は，新たな方向性を見出す必要に迫られた。それは，2つの側面を持つ。1つは，日本企業，とりわけ，エレクトロニクス企業の新興国市場での失敗という文脈的な側面である。もう1つは，標準化－適応化戦略といった日本のみならず，世界中で研究されてきた国際マーケティング研究の中心的な理論の説明力に対する疑念である。

このような文脈に拘束された日本の国際マーケティング研究の進化は，研究の経路依存性によって説明できる。日本の大学における研究は，大学院におけるある種の師弟関係によって特徴付けられる。その師弟関係の健全性は，指導教授とともに大学院生，そして，その後大学の教員となった弟子たちがこれまでに「明らかにしてこなかった」理論的及び実証的課題に取り組み続けることで担保されるだろう。本書の執筆に携る研究者の幾人かは，貿易実務論に始まり，輸出マーケティング，そして，多国籍企業主体の国際マーケティング戦略論といった学問的系譜の延長上に位置付けられる。そして，我々が今日「明らかにせねばならない」課題の1つとして「マーケティング・ケイパビリティ」が創発的に立ち現れるのである。

マーケティング・ケイパビリティが今日の国際マーケティング研究において重要な問題となるのは，次の3つの背景による。第1に，戦略的意思決定の限界。すでに第3章および第4章で検討されているように，国際的なSTP（セグメンテーション，ターゲティング，ポジショニング）やマーケティング・ミックスの標準化－適応化といった戦略的意思決定だけでは十分に事業成果が説明できない。当然ながら多国籍企業の様々な付加価値活動においてマーケティングだけで成果を説明することは困難である。そのため，日本の国際マーケティング研究は，その射程を拡大し多国籍企業の経営全体の中でマーケティングを考える必要性が生じる。そうした中で生まれたのが本社と子会社の間の調整といった全社的な管理問題に対するアカデミックな関心であった。

第2に，配置完了後の課題変化。初期参入段階においてマーケティング・ミックスの標準化ないし適応化は，極めて重要な意思決定である。なぜなら，本国とは全く異なる経営環境における実践を行う上で，マーケティングが尖兵的役割を果たすからである。しかし，多国籍企業が世界中に拠点のネットワークを構築すると，マーケティングにおける意思決定がルーチン化され，固定的となる。通常は1年間を時間的単位として行われる戦術的意思決定は，それだけで事業成果に大きな影響を与えることは少ない。同時に，多国籍企業が巨大化し，海外での経験を積めば積むほど，ラディカルな戦略的意思決定は行いにくくなる。

第3に，市場の異質性認知。世界中に配置を完了して多国籍企業の意思決定の固定性が覆るためには，企業内の環境認知に対する外的圧力が必要となる。日系の多国籍製造企業が直面したのは，新興国市場において先進国市場で培われてきた実践が通用しないという問題であった。そもそも国際マーケティングは，異質な経営環境のもとで行わるマーケティング実践に他ならない。当然，国際マーケティング研究がディシプリンとして存在するためには，異質な経営環境におけるマーケティング現象を理論的かつ実証的に解明せねばならない。ここで問われているのは，単なる静態的な異質性ではなく，動態的に変化する経営環境である。先進国企業の新興国市場での失敗や新興国出身企業の国際的なプレゼンスの高まりは，日本の多国籍企業に対して，静態的な市場認識から動態的な市場認識へと認知の基本前提を変化させたのである。

こうした背景から，戦略的意思決定や管理問題だけではない，第三の道として「ケイパビリティ」が注目されるに至るのである。時に企業の認知限界を超えるほど動態的に変化する市場環境において，戦略策定や組織の管理だけで事業成果を向上させるのは困難である。うまくいっている企業とそうでない企業の間の差異を説明するためには，それらの企業がどんなケイパビリティを持っていて，どのようにそれを開発し，発展させるかを明らかにせねばならない。かくして，この問題に対して国際マーケティング研究からアプローチするために，本書では，多国籍企業のマーケティング・ケイパビリティをテーマとしたのである。

2. 本書の理論的貢献

それでは本書は国際マーケティング・ケイパビリティ研究の発展にどのように貢献しているのだろうか。あるいは既存のマーケティング・ケイパビリティ研究と戦略経営論，国際マーケティング論に対していかなる貢献があるのだろうか。ここで本書の２つの理論的貢献を示す。

第１の理論的貢献は，研究ドメインの開発にある。本書は戦略からケイパビリティへの研究の焦点の移行を詳細に検討し，マーケティング・ケイパビリティの論理を国際マーケティングの文脈で実証するとともに将来の研究の方向性を示している。すでに見てきたようにプロパーなマーケティング論では90年代よりマーケティング組織が開発すべき組織能力，すなわちマーケティング・ケイパビリティに注目が集まった。市場細分化，マーケティング・ミックス，消費者行動の理解など優れた計画の精度を追求する研究パラダイムより，そもそも優れた戦略を計画し，実行する組織能力の解明へ研究の焦点が移行した。本書では戦略の範囲をマーケティング戦略（計画）に限定して議論を展開しているが，当該事業が進むべき戦略的な方向（ビジョン）を選択する場合においても，マーケティング・ケイパビリティは有効に機能すると考えられる。例えば，適切な現地パートナー企業の選択，現地政府と構築すべき関係性の範囲と深さの選択，最も注力すべき製品や地理的市場（国内の地域市場）の選択においてである。

マーケティング・ケイパビリティと競争優位の関係を結ぶ論理は言うまでもなく資源ベース・ヴュー（RBV）に基づく立論である（Barney 1991）。価値があり，希少で，代替不可能であり，模倣困難な経営資源を組織内部に保有する企業は，長期にわたって競争優位ポジションを獲得し，維持できる。資源の組織間での移動障壁と市場での調達の困難さを前提にするとこの論理（因果関係）が成り立つ。そしてマーケティング・ケイパビリティの内容はデイの一連の研究において概念化され（Day 1990, 1994, 2000, 2002, 2003），その後に続く数々の実証研究において論理の一般化が追求されてきた。

この過程においてマーケティング・ケイパビリティ研究はダイナミック・ケイパビリティ（DC）論に対しても貢献している。アウトサイドイン・プロセスは市場の変化を感知する「センシング」そのものである。アウトサイドインは企業が顧客，競争相手，パートナー企業（流通業者含む）などの外部との関係を強化し，優れた市場情報を獲得して先んじて活用するケイパビリティである。Day（1994）は顧客とチャネルメンバーとの緊密な関係構築（bonding）を通じた市場感知（センシング）が競争優位の源泉であると考え，これを市場駆動型戦略と呼んだ。またアダプティブ・ケイパビリティ（Day 2011）はさらに変化の激しい市場に対して動態的に適合度（フィットネス）を高める組織能力である。これは覚醒的学習，市場実験，開放的なマーケティングの3つより構成される。マーケティング・ケイパビリティ研究はDCの実践において有効となる具体的なマーケティング行動を提示している。

本書での検討は，マーケティング・ケイパビリティ研究が，既存のマーケティング論に対しては戦略からケイパビリティへの研究の焦点の移行を促し，一方でRBVとDC論に対しても構築すべき組織能力の内容を明確化する役割を果たしたことを示している。本書は，先行研究のレビューを通じて，マーケティング・ケイパビリティの論理性を明瞭に示し，この先行研究の蓄積の上に国際マーケティングの文脈による追試を行った。これは論理の一般化への参画である。

同時に本書は，国際マーケティング論に対して，標準化－適応化フレームに変わる新しい研究ドメインを開拓している。特に定量分析の結果は，標準化－適応化戦略よりもマーケティング・ケイパビリティが事業成果への直接的な説明力が高いこと，そして戦略と事業成果の関係に対するマーケティング・ケイパビリティの調整効果を実証している。戦略からケイパビリティへ。今後は国際マーケティング・ケイパビリティを研究ドメインとして異なるデータセットを用いた実証研究の積み上げが期待できる。本書はこの新しい研究ドメイン開発のための基礎的考察と位置付けられる。

第2の理論的貢献は，多国籍企業固有の国際マーケティング・ケイパビリティ概念の開発にある。すでに検討してきたように，本社と子会社間の調整とアダプティブ・ケイパビリティが多国籍企業固有の要素である。調整研究は国際ビジネス研究において80年代から90年代にかけて注目された。当時，調整研究は急速に多国籍化する企業における独自のマネジメント問題として脚光を浴びた。その後長らく調整研究に進展は見られていない。本書は，多国籍企業の国際マーケティング実践において調整行動に正当な位置付けを改めて与え，主に定性分析を用いてその内容を明らかにしている。理論的には，参入初期段階では本社の経営資源の移転において，そしてその後は子会社と本社に分散する経営資源の相互移転・活用の局面において調整は事業成果の向上へ貢献する。定性分析の考察においてすでに議論したように，本社と子会社が保有する経営資源を活用して製品・サービスを開発する架橋プロセスにおいて，調整は重要な役割を果たす。

アダプティブ・ケイパビリティもまた多国籍企業が新興国のような不確実性

の高い海外市場を開拓する場合に威力を発揮する。本国資源の活用がどうしても見込めない場合，現地市場環境の変化のスピードが速い場合，子会社は本社のみに頼ることなく，自ら企業家精神を発揮して新しい経営資源とビジネスモデルの構築を試みる。当該市場の戦略的な重要性が高い場合，法規制，経済発展度，インフラ整備などの市場環境が大幅に異なっていても，子会社は市場開拓を実現しなくてはならない。この成果を高めるために子会社が備えるべき組織能力こそがアダプティブ・ケイパビリティである。本書では定性分析を用いてアダプティブ・ケイパビリティの有効性を検証している。

以上のように本書は，多国籍企業における国際マーケティング・ケイパビリティの概念化と研究ドメインの開発に道筋をつけている。この概念化と研究ドメインの開発は，マーケティング・ケイパビリティ研究と国際マーケティング研究の双方の先行研究に対する理論的貢献である。

第3節　実証分析の考察

以上の理論的貢献は実証分析の結果より導出された。ここでは定性分析，定量分析の結果を1つ1つ解釈し，より具体的に国際マーケティング・ケイパビリティと事業成果の関係を考察する。

1. 定性分析の考察

定性分析では，多国籍企業子会社3社の事例を用いて国際マーケティングの実践プロセスを描いた（図表9-1~3）。3つの事例は，いわゆる成功事例である。先行研究のほとんどが，輸出企業と新規国際化企業を対象としたアンケートベースの定量分析であるのに対して，本書では事例研究を採用し，国際マーケティング・ケイパビリティの動態的な内容分析を通じて多国籍企業固有の要素の抽出に努めた。子会社と本社の間で実行された複数の取り組みと事業成果の因果関係を解釈している。なお，サンプル企業の選定理由とプロフィール，事例ごとの発見事項については第Ⅱ部を参照いただきたい。ここでは第4章で提示した概念フレームワークに基づき，事業成果に対して高い説明力を有する国際マーケティング・ケイパビリティ関連行動について考察する。発見事項は

図表 9-1　スリーエムジャパンの国際マーケティング・ケイパビリティ

<table>
<tr><th colspan="3"></th><th>第1フェーズ
市場導入期（80年代）</th><th>第2フェーズ
市場拡大期（90年代）</th><th>第3フェーズ
グローバル合理化段階
（00年代）</th></tr>
<tr><td rowspan="6">国際マーケティング・ケイパビリティ</td><td rowspan="5">子会社のマーケティング・ケイパビリティ</td><td>アウトサイドイン</td><td>サンプリングによる顧客情報の収集</td><td>使用用途に関する情報の収集のさらなる推進</td><td>使用用途に関する情報の収集のさらなる推進</td></tr>
<tr><td>インサイドアウト</td><td>本社のマーケティング戦略（製品，サンプリング手法など）の移転</td><td>本社における一括生産体制の活用</td><td>製品ラインの適正化に伴う生産体制の統合化</td></tr>
<tr><td>架橋プロセス</td><td></td><td>適応化製品の開発と販売</td><td>製品ラインの適正化（過度な拡大の抑制）</td></tr>
<tr><td>ネットワーキング</td><td>N.A.</td><td>N.A.</td><td>N.A.</td></tr>
<tr><td>アダプティブ</td><td>N.A.</td><td>N.A.</td><td>N.A.</td></tr>
<tr><td>多国籍企業固有の組織システム</td><td>本社－子会社間調整</td><td>本社から子会社への知識移転</td><td>マーケティング部門をハブとした本社－子会社間調整メカニズムの構築</td><td>グローバル市場全体での本社と子会社間調整ネットワークの構築</td></tr>
</table>

図表 9-2　マルチ・スズキの国際マーケティング・ケイパビリティ

<table>
<tr><th colspan="3"></th><th>第1フェーズ
インド進出（1982年）から
子会社化（2002年）まで</th><th>第2フェーズ
2003年から2011年まで</th><th>第3フェーズ
2012年以降</th></tr>
<tr><td rowspan="6">国際マーケティング・ケイパビリティ</td><td rowspan="5">子会社のマーケティング・ケイパビリティ</td><td>アウトサイドイン</td><td>一部の車種では排気量を上げて対応</td><td>現地販売店との関係性を強化し，現地のニーズを把握</td><td>現地での一般ユーザーからの意向調査強化，インド市場専用車の開発</td></tr>
<tr><td>インサイドアウト</td><td>日本の販売ネットワークを基本モデルに現地へ展開，日本で販売されていた車種を同じデザインのまま現地投入</td><td>現地でも競争力があると判断される車種については，日本と同じデザインコンセプトのまま投入</td><td>日本式の販売ネットワークを基本モデルに，農村部にまで拡大</td></tr>
<tr><td>架橋プロセス</td><td>N.A.</td><td>税制により，車の全長短縮化の他，現地のニーズを反映したモデル「スイフト・ディザイア」を投入</td><td>現地の有力な販売店も参加する営業推進会議の設定</td></tr>
<tr><td>ネットワーキング</td><td>現地政府と合弁し関係性維持，現地販売店の人材育成注力</td><td>現地販売店網を拡充</td><td>現地販売店との関係性さらなる強化</td></tr>
<tr><td>アダプティブ</td><td>N.A.</td><td>インド全土からの情報収集体制を強化</td><td>「NEXA」構築，現地営業管理体制の強化</td></tr>
<tr><td>多国籍企業固有の組織システム</td><td>本社－子会社間調整</td><td>本社からの知識移転</td><td>子会社化に伴い現地のマネジメント体制強化</td><td>販売ネットワークの移転，強化</td></tr>
</table>

図表 9-3　コカ・コーラ社の国際マーケティング・ケイパビリティ

			第1フェーズ ボトラー中心の販売 参入～1994年	第2フェーズ 全国統一チャネル 1995年～2006年	第3フェーズ 協働マーケティング 2007年～2018年
国際マーケティング・ケイパビリティ	子会社のマーケティング・ケイパビリティ	アウトサイドイン	地域ごとの販売機会の確保と競合の情報獲得	顧客となる流通企業の戦略へ適合 成長小売業態の分析	主要な流通企業からのセンシングに基づく購買者（消費者）にフォーカスしたマーケティング展開
		インサイドアウト	標準的マーケティング戦略の提供 ブランド認知の促進	ボトラー間のチャネル戦略の統一のための組織編成 子会社の人的能力の開発と活用	営業能力開発プログラムによる人材教育 市場調査機能の活用 ニューロマーケティングの活用
		架橋プロセス	競合他社に対抗できる製品ラインの整備と製品開発	成長小売業態への販売促進費の傾斜配分によるアライアンス基盤の整備	ダブル・ブランド戦略の展開によるアライアンスのさらなる強化
		ネットワーキング	地域の有力企業とフランチャイズ・ネットワーク（ボトラーシステム）を形成	ボトラーとの関係調整と成長小売業態との関係強化	現地の成長小売業態との関係強化
		アダプティブ・ケイパビリティ	競合対抗製品の開発 自動販売機とルートセールス網の構築	競合企業に対抗しうる現地製品ラインの開発	本社の知識を活用しつつ，営業能力強化プログラムを現地主導によりグローバル・プログラムとして開発
	多国籍企業固有の組織システム	本社－子会社間調整	ボトラーシステムの本社からの移転 成果基準による現地への意思決定権限移譲	本社との調整に基づくボトラー調整組織の立ち上げと成長小売業態への販売促進予算の投入 日本市場適応化製品の国際市場への展開	成長小売業態とのアライアンスを推進する際に，調整を通じて本社の承認を獲得 ブランド／チャネル戦略をめぐる本国と現地の経営環境の差から生じる影響力の違いを利用した調整プロセス 営業能力プログラムのグローバル活用

3つある。①現地市場におけるアウトサイドイン・プロセス，②子会社と本社間の調整に基づく架橋プロセス，そして③子会社主導のアダプティブ・ケイパビリティである。順に見ていこう。

第1の発見事項はアウトサイドイン・プロセスが事業成果へ与える影響である。すべての事例において，現地市場の顧客，流通業者（小売業，代理店など）より質の高い市場情報を獲得し，分析する子会社能力が事業成果への高い説明力を有している。子会社はまずもって優れたアウトサイドイン・プロセスを開発すべきであるという示唆がここから得られる。スリーエムジャパンの事例では，日本市場独自の製品ラインの開発のために，大規模な無料製品サンプリングを行い，潜在的顧客の声を丁寧に拾い上げて分析している。これがヒット商品「ふせんタイプ」の開発につながる。マルチ・スズキの事例では，参入初期段階（第 1 フェーズ）においては日本市場で販売されていた標準製品の周辺部分の適応（低コストで実現できる範囲での製品適応）にとどまっていたが，競争環境が激化する中で，第 2 フェーズ（2003 年〜 2011 年）ではより有効な適応化製品を開発する組織的な仕組みを導入している。現地の顧客の声，法規制，競争環境をよりよく分析した上で，製品（自動車）のサイズ，エクステリア，インテリア，排気量などにまで踏み込んだ製品適応を子会社主導で実行し，事業成果（市場シェア）を高めている。日本コカ・コーラ社においても第 1 フェーズから第 2 フェーズでは全国のボトラー制度を導入，浸透させることに注力したが，2007 年以降の第 3 フェーズにおいては最終消費者の店頭での購買行動を分析する市場調査方法を導入し，より科学的なアプローチを用いて売場作りと営業力の質的向上に努力している（ショッパー・マーケティングとニューロマーケティング）。

すでに検討したように，アウトサイドイン・プロセスの重要性は繰り返し先行研究で指摘されており（Day 1994, 嶋口他 2008, 山下他 2012），マーケティング研究においては取り立てて新しい発見とは言えない。しかし，多国籍企業の文脈において子会社が主導的にアウトサイドイン・プロセスを開発し，事業成果を高めている事実は興味深い。これは，国際マーケティング戦略（標準化と適応化の適切なバランス）そのものではなく，戦略を計画し実行する子会社のケイパビリティにこそ競争優位の源泉があることを示唆している。海外市場で成果を上げるためには，まずもって子会社がアウトサイドイン能力を開発し，研鑽するために継続的な投資が必要である。

第 2 の発見事項は，子会社と本社間の調整と架橋プロセスの密接な関係である。これが定性分析において最も特筆すべき発見事項である。Day（1994）のオリジナルの議論において架橋プロセスは，当該組織内におけるインサイドアウト・プロセス（技術開発，ロジスティック統合，財務管理，人的資源管理などに関するケイパビリティ）とアウトサイドイン・プロセスを結合させ，優れたマーケティング戦略を計画し実行するケイパビリティとして捉えられている。つまり架橋プロセスは，組織内のケイパビリティと市場情報を結びつけて，顧客へ価値を提供する製品・サービスを開発し市場へ導入する組織能力である。

一方，多国籍企業においては，この架橋プロセスが本社と子会社間の調整を介して精度高く実行されている。これは既存の国際マーケティング・ケイパビリティ研究にはなかった新しい発見であり，多国籍企業固有の要素である。このように国際ビジネス研究における調整研究との結合は，事業成果へより高い説明力を備えた国際マーケティング・ケイパビリティ概念の開発の可能性を示している。

スリーエムジャパンの事例では，製品ラインのグローバル市場での適正化プロセス（標準化と適応化のバランス化）において，マーケティング部門主導による本社と子会社間の調整が重要な役割を担っている。また本社によるコントロール範囲の子会社への事前の明示化による調整の促進効果も確認できる。これは公式化である。どの範囲において，そしていかなる条件において新しい製品ラインが追加可能なのかを子会社が予め把握しておくことにより，調整が稼働しやすくなる。この明示化は子会社による自律的な活動を促進している（図表9-1）。

マルチ・スズキの事例では，販売（チャネル）ネットワークの拡張と拡充において，調整を通じた本社からの経営資源の移転が確認できる。スズキは日本国内で長年培った販売ネットワークの開発と販売店との関係性管理のノウハウをインド市場へ移転し，農村部まで販売店を拡大している。また各店舗の営業力の質的向上を図るための施策にも日本のノウハウを活用している（臼井・内田 2012，臼井 2015）。一方で上位プレミアムブランド「NEXA」の販売チャネルについては日本での経験が少ないことから，子会社主導で自律的に試行錯誤の開発が進められている（アダプティブ・ケイパビリティ）。特筆すべきはこの線引きにある。すなわち，本社の経営資源の束の中でも，インド市場において価値を創造する経営資源については，本社と調整して首尾よく現地へ移転している（臼井 2015）。これは経営資源が地理的に分散している多国籍企業ならではの国際マーケティング・ケイパビリティである（図表9-2）。

日本コカ・コーラ社の事例においても本社と子会社間の調整が，現地適応製品の導入ならびに営業能力開発を促進している。一般にコカ・コーラ社のグローバル本社は標準化を志向するグローバル志向の高い多国籍企業と理解されてきた。現地小売業向けプライベート・ブランド開発に対して，当初本社は極めて消極的であった。しかし，子会社と本社間の調整の結果，大手コンビニエンスストアとのダブル・ブランドが承認され，日本市場における拡販を実現している。営業能力の開発については本社が持つノウハウを子会社へ移転して活用している（図表9-3）。

以上にように多国籍企業において，調整は架橋プロセスの精度を高める役割を果たしている。本社と子会社間の調整は，現地市場での優れた製品適応化，販売・営業の実践，市場開拓のエンジンであり，新しい国際マーケティング・ケイパビリティの一要素であると考えられる。

そして第3の発見事項はアダプティブ・ケイパビリティの有効性である。先行研究では，国際マーケティングの文脈において実証研究は存在しない。市場の不確実性，非連続性への探索的な対応がアダプティブ・ケイパビリティ導入の前提となる。この意味において，多国籍企業は経営環境の大幅に異なる市場において実験的な取り組みに身を投じ，新しい製品，サービス，販売方法を開拓しなければならない局面に遭遇する場合がある。本社の経営資源頼みだけでは，市場環境が大いに異なり，変化の程度もスピードも異なる海外市場では十分な成果を上げられない（特に新興国市場）。これはアウトサイドインと深く関係している。しかし，既存の顧客やパートナー企業との関係性の強化による市場情報の獲得と分析に焦点があるアウトサイドインと比較して，探索的な実験を通じて新市場を開拓していくアダプティブ・ケイパビリティは概念上異なる（Day 2011）。本書の3つの事例の中，特にマルチ・スズキと日本コカ・コーラ社において，アダプティブ・ケイパビリティによる事業成果が確認できる。

マルチ・スズキは上位のプレミアムブランド「NEXA」を立ち上げ，製品開発から販売チャネルの開発・管理までに一から取り組んでいる。日本の本社にも見られない販売チャネルの分割は，インド市場の先を読み（覚醒的市場学習），マルチ・スズキの経営資源の拡張と新たな知識の獲得（開放的マーケティング）によって実行している。日本コカ・コーラ社においては，「ジョージア」，「アクエリアス」，「爽健美茶」など，日本市場適応製品ラインを70年代より導入している。これは日本の競合他社の製品戦略へ対抗したことがよく知られている。自動販売機ネットワークの構築もまた日本市場独自の販売チャネルとして，試行錯誤の中で立ち上がってきた。当時の日本市場は流通が近代化する歴史的過程にあり，零細の小規模小売業が日本全国に分散していた。このような前近代的な日本市場に対して，日本コカ・コーラ社は全国規模で独自の販売ネットワークを試行錯誤しながらも構築していく必要があった。そして近年の大手コンビニエンスストアとの協働によるダブル・ブランドもまた，日本市場の先を読んだ探索的な取り組みの中から生まれてきた。このように日本コカ・コーラ社の歴史は，新しい市場機会を感知し，探索的に取り組んできた歩みであったと言えよう。

近年，国際ビジネス研究分野で注目を集める子会社のイニシアティブ研究では，子会社の自律性と企業家精神の重要性が指摘されている。子会社における企業家精神とは「新しい機会の探索，新製品開発の努力，生産プロセス改善，多国籍企業内部の投資に対する積極的な関与」(Boojihawona *et al.* 2007, Strutzenberger and Ambos 2014, Verbeke and Yuan 2013）に特徴付けられる。アダプティブ・ケイパビリティは，多国籍企業固有の文脈において子会社が主導する現地での市場機会の探索と新製品開発の内容分析に対して示唆を与える。

とはいえ，本書はたった3事例の中，2事例においてアダプティブ・ケイパビリティが確認されたに過ぎず，現時点での一般化は困難である。市場環境をコントロールした事例選択が，アダプティブ・ケイパビリティの検証には欠かせない（市場の不確実性の高さが前提条件となる)。アダプティブ・ケイパビリティの実証分析については今後，集中的な検討を要する。

2. 定量分析の考察

定量分析では「何が成果に影響を与えるか」と「どのように成果を強化するか」という問題に統計的にアプローチした。「何が成果に影響を与えるか」という問題は，4つの成果変数（顧客満足，市場成果，新製品関連成果，収益性）に対する標準化－適応化戦略，マーケティング・ケイパビリティ，本社－子会社間調整が与える影響を重回帰分析によって検証した。「どのように成果を強化するか」という問題は，標準化－適応化戦略が成果に与える影響を，どのようにマーケティング・ケイパビリティと本社－子会社間調整が強化するかを二元配置の分散分析によって検討した。ここで注意せねばならないのは，本書における定量分析が，アジア・オセアニア地域に立地し，BtoB産業に属する日系多国籍製造企業の現地子会社に対して行われている点である。当然ながら，この調査対象が本調査から得られる示唆の一般化可能性を規定する。

まず，重回帰分析の結果から「何が成果に影響を与えるか」という問いに対する本書のインプリケーションを示していこう。第1に，標準化－適応化戦略は成果に影響を与えない。つまり，製品，価格，チャネル，広告における標準化度は，事業成果に対して影響を与えていないのである。これは，すでに第 3 章や第 4 章で見てきたような理論的予測が最も極端な形で実証されたと言える。また，こうした結果はサンプリング・フレームに BtoB 企業を選んだこととも無関係ではなかろう。一般に，BtoC 企業に比べて BtoB 企業はマーケティング・ミックスにおける戦略決定の裁量の幅が少ない。また，国ごとにマーケティング・ミックスを標準化ないし適応化するよりも，個別顧客の要件への対応（これを顧客適応と呼ぶ）が BtoB 企業ではより重要となる。これらのことが，国別の標準化－適応化戦略と成果の関係に統計的に有意な関係が見られなかったことの一因と考えられる。

第 2 に，マーケティング・ケイパビリティは成果に影響を与える。まず，インサイドアウト・プロセスは，顧客満足，製品関連成果，そして，収益性にプラスの影響を与えている。インサイドアウト・プロセスとは，マーケティング以外の職能における内部管理能力であり，本調査の質問票では，財務，人事，そして，ビジネス全体の管理能力を測定している。そして，架橋プロセスは，顧客満足，市場成果，そして，製品関連成果にプラスの影響を与えている。架橋プロセスは，企業の内部と外部のケイパビリティを連結するプロセスであり，本調査の質問票では，新製品の現地市場導入の能力，現地顧客に提供している主力製品（サービス）の質，受発注，配送などの販売・ロジスティックス業務全体の管理能力，そして，現地市場から得た情報を製品（サービス）開発に活用する能力を測定している。

オリジナルの理論的枠組みでは，アウトサイドイン・プロセスとインサイドアウト・プロセスの間を架橋プロセスが連結することで事業成果が高まる。しかし，定量的証拠は，アウトサイドイン・プロセス（市場感知能力）の成果に対する影響を支持しなかった。このことは，アウトサイドイン・プロセスが理論的に有用でないことを必ずしも意味しない。アウトサイドイン・プロセス，あるいは，市場感知能力は，市場とのインターフェイスとしてのマーケティングの要諦である。特に，顧客（最終顧客と卸売小売業者）と競争企業によって形成される市場において外部情報を内部に効果的に取り込む能力は，持続可能な競争優位を構築する上で欠かせない。

では，なぜ，本調査の結果では，アウトサイドイン・プロセスが成果に対して統計的に有意な影響を与えなかったのだろうか。これは，第 1 に，BtoB 企業対象の調査であることが考えられる。先述の通り，BtoB 企業にとっては現地適応よりも顧客適応の重要性が高い場合が多い。BtoB 企業の重要な顧客が現地に限らず，地理的に分散しているならば，現地適応の成果に対するインパクトは相対的に低まるだろう。第 2 に，サンプルとなった企業の規模の影響を受けている可能性がある。第 8 章で検討したように，サンプルの約 57％が資本金 10 億円未満の企業が占めている。子会社の操業規模が小さい場合，たとえ販売機能を有している子会社であったとしても，現地で顧客関係性強化やニーズ理解を行う能力が成果に寄与する力が限定的である可能性がある。

さらに，ネットワーキングが，製品関連成果に対して統計的に有意な負の影響を与えている点に注意が必要である。本調査において，ネットワーキングは，現地の戦略的パートナー（流通業者，サプライヤー，提携先）との信頼関係の構築と協力・目的共有によって測定されている。また，製品関連成果は，競合と比較した差別化の程度，流通カバー率，新製品の市場導入スピードによって測定されている。この結果は，我々の理論的予測と異なるものの，やはりサンプルの特性によって解釈が可能である。すなわち，比較的小規模な BtoB 企業の現地子会社を想定すると，現地顧客がより大きなチャネル・パワーを持ち，開発自体も本社主導で行われる可能性がある。そういった場合には，製品は顧客仕様で（低い差別化の程度），競合企業のシェアが高く（低い流通カバー率），本社まかせの新製品市場導入（遅い導入スピード）といった結果に繋がりうる。

第 3 に，本社－子会社間調整の中で自律性が収益性にプラスの影響を与えている。自律性は集権化の反転項目である。すなわち，自律性が高いことは，子会社主導で意思決定ができることを意味している。この点は，公式化が顧客満足に統計的に有意な負の影響を与えている点と合わせて考えると理解しやすい。全体的な傾向として，本社－子会社間調整において本社の子会社に対するコントロールが低いほど，現地子会社の成果が高いと言える。これはいわゆる NIH（not invented here）症候群とも一致している。こうした結果は，多国籍企業の本社が，現地子会社に対してよりコミュニケーションを重視した調整方法をとることの重要性を示唆しているといえよう。

分散分析では，マーケティング・ケイパビリティと本社－子会社間調整が，「どのように成果を強化するか」について検証している。図表 9-4 は，マーケティング・ケイパビリティと本社－子会社間調整の成果に対する調整効果をまとめたものである。なお，表中の A は「独立変数の低い群・高い群双方で調整

図表 9-4　分散分析の結果

	独立変数			
	製品標準化	価格標準化	チャネル標準化	広告標準化
アウトサイドイン	・顧客満足：調整変数の主効果ありA ・市場成果：調整変数の主効果ありB ・製品関連：調整変数の主効果ありA ・収益性：調整変数の主効果ありA	・顧客満足：調整変数の主効果ありA ・市場成果：調整変数の主効果・交互作用ありA ・製品関連：調整変数の主効果ありA ・収益性：調整変数の主効果ありA	・顧客満足：調整変数の主効果ありA ・市場成果：調整・独立変数の主効果ありA ・製品関連：調整変数の主効果ありA ・収益性：調整変数の主効果ありA	・顧客満足：調整変数の主効果ありA ・市場成果：調整変数の主効果ありA ・製品関連：調整変数の主効果ありA ・収益性：調整変数の主効果ありA
インサイドアウト	・顧客満足：調整変数の主効果ありA ・市場成果：調整変数の主効果ありA ・製品関連：独立・調整変数の主効果ありA ・収益性：調整変数の主効果ありA	・顧客満足：調整変数の主効果ありA ・市場成果：調整変数の主効果ありA ・製品関連：調整変数の主効果ありA ・収益性：調整変数の主効果ありA	・顧客満足：調整変数の主効果ありA ・市場成果：調整変数の主効果ありA ・製品関連：調整変数の主効果ありA ・収益性：調整変数の主効果ありA	・顧客満足：調整変数の主効果ありA ・市場成果：調整変数の主効果ありA ・製品関連：調整変数の主効果ありA ・収益性：調整変数の主効果ありA
架橋プロセス	・顧客満足：調整変数の主効果ありA ・市場成果：調整変数の主効果ありA ・製品関連：独立・調整変数の主効果ありA ・収益性：調整変数の主効果ありA	・顧客満足：調整変数の主効果ありA ・市場成果：調整変数の主効果ありA ・製品関連：調整変数の主効果ありA ・収益性：調整変数の主効果ありA	・顧客満足：調整変数の主効果ありA ・市場成果：調整変数の主効果ありA ・製品関連：調整変数の主効果ありA ・収益性：調整変数の主効果ありA	・顧客満足：調整変数の主効果ありA ・市場成果：調整変数の主効果ありA ・製品関連：調整変数の主効果ありA ・収益性：調整変数の主効果ありA
ネットワーキング	・顧客満足：主効果無し ・市場成果：独立変数の主効果ありC ・製品関連：独立変数の主効果・交互作用ありC ・収益性：独立変数の主効果・交互作用ありC	・顧客満足：主効果無し ・市場成果：主効果無し ・製品関連：主効果無し ・収益性：主効果無し	・顧客満足：主効果無し ・市場成果：調整変数の主効果ありB ・製品関連：調整変数の主効果ありB ・収益性：調整変数の主効果ありB	・顧客満足：主効果無し ・市場成果：調整変数の主効果ありB ・製品関連：交互作用ありB ・収益性：調整変数の主効果ありB
自律性	・顧客満足：調整変数の主効果ありC ・市場成果：独立・調整変数の主効果ありB ・製品関連：独立・調整変数の主効果ありB ・収益性：独立・調整変数の主効果ありB	・顧客満足：調整変数の主効果ありB ・市場成果：調整変数の主効果ありB ・製品関連：独立・調整変数の主効果ありB ・収益性：調整変数の主効果ありB	・顧客満足：調整変数の主効果あり ・市場成果：調整変数の主効果ありB ・製品関連：調整変数の主効果ありC ・収益性：調整変数の主効果ありB	・顧客満足：主効果無し ・市場成果：調整変数の主効果あり ・製品関連：主効果無し ・収益性：主効果無し
公式化	・顧客満足：主効果無し ・市場成果：独立変数の主効果あり ・製品関連：独立変数の主効果あり ・収益性：独立変数の主効果あり	・顧客満足：主効果無し ・市場成果：主効果無し ・製品関連：独立変数の主効果あり ・収益性：主効果無し	・顧客満足：主効果無し ・市場成果：主効果無し ・製品関連：主効果無し ・収益性：主効果無し	・顧客満足：主効果無し ・市場成果：主効果無し ・製品関連：主効果無し ・収益性：主効果無し
社会化	・顧客満足：主効果無し ・市場成果：主効果無し ・製品関連：独立変数の主効果あり ・収益性：独立変数の主効果あり	・顧客満足：主効果無し ・市場成果：調整変数の主効果あり ・製品関連：主効果無し ・収益性：主効果無し	・顧客満足：主効果無し ・市場成果：主効果無し ・製品関連：主効果無し ・収益性：主効果無し	・顧客満足：主効果無し ・市場成果：主効果無し ・製品関連：主効果無し ・収益性：主効果無し

変数の主効果あり」，Ｂは「独立変数の低い群のみで調整変数の主効果あり」，そして，Ｃは「独立変数の高い群のみで調整変数の主効果あり」を示している。

結果から得られる示唆は次の通りである。第１に，マーケティング・ケイパビリティの中で，アウトサイドイン・プロセス，インサイドアウト・プロセス，架橋プロセスが，そして，本社－子会社間調整の中で自律性が高いほど，標準化－適応化の戦略的意思決定の成果に対する影響力を強化する。換言すると，現地子会社が，インサイドアウト・プロセス，アウトサイドイン・プロセス，そして，架橋プロセスといったケイパビリティを有し，本社が子会社の自律性を維持するとき，戦略的意思決定のインパクトが発揮されるのである。これは，戦略的意思決定に，現地子会社のマーケティング・ケイパビリティと自律性が結びつくことで，成果が向上することを示している。

第２に，ネットワーキングや公式化・社会化が成果を向上させるインパクトは限定的である。ネットワーキングは，チャネルおよび広告の標準化と，市場成果・製品関連成果・収益性との関係を部分的に強化するのみである。公式化と社会化にいたっては，標準化－適応化戦略が成果を強化する効果は見られない。こうした結果は，すでに見た重回帰分析の結果とも一致している。

以上のような定量分析の結果は，いずれのマーケティング・ケイパビリティを開発するか，そして，本社－子会社間調整の仕組みをどのように構築するかに対して重要な示唆を与える。第１に，アウトサイドイン・プロセス，インサイドアウト・プロセス，架橋プロセスといったマーケティング・ケイパビリティの構築と開発に優先的に資源配分を行う必要がある。本研究では，戦略的意思決定の中で標準化－適応化に限って実証的検討を行った。しかしながら，標準化－適応化戦略が成果に対して直接的な影響を与えないとしても，３つのマーケティング・ケイパビリティを備えていることで成果が向上する可能性が示されたのである。すなわち，優れた戦略の策定とそれを支援するケイパビリティがあって初めて，事業成果が向上するのである。

第２に，自律性を重視した本社－子会社間調整を行うことが重要である。マーケティング・ケイパビリティほどではないにしろ，子会社の自律性は成果に直接的な影響を与え，戦略的意思決定の成果に対するインパクトを強化することが明らかとなった。本社による子会社の管理方法が過度にコントロール側面に偏向しないことで，子会社のイニシアティブを高め，事業成果に寄与する可能性がある。

最後に，一貫したマーケティング・ケイパビリティの構築の重要性が示唆された。定量的なデータに基づくと，最も成果を強化するのは，アウトサイドイン・プロセス，インサイドアウト・プロセス，そして，架橋プロセスであった。これは，デイが提示したオリジナルの理論的枠組みそのものである。理念型としては，これらのマーケティング・ケイパビリティを備えつつ，さらに自律的な子会社であるとき，戦略的意思決定の有効性が高まり，より高い事業成果があげられるだろう。

第4節　インプリケーションとガイドライン

本書では，第3章および第4章における理論的検討に基づいて分析フレームワークが提示され，それに基づいて定性分析と定量分析が行われた。ここでは，まず定性および定量分析から得られるインプリケーションに関して議論する。そして，最後に，実務的ガイドラインを提示することによって，マネジリアルな方向性を示す。

1. 本書のインプリケーション

本書では多国籍企業のマーケティング・ケイパビリティに焦点を当てて理論的および実証的に検証を行ってきた。世界各国に拠点のネットワークを配置し終えた多国籍企業が，動態的に変化する異質的市場環境に直面するとき，従前の戦略的意思決定や管理だけでは，もはや対処し得なくなる。そこで，注目されるに至ったのがマーケティング・ケイパビリティである。本書の理論的貢献は，新たな研究ドメインと多国籍企業固有の国際マーケティング・ケイパビリティ概念の開発にある。前者は，マーケティング・ケイパビリティ研究の国際マーケティング領域への応用に基づく。これによってマーケティング・ケイパビリティ概念の一般化可能性を検討し，国際マーケティング研究が今後深化すべき新たな研究ドメインを示した。後者は，本社－子会社間調整とアダプティブ・ケイパビリティ概念に関する検討である。これらの概念を分析フレームワークに導入することで多国籍企業の国際マーケティング行動をより豊かに分析することが可能となった。

こうした理論的検討に基づいて，本書では，定性分析と定量分析を複眼的に行い，多国籍企業の国際マーケティングに対して実証的にアプローチした。では，こうした定性分析と定量分析の結果は，どのように解釈すべきであろうか。ここでは，両分析結果を架橋することによって，本書が示す実証的なインプリケーションを提示する。

まず，定性および定量分析の分析目的を確認することから始めよう。定性分析は，国際マーケティング・ケイパビリティの動態的な内容分析を通じた，多国籍企業固有の要素を抽出するために行われた。それに対して，定量分析は，標準化－適応化戦略，マーケティング・ケイパビリティ，そして，本社－子会社間調整が，事業成果に対していかなる影響を与えるかを検証するために行われた。定性分析が，より深いマーケティング・ケイパビリティの検証を目的としたのに対して，定量分析はより広いマーケティング・ケイパビリティの検証を目的としている。換言すれば，定性分析を通じた記述は，多国籍企業のマーケティング・ケイパビリティに関するナラティブを通じた理解を促し，定量分析の結果は，マーケティング・ケイパビリティの成果に対する説明力の一般性を確認することに役立つだろう。したがって，両分析のサンプルは異なる。定性分析では，BtoC 企業の日本子会社（スリーエムジャパンおよび日本コカ・コーラ社）と海外子会社（マルチ・スズキ）が分析対象である。定量分析では，日系製造多国籍企業（BtoB）の海外子会社が分析対象である。いずれも多国籍企業の海外現地子会社を分析対象としている。

こうした分析目的によって導かれた結論は次のとおりである。まず，定性分析では，①現地市場におけるアウトサイドイン・プロセス，②子会社と本社間の調整に基づく架橋プロセス，そして③子会社主導のアダプティブ・ケイパビリティの重要性が識別された。これに対して，定量分析では，①マーケティング・ケイパビリティは，標準化－適応化戦略や本社－子会社間調整に比べて，成果に強い正の影響を与える，②マーケティング・ケイパビリティと子会社の自律性が，戦略と事業成果の関係を強化するという結論が得られた。

定性分析と定量分析の結果に基づくと次のような３つのインプリケーションを示すことができる。第１に，マーケティング・ケイパビリティの事業成果に対する強い説明力である。定性分析では，子会社がイニシアティブを持ってアウトサイドイン・プロセスを開発することの重要性が示されている。定量分析では，マーケティング・ケイパビリティの成果に対する強い直接的影響と戦略－成果の関係を強化する効果が明らかとなった。こうした意味で，本書の「戦略からケイパビリティへ」というメッセージに対する実証的な証拠が示されたといえよう。すなわち，単なる標準化－適応化戦略の策定のみならず，特に，現地子会社が優れたマーケティング・ケイパビリティを構築することによって事業成果の向上が見込めるのである。

第2に，本社－子会社間調整の事業成果に対する貢献である。定性分析では，本社－子会社間調整と架橋プロセスの密接な関係が示唆された。アウトサイドイン・プロセスとインサイドアウト・プロセスの架橋は，多国籍企業を分析単位とするとき，本社－子会社間調整の仕組みがあって初めて成功裏に行われる。定量分析からは，特に，子会社の自律性が高い時に成果が高まることが示されている。これらの実証結果を合わせて考えると，多国籍企業の海外子会社が，高い自律性を有しながら，市場と企業のインターフェイスを連結する能力を有する時，高い事業成果につながるのである。したがって，多国籍企業の本社は，過度な集権化を避ける管理（調整）方式を採用しながら，子会社の架橋プロセスのケイパビリティを向上させるような投資や仕組みづくりを行う必要がある。

第3に，アダプティブ・ケイパビリティの重要性である。定量分析では，アダプティブ・ケイパビリティの検証は行われていない。なぜなら，アダプティブ・ケイパビリティは，動態的な市場環境の変化に探索し，実験を繰り返し，適応し続ける能力であり，ある一時点を切り取ったスナップ・ショット型の定量分析では検証しにくいからである。しかしながら，定性分析からは，多国籍企業の現地子会社が，覚醒的市場学習，開放的マーケティング，そして，探索的な取り組みを行うことで，自国と異なり，かつ，動態的に変化する市場における事業成果の向上が可能となる点が示唆されている。アダプティブ・ケイパビリティがどのように構築され，どのように成果に寄与するかは，理論的にも実務的にも極めて重要な課題である。

本書における理論的検討と実証分析から得られる結論は次の通りである。多国籍企業の子会社は，アウトサイドイン・プロセスとインサイドアウト・プロセス，そして，それらを連結する架橋プロセスといったケイパビリティを三つ巴で開発することによって，事業成果を上げることができる。多国籍企業の本社は，現地子会社のマーケティング・ケイパビリティの開発・構築に資するような管理方式の導入と資源配分を行う必要がある。そして，現地子会社がさらにアダプティブ・ケイパビリティを獲得する時，持続可能な競争優位の構築が可能となるだろう。以上のような考察を通じて，「優れた国際マーケティングとはいかなる取り組みなのか」といった問いへの回答が可能になる。

2. 実務的インプリケーション：ガイドラインの開発

本書の成果は，多国籍企業のGMO（Global Marketing Officer），現地経営陣，現地マーケティング・マネジャー，そして価値連鎖活動に携わるすべてのマネジャーたちに向けて優れた国際マーケティング組織を開発するためのガイドランを提供する。すなわち，「どのような取り組みと仕組みの構築が事業成果を高めるか」。これである。ここで3つの実践ガイドラインを提示する（図表9-5）。

図表 9-5　3つの実践ガイドライン

①戦略そのものではなくケイパビリティを評価する。
②子会社と本社間の調整の仕組みを構築し，評価する。
③独自のKPIを開発し，継続的に運用，改善する。

①戦略そのものではなくケイパビリティを評価する。

海外市場を開拓していく際，まず国際マーケターは戦略を計画し，経営陣に承認を得る。経営陣の役割は，提案された戦略（ターゲティング，ポジショニング，コンセプト，4P，ビジネスモデルなど）の精度を評価し，意思決定を下すことにある。経営陣は自身の経験則や過去のデータに基づき戦略に評価を与えるかもしれない。戦略の立案者の実績も評価へ影響する。戦略の評価システムをすでに導入している企業も存在するだろう。期待できる成果の規模，実現可能性（コスト，スピード），既存の経営資源との適合性，一貫性などが戦略の評価指標になり得る。言うまでもなく戦略の精度に対する評価は重要である。しかし本書は，戦略そのものの精度を高めたりこれを評価することよりも，その戦略がどのような組織的な仕組みを通じて計画・立案されているのかを検証し，評価することの重要性を説く。経営陣はマーケティング・ケイパビリティの優劣を検証し，評価すべきなのである。

具体的には，アウトサイドイン，インサイドアウト，架橋プロセスに関する組織能力をできる限り正確に測定し，これらを持続的に高める仕組みの導入が求められる。架橋プロセスは，組織外部の市場情報と本社を含む組織内部の経営資源（技術，ロジスティックス，財務管理など）と結合し，優れた製品・サービスを開発して市場導入する能力である。このケイパビリティを戦略レベルで評価する際には，提案された製品（サービス）の仕様や機能が，現地の市場情報と組織内部の経営資源の双方をどの程度深く吟味し，それら双方の連結の上に立案されているのかを十分に検討して評価する必要がある。同様に，アウトサイドインでは，現地の顧客や主要なパートナー企業（流通業者など）から市場情報を獲得する仕組みが子会社の組織内部でどの程度構築され，運営されているのかを検証し，評価すべきである。

しかし，インサイドアウトについてはマーケティングの領域をやや超えているため注意が必要である。技術，財務管理，ロジスティックス，人材管理などの各部門における経営資源の評価は，指標の開発に専門性が必要でありまたその範囲も多岐にわたる。マーケティング・ケイパビリティの範疇においては，マーケティング部門との接点，すなわち架橋プロセスに注力すべきであろう。子会社の経営陣と国際マーケターは，まずもってアウトサイドインと架橋プロセスの開発と管理を第一目標に掲げて，独自の仕組みの構築を推進すべきである。

②子会社と本社間の調整の仕組みを構築し，評価する。

本書は，多国籍企業の海外現地子会社による国際マーケティングの実践プロセスにおいて，本社との調整の重要性を繰り返し指摘してきた。子会社の実務においてはいかに本社との調整の仕組みを構築できるかが成功のカギを握ると言ってもよい。とりわけ架橋プロセスにおいては，本社の保有する経営資源（技術，ブランド，ロジスティックス，流通の関するノウハウなど）を活用し，足りない経営資源を現地で調達ないしは開発して，製品・サービスの素早い市場導入を実現しなくてはならない。定性分析では子会社の自律性と公式化の重要性を確認している。また定量分析の結果は自律性が製品戦略において事業成果への説明力が高いことを示している。子会社は本社と協力して，意思決定の分業ルール，互いのコントロールの範囲の決定，定期的な情報交換の仕組み（公式，非公式の双方）の構築が求められる。スリーエムジャパンの事例では本社と子会社間の意思決定の権限と範囲を公式化することを通じて，子会社の自律性も高まり，ポスト・イット製品ラインの現地適応とグローバル管理を行っている。また日本コカ・コーラ社は本社の営業能力開発に関するノウハウを移転し，これを現地化して活用している。本社との戦略的なパイプ作りが現地子会社の事業成果を高めるのである。本社のどの部門がどのような経営資源を保有しているのかを把握し，これを子会社が主体的かつ自律的に自社の戦略へ活用することこそが現地市場における優れたマーケティング戦略の計画と実行には欠かせない（架橋プロセス）。調整の仕組みは自律化（ないしは反転変数としての集権化），公式化，社会化の３つが代表的である。当該事業の長期，短期の目標に応じて，これらを組み合わせて独自の調整メカニズムを構築し，改善していくことが求められる。

③独自の KPI を開発し，継続的に運用し，改善する。

多国籍企業の本社ならびに子会社は，戦略の計画と実行のプロセスを担う国際マーケティング・ケイパビリティと本社－子会社間の調整を KPI（Key Performance Indicator）として設定し，検証し，これらケイパビリティを漸進的に高めていくマネジメントを展開すべきである。KPI の開発と運用なくして評価と検証は絵に描いた餅となる。もちろん国際マーケティング・ケイパビリティの評価指標は企業ごとに異なる。そこで経営陣はまずもって国際マーケティング・ケイパビリティに関する企業独自の KPI の開発に着手し，PDCA サイクルを回す組織的な仕組みの構築へ投資すべきである。この独自の KPI の開発と運用は，現地マーケティング戦略の精度を高め，何がどこまで構築できており何が課題なのかを経営陣が常に把握し，取り組むべき活動を絞り込むことに役立つ。経営陣は KPI を財務成果，行動目標などの階層に分割して運用しなければならない。そして初期に設定した KPI の中から特に事業成果へ影響を与える国際マーケティング・ケイパビリティの評価指標を事後的に探り出し，KPI 全体を継続的に運用し，当該企業独自の国際マーケティング・ケイパビリティの精度を高めていく必要がある。

以上，実務家が明日から実践すべき国際マーケティングのガイドランを提示した。３つのガイドラインは極めてシンプルであり，実践可能性を重視している。しかし一方で本ガイドラインは大まかな行動指針を示したに過ぎず，所謂

How to は含んでいない。How to ないしは特殊解については企業のそれぞれの文脈に基づき実務家諸氏が自ら開発することが求められる。ガイドラインはあくまでも指針に過ぎないのである。

こうしてみると，実務家諸氏が国際マーケティングから連想する一般的なマーケティングタスクと本ガイドラインの間には，ギャップがあるかもしれない。国際マーケティング戦略としてのターゲット顧客の選定，コンセプト策定，マーケティング・ミックス（製品，価格デザイン，現地プロモーション，販売ネットワークの標準化と適応化）の１つ１つに対する計画，意思決定ならびに実践はこれからも業務（オペレーション）として存在し続ける。本書はこの個別のマーケティング戦略を優れて計画し，実行する組織が備えるべき組織能力（ケイパビリティ）を特定し，この開発と改善に投資すべきであると説くものである。理論的にもそして実証的にも国際マーケティング・ケイパビリティが，事業成果へ与える影響は多大である。これが本書の結論である。本書が示すガイドラインが，未知の国際市場を開拓する実務家諸氏の冒険において，暗闇の中でその行く手を導く一筋の光となることを我々は切に願っている。

なお，理論的インプリケーションで示したアダプティブ・ケイパビリティはガイドラインには含めていない。本書の分析結果より，アダプティブ・ケイパビリティ構築と実践における行動指針を導くことはできないというのがその理由である。市場環境が大幅に異なりその変化のスピードが速い場合，子会社の経営陣は一から戦略を練り直し，変化し続けることが求められる。しかし，アダプティブに現地市場へアプローチすることは成果が極めて予測しにくい，手探りの行動となる。多国籍企業が保有する既存の経営資源が活用できず，これまでの経験則が役に立たない市場に直面するとき，単に「市場実験に着手せよ」というのはあまりにも無責任ではないだろうか。本書ではその重要性の指摘にとどめ，優れたアダプティブ・ケイパビリティの内容についてはさらなる研究蓄積を期したい。

＊本章は以下の通りに分担執筆された。
馬場は，第２節の１（201 頁から 203 頁），第３節の２（212 頁から 217 頁），そして第４節の１（217 頁から 220 頁）を執筆した。臼井は第１節（200 頁），第２節の２（203 頁から 206 頁），第３節の１（206 頁から 212 頁），そして，第４節の２（220 頁から 223 頁）を執筆した。

［参考文献］

Barney, J. B. (1991), "Firm Resources and Sustained Competitive Advantage," *Journal of Management*, 17(1), pp.99-120.

Day, G. S. (1990), *Market Driven Strategy: Processes for Creating Value*, The Free Press.（徳永豊・森博隆・井上崇道・小林一・篠原敏彦・首藤禎史訳（1998）『市場駆動型の戦略：価値創造のプロセス』同友館。）

――――（1994), "The Capabilities of Market-Driven Organizations," *Journal of Marketing*, Vol.58, October, pp.37-52.

――――（2000), "Managerial Market Relationships," *Journal of the Academy of Marketing Science*, Vol.28, No.1, pp.24-30.

――――（2002), *Winning the Competition for Customer Relationships*, Pennsylvania: The Wharton School.

――――（2003), "Creating a superior Customer-Relation Capability," *Sloan Management Review*, Vol.44, No.3, pp.77-82.

――――（2011), Closing the Marketing Capabilities Gap. *Journal of Marketing*, July 2011, Vol.75, No.4, pp.183-195.

嶋口充輝・黒岩健一郎・水越康介・石井淳蔵（2008）『マーケティング優良企業の条件―創造的適応への挑戦―』日本経済新聞出版社。

山下裕子・福冨言・福地宏之・上原渉・佐々木将人（2012）『日本企業のマーケティング力』有斐閣。

（馬場一・臼井哲也）

第 10 章

新時代の国際マーケティング研究

第1節　はじめに

本書ではこれまでの国際マーケティング研究を俯瞰した上で，そのドメインを戦略からケイパビリティへ（戦略計画から実行能力へ）移行する必要性について議論し，実証的検討を試みてきた。それらについてはすでに前章までに於いて一応の完結を見ている。ここでは前章までの基本的な問題意識と分析フレームを離れた補論として，今後のより長期的な諸要因の変化の予測を織り込んで新時代の国際マーケティングの方向性について考察しておきたい。まだ手探り段階ではあるが，特に今後10年間に予測されるドラスティックな技術変化と地球社会のサステナビリティ危機の深刻化が企業のマーケティングと消費者行動に与える影響について考察してみたい。

第2節　地球社会のサステナビリティ危機と国際マーケティング研究

国際マーケティング，広くは国際経営研究が目指すのは，企業の国境を越えるビジネスがより良い社会の実現に貢献できるように，様々な国際ビジネスの諸現象にみられる法則性や一般性を発見し，学術的および経営的な示唆を導出することである。今日，地球環境の激しい劣化，世界的な経済格差と貧困問題など，地球社会はまさに危機に瀕していると言っても過言ではない。われわれはこのような地球社会のサステナビリティの危機の時代にこそ，より良い地球社会の構築を共通の大目標として掲げて，様々な角度から研究を深めていかなければならないであろう。

地球社会のサステナビリティの危機については，その根本的な構造要因として，産業革命以降にわれわれの社会に根強く見られる経済成長至上主義（Gore 2006, Meadows *et al*. 1972, 佐伯 2017）や一部の権力者や資本家によって歪められた市場経済（Reich 2008, 2015, Stiglitz 2015）などが指摘される。今こそ，経済成長至上主義，大量生産大量消費，物質至上主義に疑問を呈し，自然との調和や知足（足るを知る）を説くアーンスト・シューマッハ（Schumacher, 1975, 1998）の『スモール・イズ・ビューティフル』の社会思想や中野孝次（1992）の『清貧の思想』などをわれわれが改めて真剣に捉えるべき時なのかも知れない。

いずれにせよ，現状のままの人口増加と経済成長追及では地球環境のサステナビリティが危ういことは間違いない。われわれは物的消費とエネルギー消費を極力抑制しながらも，消費生活満足を維持・向上でき，企業も正当な利益を上げることが可能な社会の構築を目指すことは出来ないものであろうか。このことを国際マーケティングの視点より考察するのが本章の目的である。

より良い地球社会の実現は，途方もなく長い道程を要する難しい課題のように思われるが，それでも今日希望ある一筋の光が見えている。それは最新技術の指数関数的発展の恩恵である。そうした劇的な発展が見込まれているのは，コミュニケーション，エネルギー，輸送といった基本的な文明を形づくる可能性のある分野の新技術，また遺伝学，農業，ナノテクノロジー，バイオテクノロジー，AI（人口知能），ロボティクスなどの分野の新技術である（Rifkin 2014）。もちろん，これらの技術をどのように使って真に豊かな社会を実現するかについては，今後，政治経済制度論，企業倫理，関連法規の整備等に関する多くの議論を待たなければならない。しかし，これらの技術の指数関数的発展によって近未来のより潤沢な社会を創造することを見通せるようになったのは一筋の光には違いない。

第3節　近未来のビジネスの探索

筆者は，近未来のビジネスの探索のためにはマクロ的政治・経済環境および市場競争環境の変化の中で新技術の指数関数的発展がどのような役割を果たすかに注目すべきであると考えている。そのような環境変化の中で企業行動と消費者行動に変化が起こり，新しいビジネス機会が生じている。図表10-1は，そのような近未来のビジネスに関する探索フレームを表している。

ここでのマクロ的政治・経済的環境変化は，1980年代末の中国や東欧の社会主義体制の実質的な崩壊と市場経済体制への移行，そうした国々を新たなプレーヤーとして組み入れたグローバル競争の激化，世界各国に見られる経済格差の拡大，先進国中間所得層の没落傾向であり，そして深刻度を増している気候変動をはじめとする地球環境の危機，人口の爆発的増加，水と食料の絶対的不足の予測，世界の若年失業者の増加，貧困問題，テロの脅威などを指している。

グローバリゼーションの負の側面に対する多国籍企業をはじめとするビジネ

図表10-1　近未来ビジネスの探索フレーム

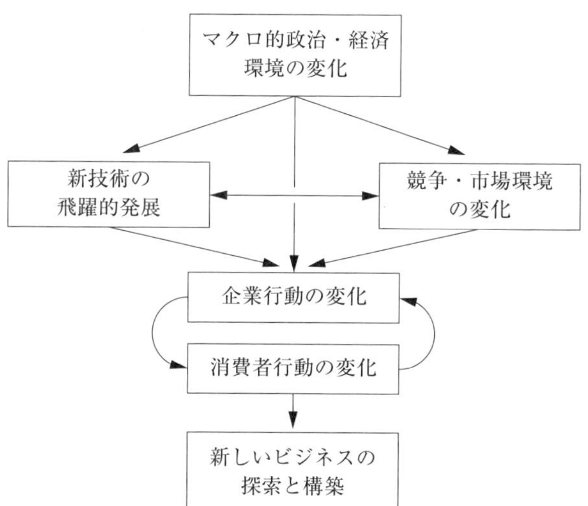

ス界の対応であるが，2000年代に入る頃になると，いわゆるトリプル・ボトムラインの経営思想がかなり普及してきた（Elkinton 1997）。周知のように，トリプル・ボトムラインとは，経営者は財務的パフォーマンスを良くするという経済的責任だけではなく，環境保全の責任，社会的貢献や人権配慮などの社会的責任をより積極的に果たさなければ企業のサステナビリティが確保できないという経営思想である。だが，こうした取り組みについての企業経営者にとっての最大の課題の1つはコスト問題と捉えられてきた。今なお多くの企業にとって，環境保全や社会貢献は企業の追加的コストと考えられている。こうした現状に対して，マイケル・ポーターら（Porter *et al.* 2006, 2011）は，より戦略的な観点から，企業の社会貢献活動がその利益獲得とサステナビリティにも繋がる，企業と社会の共通価値創造（Creating Shared Value: CSV）による新しいビジネスモデルの創造を推奨している。しかし，世界的に見れば，トリプル・ボトムラインやCSVの経営思想に基づく企業行動は，多くの多国籍企業にとってもまだ緒に就いたばかりであると言わなければならないであろう。今後のグローバリゼーションの展開は，世界の政治経済の力学によってかなりの変動があるかも知れないが，長期的には，多くの分野でますます進展していくものと考えられる。残されている大きなマクロ的課題は，地球の環境的・社会的なサステナビリティの確保とグローバリゼーションから得られる所得と富の各国，各層への分配問題であろう。

他方，前述のようなグローバリゼーションの進展に伴う諸課題がある中で，もう1つの大きな時代的変化が起きている。それは様々な新技術の指数関数的発展の動向である。新技術が企業行動および消費者行動にどのような影響を及ぼし得るかについて考察するのが次節の課題である。

第4節　近未来技術に関する楽観論と悲観論

近年の新技術の指数関数的発展が及ぼす影響については，楽観論と悲観論が存在する。まず楽観論の代表的論者の一人は未来学者のジェレミー・リフキン（Rifkin 2014）である。彼は文明の根幹を成すエネルギー，輸送，コミュニケーションの領域において見られる近年の技術の指数関数的発展の結果，近未来（おそらく30~40年後）には限界コストゼロ社会（marginal cost zero society）

の実現に近づくと予測する。そこでは，近年すでにわれわれが多くのコミュニケーション領域において享受しているような限界コストゼロの状態（例えば，インターネットを通じたSNSコミュニケーションをもう一人分余計に送信する場合の追加的コストはほぼゼロである）を再生可能エネルギーの分野，IoT（Internet of Things; モノのインターネット化）や3Dプリンターのネットワーク，オートパイロットEV（電気完全自動運転車）などを活用する生産，輸送の分野においても実現し得るものと予測する。これらの技術に加えて，バイオテクノロジーや遺伝子工学などの指数関数的進歩も見込まれており，食料生産，医療分野にも飛躍的発展が見込まれている。リフキンと同様に，シンギュラリティ大学の共同創業者のピーター・ディアマンディスら（Diamadis *et al.* 2012）も技術の指数関数的発展が可能性に満ちた「潤沢な世界」を創り出すという楽観的な予測をしている。さらに，前述のリフキン（2014）は，そうした潤沢な社会環境においては多くの財とサービスがほぼ無料化することで，人々は物質の希少性から解放され，物質主義，利己主義を超克し，人間が生来もっている他者への共感・同情能力が活性化して共有型社会の構築に向かうはずであるという。まさにユートピア的な予測である。

こうした楽観的な予測に対して，悲観的予測も存在する。シリコンバレーを拠点とする起業家であり技術社会評論家のマーティン・フォード（Ford 2015）は『ロボットの脅威―人の仕事がなくなる日―』において，近年飛躍的進歩をみせているAIとロボット技術が，従来のブルーワーカーの仕事のみならず，ホワイトカラーの仕事の多くを代替・破壊してしまい大規模な失業と不平等な社会をもたらす可能性が高いとの警鐘を鳴らしている。また，MITスローンスクールのエリック・ブリニョルフソンとアンドリュー・マカフィー（Brynjolfson and McAfee 2014）は『ザ・セカンド・マシン・エイジ』において，将来的にはロボットと人工知能が人間のあらゆる仕事を習得できる日が来る可能性があり，「完全自動化された鉱山，農場，工場，物流ネットワークによって，人類の必要とする食糧や工業製品がすべて供給されるというシナリオは，もはやけっしてサイエンス・フィクションではない」と指摘する。しかし，それは同時に，一握りの資本家と高スキル労働者に所得と富をますます集中させ，大規模な失業と格差の助長をもたらす恐れがある。我々は人間とロボットの社会的共存や協働のあり方や，そのための教育改革，所得と富の再配分政策（負の所得税，ベーシックインカムなど）に関する真剣な議論を始めなければならないと言う。

第5節　今後10年間に見込まれる新技術の影響

本節では，それほど遠い未来ではなく，5年から10年ほど先の近未来の新技術の影響について考えることにしたい。

マッキンゼー・グローバル・インスティチュート（以下，MGIと略す）は，今後10年の間に巨大な破壊力を示す可能性が高いものとして次の12の技術を挙げている（Dobbs *et al.* 2015）。①次世代のゲノム科学，②新素材の開発，③エネルギーの貯蔵，④石油とガスの採掘・回収技術の進歩，⑤再生可能エネルギー，⑥ロボット工学の進展，⑦自律的あるいは自律的に近い自動車，⑧3Dプリンティング，⑨携帯機器によるインターネット，⑩IoT：モノのインターネット化，⑪クラウド技術，⑫知識作業のオートメーション化。著者たちは，こうした技術変化の多くの共通項は「デジタル化された無限の情報」であると看破している。「デジタル化は情報を発見し，取引を行い，共有するコストをほぼゼロにしてしまった」（Dobbs *et al.* 2015）のである。今日，われわれはデジタル化とインターネットの世界的な普及によって，「過去との断絶を生む新たな変革」の時代に突入していると指摘する。確かに，上述のような近年の科学技術の飛躍的な発展は，30年前にはほぼサイエンス・フィクションの世界であった物事を実現しつつあるのだ。ここではMGIによる指摘を参考としながら，経営とマーケティングに直接的に関連する4つの特徴を挙げておこう。

1．ビッグデータの活用

Doug Laney（2001）によると，ビッグデータとは，一般的には3つのVでその特徴が説明される。Volume（多量性），Variety（多様性），Velocity（流動性）の特徴を持ったデータのことである。多量性はデータの総量，多様性はデータの種類，流動性はデータが生成されるスピードを示す。ビッグデータの中にはソーシャルメディア・データ，マルチメディア・データ，ウェブサイト・データ，センサー・データ，オペレーション・データ，ログ・データ，オフィス・データ，カスタマー・データ等が含まれる[1)]。今日，ビッグデータを活用した既存ビジネスの改善や新しいビジネスの創出が世界中で活発化している。ビッグデータを活用した価値創出には，マーケティング関連では，需給状態に応じてダイナミックに変動させる価格設定，需要予測，商品開発，クレジット不正探知などに使用されている。製造業では予防・リモート保全，需要予測，サプライチェーンの最適化などに活用されている[2)]。最近ではグーグルやフェイスブック，アマゾンなどが，蓄積している厖大な個人情報を AI によって高度な解析を行ない，広告企業や関連企業によって特定個人向けのターゲット広告やターゲットレコメンドが盛んに実施されている。しかし，個人情報，特にプライバシー関連情報の流出やアカウントの乗っ取り問題，さらに利用規約に基づく情報の取り扱いについても疑念や批判が噴出しており（城田 2015），各国でより厳しい対応が検討されている。

例えば，EU は，個人データの処理と移転に関する一般データ保護規則（GDPR）を 2018 年 5 月より適用開始し，違反した場合には巨額の制裁金（最高額：当該企業の全世界年間売上高の 4% または 2,000 万ユーロのいずれか高い方）を課すことになった[3)]。また，民間レベルでは，IBM や米 Novel などが参画し，エクリプス財団が運営するオープンソース方式の「Project Higgins」（Kotler *et al.* 2010）などは，個人がパーソナルデータをコントロールできる情報管理ソフトの開発等によってプライバシー問題を大きく改善しようとしているがそれらの更なる進展と普及が待たれる。

2. 国際市場参入障壁の低下

デジタル化とインターネットの普及は，様々なオンライン・プラットフォームを出現させた。そのことで取引コストが劇的に下がり，参入障壁が低くなったことにより，世界中の個人，起業家，既存企業による新しいビジネスモデルの実験と参入を促進している。例えば，eBay 社は世界最大級のオンライン・ショッピング・プラットフォーム兼オークションサイト（現在 1.7 億人のアクティブユーザーを有し，約 11 億の常時出品あり[4)]）を提供しており，零細企業でも個人でもリアルな販売網を持たなくても国際取引を可能としている。また，キックスターター（Kickstarter）社は，起業家と出資者を結びつけるクラウドファンディング・プラットフォームを提供しており，世界中のクリエイティブな案件に対して，現時点までに約 15 万件の出資プロジェクトを達成している[5]。キヴァ（Kiva）は，オンラインでマイクロファイナンスを提供しているNPOであり，主として新興国の300万人以上の起業家に対してすでに総額12億ドルを超える融資を提供している[6]。オーデスク（oDesk，現Upwork）社は，世界最大の人材クラウドソーシングのプラットフォームを提供している。同社は米国だけで約5千7百万人のフリーランスを擁しており，翻訳，文書作成をはじめ，ICT関連，データサイエンス，デザイン，マーケティング，会計，法務等，ほとんどのビジネス領域をカバーしている[7]。世界の起業家はeBayやアマゾンを利用することでサプライヤー探しも可能である。こうしたオンライン・プラットフォームを活用することで，世界の優れた起業家たちは，短期間のうちに「マイクロ多国籍企業」[8] ないしボーン・グローバル企業に成長する可能性を持つのである。

3. 物理的物体のバーチャル化や物的流通の無用化[9]

デジタル化は多くの物理的な物体をバーチャルな品物に変換する。例えば，デジタルメディアは，CDやDVD，それに印刷媒体を駆逐してしまう。また，3Dプリンターも多くの物的製品の販売と物流に革命を起こす。具体例を挙げれば，近い将来，靴，宝飾品，各種道具などの多くは，電子ファイルの形で販売され，購入者が自宅や近くのコンビニなどにある3Dプリンターでプリントアウトするようになるであろう。例えば，米シェイプウェイズ（Shapeways）社[10]はインターネット上のプラットホームを提供しており，3Dプリンターで作製可能な製品（現在のところ，主に宝飾品や各種道具）の開発，製造，設計図販売等を行っている。

他方，近年，3Dプリンティングで使用可能な素材と適用領域は急速に拡大化しており，スピードも高速化してきている。すでに自動車部品や航空機部品の製造，住宅や橋梁の建設，さらには米NASAから宇宙ステーションへの部品ファイルの送付と作製実験などが行われている[11]。今後，様々な分野での3Dプリンティングによる物流の無用化が進んでくることは間違いないであろう。

4. 情報社会のグローバルな繋がり

世界の人口は約76億人で，うち40億人（総人口の53%）がインターネットにオンラインで繋がっている[12)]。また，携帯電話とスマートフォンのユーザーは約51億人で，総人口の68%を占めている。世界のインターネット人口普及率は経済発展段階にほぼ比例しており，先進諸国は非常に高く（例：北ヨーロッパ94%，西ヨーロッパ90%，北米88%，日本93%），発展途上諸国（例：東ヨーロッパ74%，南米68%，東南アジア58%）はそれに次いでおり，アフリカ諸国等の最貧国地域（例：西アフリカ39%，東アフリカ27%，中央アフリカ12%）はまだ低い。しかし，近年，アフリカ諸国も平均すると毎年20%増加と急速に普及してきている。こうした情報のつながりは，すでに世界中の人々や企業，そして都市や国家の政治・経済・社会・文化に巨大な影響を与えている。先進国ではもちろんのこと，今後は発展途上国においてその影響はより劇的に高まる可能性が高い。例えば，インターネット普及がまだ遅れているアフリカ諸国においても，すでに小規模農家に対して，様々な言語とメッセージ手段（音声，SMSを含む）を駆使した優良な農業実践情報，天気予報，市場情報の提供にとどまらず，金融サービスやサプライチェーン関連情報も提供する高度な統合プラットフォーム企業が急速に成長している[13)]。

以上のような驚異的スピードでの新技術・新製品・新情報サービスのグローバルな普及は，企業の出自国や規模や歴史の長さを問わず，世界の起業家にとって大きなチャンスを生むと同時に，すでに新しく激しい企業淘汰の時代に突入していることを意味するものである。他方，それは消費者にとっても，企業からの提供物やサービスに関する情報を多方面から瞬時に収集・比較・選択が可能となったことの恩恵ははかりしれないくらい大きいのである。

第6節　新時代の消費者行動に関するいくつかの仮説

ここでの新時代のマーケティングの予測にあたっては，マクロ経済的側面，技術的側面，経営者行動側面，消費行動側面についてのいくつかの前提的要因を絞ることにしたい（図表10-2参照）。すでに消費者行動側面以外については大方言及しているので，ここでは消費者行動側面に関する諸仮説について若干の考察を加えておきたい。

まず，今日の消費者のインターネット活用については，その便利さの反面，現時点ではまだかなり深刻な個人のプライバシー問題が存在するが，今後の法整備，技術進歩，情報プラットフォーム改革などによって大きな改善が期待される。それらが実現すれば，AIとビッグデータ解析技術の進歩とともに，消費生活をますます便利に，そして人々の繋がりをより広く深くすることが予測される。また，近年のカーシェアリング，Airbnbに代表されるような民泊ビジネス，Uberなどの配車サービス，その他のヒト・モノ・カネ・空間などの有休資産のインターネットを通じた活用などに典型的に見られる人々の様々なシェア価値への気づきがますます広まるであろう。

新時代の消費者行動について，ここで特に注目したいのは，今後のインターネット社会の進展がわれわれの価値観やライフスタイルにどのような影響を及ぼすかについてである。

かつて飽戸弘・松田義幸（1989）は，エイブラハム・マズロー（Maslow 1954, 1968）の欲求の発展段階説やダニエル・ベル（Bell 1973）の脱工業化社会論，エーリッヒ・フロム（Fromm 1976）の所有価値か存在価値かを問う（To Have or To Be）論説などを基礎としながら，時代毎の大衆の共通した欲求とメンタリティ（ハビタスメンタリスという用語で表現された）を3つに区分した。前工業（農業）段階の生理的欲求，工業段階の物的欲求，脱工業化段階の存在・自己実現欲求（ここでは自己開発欲求と読替えられている）がそれである。もちろん脱工業化段階においても人びとの生理的欲求と物的欲求が無くなる訳ではなく相対的にそれらの重要度が下がり，遂には存在・自己開発欲求が最も重視されるようになることを示唆している。そして現代の我々は工業段階から脱工業化段階に進む途上にあると指摘された。果たして脱工業化段階では，多くの人々は物質主義的生活を抑制して自己実現（ないし存在欲求）の実現に向かうのであろうか。そうであれば，地球環境の危機も少しは救われる可能性がある。

他方，フィリップ・コトラー（Kotler 2017）は，デジタル革命が起こっている現代において，SNSなどを通して自己実現に邁進する人々[14)]が増加することで「総表現化社会」[15)]が到来したと述べている。また，人々が世界中の情報に瞬時に触れることが可能となったことで，自国における社会文化的活動の

図表 10-2　先進国を中心とする近未来のマーケティング（消費財）

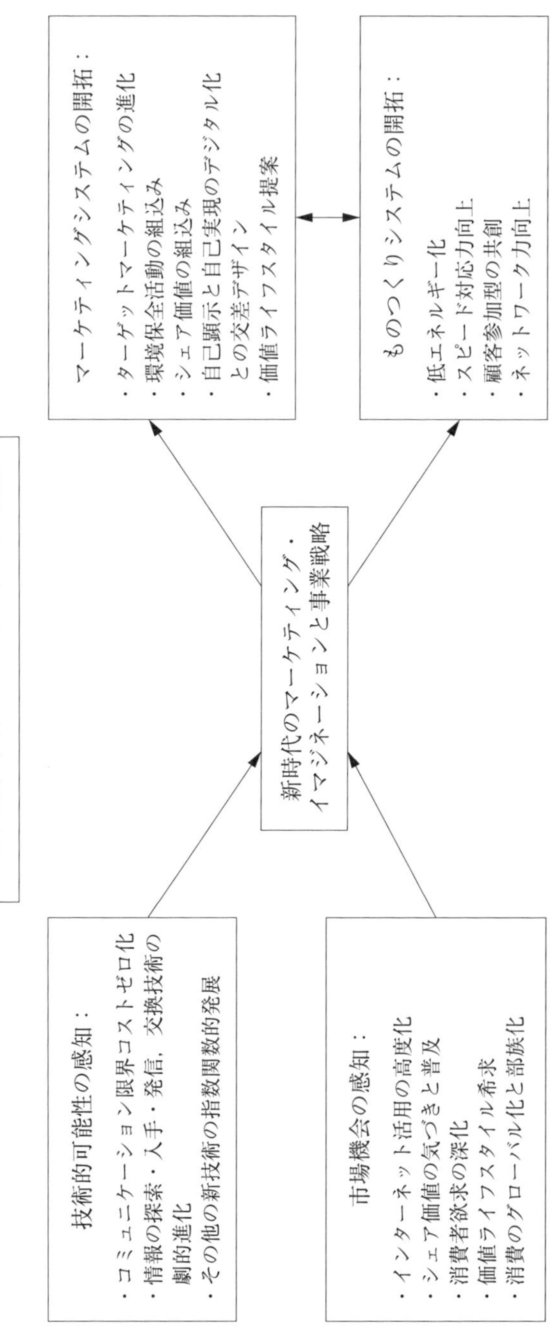

出典：筆者作成。

みならず地球社会のサステナビリティ問題に対する企業の取組みへの関心をますます高めていることから，企業は消費者の精神にまで訴求する「価値主導のマーケティング」の実践を必要としていると説き，それをマーケティング3.0の時代と呼んでいる。コトラーはこのようなデジタル革命時代の消費者の自己表現化と社会文化的価値重視という環境下においては，自己顕示や自己実現とデジタル化が交差するところに新しいマーケティングの可能性が存在するという重要なヒントを与えている[16)]。

他方，コトラーはグローバル時代に求められる企業の現地適応行動の必要性を示唆している。すなわち，彼はベンジャミン・バーバー（Barber 1995）が主張するグローバル主義と部族主義の対立と並存というグローバル化のパラドックス説を引いて，「グローバル化は均一な文化ではなく，多様な文化を生み出し，またグローバル化は普遍的なグローバル文化を生み出す一方で，同時にそれに対抗する力である伝統的文化を強化する」[17)]と指摘する。さらに，グローバル化は時として反グローバリズムを生み出すが，それはグローバル化の中で多くの人が不安を感じており，対立する価値を同時に抱えているからに他ならないと言う。このパラドックスへの対応について，彼はチャールズ・ハンディによる次のような指摘にヒントを求めた。すなわち，人々は普遍的なグローバル文化に適応しようとすると同時に，「生活の中で継続性の感覚を求め，他の人々との繋がりを求め，ローカルな共同体や社会に溶け込むようになる」[18)]。こうしたことを背景に，企業はローカルな共同体の継続性や繋がり，社会的課題に対して真摯に対処する姿勢を鮮明に示す必要があることを指摘している[19)]。このように見ると，多国籍企業はグローバルな特質を持つ製品やサービスを提供する場合であっても，均一的なグローバル標準化を推し進めるのではなく，適切な現地適応化行動を導くことに繋がる子会社パースペクティブからの戦略の熟慮が必要であることを理解できよう。

第７節　新時代のマーケティングを考える

ここでは前節で見たような予測の前提要因を基礎として，先進国を中心とする新時代の消費財マーケティングについて考察したい。

筆者はかねてよりShanchez（1999）を参考としながら，「マーケティング・

イマジネーションを起点とする市場志向経営の分析枠組」を提示している。筆者の基本的な概念的分析フレームは，要約すると，起業家（または企業家）による「市場機会の感知」と「技術的可能性の感知」の下に，「マーケティング・イマジネーション」を働かせて，「事業戦略構築」へと進み，その枠組みのなかで「マーケティングともの作りの相互依存的なシステム」が開拓され，最終的に「標的市場への製品・サービスのオファー」が行われる。そして，「市場での経験と情報が，市場および技術の再評価と元の事業戦略にフィードバック」されていくというものである（諸上 2013）。

本節での新時代の消費財マーケティング予測では，図表 10-2 に示しているように，まず次のようなマクロ経済的要因を前提としている。今後の「先進国中間所得層の没落傾向[20]」，「先進国の少子高齢化，市場の成熟化・飽和化[21]」，「地球環境・社会のサステナビリティの危機」の継続である。また，これらの構造的要因は，今後 10 年ほどの間でそれほど大きく変化しないことを仮定している。

そのような前提の下で，今後の技術的可能性としては，先述のような様々な最新技術の指数関数的発展，とりわけコミュニケーションの限界コストのゼロ化と Web3.0[22] とも言われる情報プラットフォーム（劇的に進化した情報の探索・入手・発信・交換とビッグデータの活用基盤など）が新時代のマーケティングを考える上で重要と考えられる。また，新しい消費者市場機会としては，消費者によるインターネット活用生活の更なる高度化，シェア価値の便益への気づき，地球環境・社会の危機への気づき，消費者欲求の深化（物的欲求から精神的欲求の重視へ），消費のグローバル化と同時に起こる部族化[23]（国や地域の文化，伝統，コミュニティー内の繋がり等への希求）のなどへの対応が重要と考えられる。

具体的にどの技術可能性や市場機会に注目するかは，起業家のマーケティング・イマジネーションやビジネスセンスに掛かっている。これから先の 10 年ほどの間に，どのような大起業家の名が出てくるかはわからないが，はっきりしていることは新時代の有望技術にいち早く目をつけて世界を変えようとする意志とイマジネーション力を持つ人であることは間違いないであろう。産業革命以来の大起業家と言われた人たちは，ほぼ例外なく新時代の技術を果敢に取り入れたイノベーターたちであった。現代でも，「世界を変えた起業家」と言われるスティーブ・ジョブズ（アップル社），ジェフ・ベゾス（アマゾン・

ドット・コム社)，ラリー・ペイジ（グーグル社)，マーク・ザッカーバーグ（フェイスブック社)，イーロン・マスク（テスラ社，スペースX社)，マーク・ベニオフ（セールスフォース・ドットコム社）ブライアン・チェスキー（エアビーアンドビー社）なども最新技術を基にしたアイデアや発明が彼らのマーケティング・イマジネーションを掻き立てたことは想像にかたくない[24)]。

マーケティング・イマジネーションは事業部戦略として個別具体的な戦略に落とし込まれる。ここでは，来たる新時代のより一般的な技術可能性と市場機会の見込みから考えられる，先進国を中心とする消費財マーケティングについて考察しよう。

まず，我々の地球環境・社会がサステナビリティ問題に直面しており，中長期的に見てもその急速な改善が見込まれない中，経営者たちは経営理念として先述のような経済的責任，社会的責任，環境的責任を合わせて果たす，トリプル・ボトムラインの経営思想を戦略の中にしっかりと組み込まねばならないであろう。そこでの企業のコスト／パフォーマンスの問題は，先述のポーターらの提唱しているCSVすなわち企業と社会の共通価値創造の模索などが大きな役割を果たすことになるだろう。その上での新技術の活用と市場創造・市場適応ということになる。

ここでは，第1に，新時代のマーケティング開拓の方策として，「ターゲットマーケティングの進化」，「環境保全活動の組込み」，「シェア価値の組込み」，「自己顕示と自己実現のデジタル化との交差デザイン」，「価値ライフスタイル提案」について検討したい。

「環境保全活動の事業戦略への組込み」については，すでに先進国消費者の多くの人々がますます環境問題にセンシティブになっていることから，企業の基本的な社会的責任とレピュテーションの必須条件となるであろう。世界の人々から敬愛されるサステナブル企業では，自社の開発・生産・販売・物流活動はもちろんのこと，全サプライチェーンを通じた透明性の高い環境保全活動の推進が行われるであろう。

「ターゲットマーケティングの進化」であるが，周知のようにすでに多くの企業においてビッグデータを活用したターゲティング活動が行われている。今後の最大の課題は，顧客のプライバシーをどのように確保するのか，特に個客データの無断統合による個客プロファイリングの制限を制度化し，顧客自身による自らの情報管理などを保障する事であろう。現在のように個人データの提供と使用の許諾についての極めて読みにくく理解し難い説明（契約文）に一括同意を求めるのでは，消費者に個人データの扱いが正確に伝わっていない。また無断で二次的，三次的なプロファイリングが行われて活用・販売されることの危険性などがほとんど理解されていない。今後，プライバシーの問題は消費者にとって最も深刻な懸念事項になるであろう。これへの対応を誤ると，グーグル，アマゾン，フェイスブック，アップル（いわゆるGAFA）などの情報プラットフォーム企業やその他の消費者情報の提供企業は，顧客の大規模な離反を招くことになろう。今後のビッグデータ，AIなどを活用したターゲットマーケティングの進化については，まずプライバシー問題をより明確にクリアーすることが必須であろう。その上でターゲットマーケティングの精度をより上げることで企業と顧客の両方にとっての真に豊かな利便性とベネフィットを高めると同時に，行き過ぎたセグメンテーションやターゲティングでより広い潜在顧客を取りこぼさない方策が重要であろう。ここでもAIが力を発揮することになろう。

「シェア価値の組込み」は，先述のような様々な有休資産（ヒト，モノ，カネ，時間，空間など）のインターネットを通じたビジネス活用である。こうしたシェア価値活用の広がりは，1つには，先進国における格差拡大と中間層の所得低迷と無関係では無いであろう。経済的な余裕の無さが貸し手と借り手の双方のニーズを生み出していると考えられる。もう1つは現代人が多くのモノやサービスについて所有価値をかけがいの無い価値と考えるのではなく，他人と共有することによる使用価値で十分満たされることに気づいたことが大きいであろう。まだ少数だが，他人とシェアすることで地球資源やエネルギーの使用を抑制しようとすることが動機となっている人も存在するであろう。今後，こうした認識やビジネスがますます広まり，社会的文化の1つとしてより重要な位置を占めてくるであろう。

「自己顕示と自己実現のデジタル化との交差デザイン」は，先述ようにコトラーがマーケティング3.0社会において有効になると示唆したものである。コトラーが言うように，すでに今日のインターネット社会では人々が承認欲求の充足を求めてインターネットを通じて自己表現にはげむようになっており，まさに「総表現化社会」の様相を呈している[25)]。人々の消費は機能消費にとどまらず，人間関係のなかでの自己顕示，自己表現の手段としての重要性を持つ。その次の，より高度な欲求は自己実現（存在欲求）であろう。本来の自己実現の概念は他者との比較は殆ど重要性を持たないのであり，その領域に達する人びとは全人口のほんの数パーセント（1％とも言われている）であろう（Maslow 1968）。より多くの人々にとっては，欲求水準が上がったとしても，現実的には自己顕示と自己実現の両方が重要であり続けるだろうというのがコトラーの読みであろう。本来，二律背反的な性格を持つ自己顕示と自己実現をマーケティング戦略に組み込むことは容易なことではないが，マーケターにとってはチャレンジングな課題であろう。例えば，芸術家，発明家，科学者の世界などではその2つの欲求が同時に満たされるのかもしれない。だが，マーケティングは人口の1％の本来の自己実現者だけを相手にする訳には行かない。現状には満足せずより高次の欲求実現を求める多くの人々に対して，自己顕示と自己実現の価値を同時に感じることができる製品やサービスを提供することが求められよう。デジタル技術を活用した製品のカスタマイゼーションや3Dプリンターを利用するCIY（Create It Yourself），その他の様々なクリエイティブな作業などがこの部類に入るであろう（Flynn and Vencat 2012）。芸術性や創造性はAIやロボティクスが最も苦手とする世界である。

「価値ライフスタイル提案」は，価値主導のマーケティングにおいて有効となる。コトラーの言うマーケティング3.0の社会では，社会文化的活動を支援している企業をますます多くの消費者が支持するようになる[26)]。先進国では一般的に，環境，健康，プライバシー，雇用と格差の問題などが重要であり，また，国や地域によって個別の社会的課題も存在する。例えば，企業は自らが関係する地域の環境保全に役立つ活動を事業戦略の内に組み込むことが重要であることは言うまでもないが，同時に，消費者に対して環境に良いライフスタイルを積極的に提案し，共同で実行するエコシステムを作ることが望ましい。そうしたライフスタイルやエコシステムの構築は，ひいては地球環境のサステナビリティ向上へのアイデアと経験値の提供に繋がるであろう。国際的活動では，フェアトレード認証制度の利用，地球環境に配慮したエシカル調達などがますます重要となるであろう。地域活動では，健康的な地産地消や地域の伝統・智慧の尊重を推奨するスローフード運動[27)]や健康と環境を志向するライフスタイルを意味するLOHAS（Life Styles of Health and Sustainability）運動[28)]などとの協働が必要かもしれない。こうした環境と健康に配慮した活動の重要性は言を俟たないが，これから先は，マズロー説のより高次の欲求充足へと消費者をいざなうこと，すなわち消費者欲求の深化を支援する消費者ライフスタイルの提案が有効となる可能性が高い。とりわけ自己開発欲求や文化的消費（間々田 2016）の充足や支援を企業のビジネスに組み込むことが有効となるであろう。

第2に，上述のマーケティングシステムの開拓と密接な関連を有するモノ作りシステムの開拓についても言及しておきたい。

まずは，現在のペースでの世界人口の増加と経済成長を前提とすると，我々が近い将来において地球環境の危機と資源枯渇のますますの深刻化に悩まされることは避け難いであろう。その危険性を軽減するためには，安全で効率性の高い再生可能エネルギー・システムの開発・普及が急務である。同時に，生産と消費における低エネルギー化が必須であろう。このことは先進国と途上国の共通の大きな課題である。新時代のマーケティングに対応するモノ作りシステムは，当然のことながらこれらを第1に考慮しなければならないであろう。

その上で，新しい技術基盤（ここでは特にコミュニケーション関連）と新しい市場機会の存在を念頭において考えると，今後ますます世界中からの豊富な情報の即時的な収集・発信・交換が可能となることから，消費者行動の多様性の増大と変化のスピードがさらに速まるであろう。これに対応するために，企業は市場情報の感知能力の向上とスピード対応能力を一段と磨かなければならない。だが，これは一企業の努力だけでは間に合わないことが多いであろう。そこで重要となる1つの有力な手段が，顧客参加型の企業と消費者の共創（Co-Creation）である。こうした共創によって企業は消費者から彼らの知識，アイデア，選好を学べるだけではなく，共創の継続的プロセスから信頼，コミットメント，消費者ロイヤルティを獲得し，またリスク削減とコスト効率性を高めることが可能となる。一方，消費者はエンパワーメント，満足，学習，個人的経験などを得ることができると指摘される（Martinez-Cnas *et al.* 2016）。また，今日のコミュニケーション・プラットフォームを活用することで，企業と消費者の共創はバーチャル・コミュニティ上でも充分に機能し得るので，地域や国境を超えた共創が可能である。特に，消費者の参加意欲は社会的価値やエシカル価値のある製品やサービスの開発において高まる傾向にある（Martinez-Cnas *et al.* 2016）。これは，コトラーが予測する価値主導のマーケティング3.0とも親和性が高い。

企業の市場感知能力とスピード対応能力を高める手段の1つとしては，国際的なネットワーク力の向上を挙げることが出来よう。消費者との共創も重要であるが，販売チャネル構成企業，サプライヤーなどとのサプライネットワーク全体の協働を含めた，企業が持つ総合的ネットワーク力が重要であることは言うまでもない。

最後に，国際マーケティングにおいては，上述のようなマーケティングとモノ作りシステムの国境をまたぐ調整と統合が重要である事を強調しておかなければならない。そうした課題の重要性に関しては，本書において理論的，実証的に検討している通りである。特に，影響力の大きい多国籍企業は地球環境と進出先国社会のサステナビリティをこれまで以上に重視する質の高いグローバル調整を行わなければならない。そして，デジタル化時代において多くの産業がますますオープン化し，変化のスピードを速めることが予測されることから，国際的生産ネットワークのより柔軟な構築力を鍛えて行かなければならないであろう。そして技術進歩が驚異的に早く，この先の変化がよく見えない不確実性の高い市場では，本書でも強調されたような実験的学習を通じた市場適応力（アダプティブ・ケイパビリティ）がより重要となってくるであろう。その為には，企業は社員，サプライヤー，販売業者，顧客，株主，NPO，大学，リアルおよびバーチャルな国際的技術者集団，行政機関などの全ての利害関係者とのより強力な国際的協働ネットワークを構築・強化することで，市場感知ケイパビリティを一層鍛えていかなければならないであろう。そして，上述のような新時代に求められる国際マーケティングケイパビリティの強化の前提として，何よりも，世界の人々から敬愛される経営理念と行動を真摯に貫こうとする企業姿勢が大事であろう。

［注］

1）　総務省統計局《http://www.stat.go.jp/koukou/trivia/bigdata.html》(2018年6月22日)。
2）　明神　知「Big data 第1回ビッグデータとは」財団法人経済産業調査会「特許ニュース」No.13250, 2013年参照。
3）　JETRO（日本貿易振興機構）ブリュッセル事務所（2016）「EU一般データ保護規則（GDPR）に関わる実務ハンドブック（入門編）」。《https://www.jetro.go.jp/ext_images/_Reports/01/dcfcebc8265a8943/20160084.pdf》(2018年9月6日)。
4）　《https://www.ebay.co.jp/start/advantage-ebay/cbt-business-trend/》(2018年11月3日)。
5）　《https://www.kickstarter.com/?lang=ja》(2018年11月3日)。
6）　《https://www.kiva.org/about http://kivajapan.org/docs/?page=QuickGuide&action=statistics》(2018年11月3日)。
7）　《https://www.upwork.com/press/2018/10/31/freelancing-in-america-2018/》(2018年11月6日)。

8）　Dobbs *et al.*（2015）訳書 17 頁。
9）　Dobbs *et al.*（2015）訳書 77-78 頁。
10）　米シェイプウェイズ社，《https://www.shapeways.com》（2018 年 9 月 6 日）。
11）　米 NASA から宇宙ステーションへの部品ファイルの送付と作製実験などが行われている。《https://idarts.co.jp/3dp/made-in-space-emails-wrench/》：《https://idarts.co.jp/3dp/tag/made-in-space/》（2018 年 8 月 15 日）。
12）　We Are Social and Hootsuite（2018），*Digital Around The World in 2018*（世界各国のインターネット関連統計データをまとめたデータブック）。《https://wearesocial.com/blog/2018/01/global-digital-report-2018》（2018 年 9 月 6 日）。
13）　MfonobongNsehe（2017），"30 Most Promising Young Enterpreneurs IN Africa 2017," Forbes.com March 13, 2017.《https://www.forbes.com/sites/mfonobongnsehe/2017/03/13/30-most-promising-young-entrepreneurs-in-africa-2017/#1e000f42346a》（2018 年 8 月 25 日）。
14）　コトラーは，マズローの欲求の階層では自己実現よりも低次の欲求とされる承認欲求の充足を求める人々も，「自己実現に邁進する人」に含めている（Kotler（2017）訳書，Kindle 版，No.817-869/2486）。
15）　Kotler（2017）訳書，No.837/2486。
16）　Kotler（2017）訳書，No.871/2486。
17）　Kotler *et al.*（2010）訳書，32 頁。
18）　Kotler *et al.*（2010）訳書，33 頁。引用元のチャールズ・ハンディの文献：Charles Handy（1994），*The Age of Paradox*, Harvard Business School Press, Boston.
19）　Kotler *et al.*（2010）訳書，33 頁。
20）　Mckinsey Global Institute（2017），"Technology, Jobs and the future of Work".《https://www.mckinsey.com/featured-insights/employment-and-growth/technology-jobs-and-the-future-of-work》（2018 年 8 月 21 日）。
21）　Dobbs *et al.*（2015）訳書，104-135 頁参照。内閣府ホームページ「高齢化の現状と将来像」《http://www8.cao.go.jp/kourei/whitepaper/w-2017/html/zenbun/s1_1_1.html》（2018 年 9 月 2 日）。
22）　高崎晴夫（2010）「Web3.0 時代の展望と課題」KDDI 総研 R&A5 月号，KDDI-RA-201005-01-PRT.pdf。
23）　Barber（1995）訳書。
24）　Forbes Japan 編集部「世界を変えた起業家―経営者 30 人の凄い言葉」2017 年 4 月 8 日《https://forbesjapan.com/articles/detail/15816/3/1/1》（2018 年 8 月 15 日）。
25）　Kotler（2017）訳書，No.837/2486。
26）　Kotler *et al.*（2010）訳書，178-179 頁。
27）　《https://www.slowfood.com および http://www.slowfood-nippon.jp》（2018 年 8 月 18 日）。
28）　《http://www.lohas.se/wp-content/uploads/2015/07/Understanding-the-LOHAS-Consumer-11_LOHAS_Whole_Foods_Version.pdf》（2018 年 8 月 18 日）。

[参考文献]

飽戸弘・松田義幸（1989）『ゆとり時代のライフスタイル』日本経済新聞社。

Barber, B.（1995），*Jihad vs. McWorld: How the Planet Is Both Falling Apart and Coming Together and What This Means for Democracy*, Crown.（鈴木主税訳（1997）『ジハード対マックワールド』三田出版会。）

Bell, D. (1973), *The Coming of the Post-Industrial Society*, London & NY: Basic Books.(内田忠彦訳(1975)『脱工業化社会の到来：社会予想の一つの試み(上・下)』ダイヤモンド社。)

Brynjolfsson, E. and A. McAfee (2014), *The Second Machine Age: Work, Progress, and Prosperity in a Time of Brilliant Technologies*, W. W. Norton & Company.(村井章子訳(2016)『ザ・セカンド・マシン・エイジ』日経BP社。)

Diamandis, P. H. and S. Kotler (2012), *Abundance: The Future Is Better Than You Think*, Free press.(熊谷玲美訳(2014)『楽観主義者の未来予測―テクノロジーの爆発的進化が世界を豊かにする(上)・(下)』早川書房。)

Dobbs, R., J. Manyika and J. Woetzel (2015), *No Ordinary Disruption: The Four Global Forces Breaking*, PublicAffairs.(吉良直人訳(2017)『マッキンゼーが予測する未来』ダイヤモンド社。)

Dong Laney (2001), "Application Delivery Strategies," META Group, File 949.

Elkinton, J. (1997), *Cannibals with Forks: The Triple Bottom Line of 21st Century Business*, Capstone Publishing Ltd.

Ford, M. (2015), *Rise of the Robots: Technology and the Threat of a Jobless Future*, Basic Books.(松本剛史訳(2016)『ロボットの脅威―人の仕事がなくなる日―』日本経済新聞社。)

Fromm, E. (1976), *To Have or to Be?*, HarperCollins.(佐野哲郎(1977)『生きるということ』紀伊國屋書店。)

Flynn, A. and E. F. Vencat (2012), *Custom Nation: Why Customization Is the Future of Business and How to Profit From It*, BenBella Books.(和田美樹訳(2014)『カスタマイズ：特注をビジネスにする新戦略』CCCメディアハウス。)

Gore, A. (2006), *An Inconvenient Truth: The Planetary Emergency of Global Warming and What We Can Do About It*, Rodale Books.(枝廣淳子訳(2007)『不都合な真実』ランダムハウス講談社。)

Kotler, P., H. Kartajaya and I. Setiawan (2010), *Marketing 3.0: From Products to Customers to the Human Spirit*, Wiley.(恩蔵直人監訳, 藤井清美訳(2010)『コトラーのマーケティング3.0：ソーシャル・メディア時代の新法則』朝日新聞出版。)

Kotler, P. (2017), *JAPAN AND THE FUTURE OF MARKETING*.(鳥山正博監訳, 大野和基訳『マーケティングの未来と日本』KADOKAWA, Kindle版。)

Martinez-Cnas, R., P. Ruiz-Palomino, J. Linuesa-Langoreo and J. J. Blazquez-Resino (2016), "Consumer Participation in Co-Creation: An Enlightening Model of Causes and Effects Based on Ethical Values and Transcendent Motives," *Frontiers in Psychology*, 26 : pp.1-17.

Maslow, A. H. (1954), *Motivation and Personality*, Harper & Brothers.(小口忠彦訳(1987)『人間性の心理学：モチベーションとパーソナリティ(改訂新版)』産能大学出版部。)

――― (1968), *Toward a Psychology of Being*, 2nd ed., Van Nostrand.(上田吉一訳(1998)『完全なる人間：魂のめざすもの(第2版)』誠信書房。)

間々田孝夫(2016)『21世紀の消費：無謀, 絶望, そして希望』ミネルバ書房。

Meadows, D. H., D. L. Meadows, J. Randers and W. W. Behrens III. (1972), *The Limits to Growth*, New York: Universe Books.(大来佐武郎監訳(1972)『成長の限界―ローマ・クラブ人類の危機レポート―』ダイヤモンド社。)

諸上茂登(2013)『国際マーケティング講義』同文舘出版。

中野孝次(1992)『清貧の思想』草思社。

Porter, M. E. and M. R. Kramer (2006), "Strategy and Society: The Link Between

Competitive Advantage and Corporate Social Responsibility," *Harvard Business Review* 84, pp.78-85.

Porter, M. E. and M. R. Kramer (2011), "Creating Shared Value," *Harvard Business Review* 89, pp.2-17.

Reich, R. B. (2008), *Supercapitalism: The Transformation of Business, Democracy and Everyday Life*, Vintage.（雨宮寛・今井章子訳（2008）『暴走する資本主義』東洋経済新報社。）

Reich, R. B. (2015), *Saving Capitalism: For the Many, Not the Few*, Vintage.（雨宮寛・今井章子訳（2016）『最後の資本主義』東洋経済新報社。）

Rifkin, J. (2014), *The Zero Marginal Cost Society: The Internet of Things, the Collaborative Commons, and the Eclipse of Capitalism*, St. Martin's Griffin.（柴田裕之訳（2015）『限界コストゼロ社会』NHK出版。）

佐伯啓思（2017）『経済成長主義への訣別』新潮社。

Schumacher, E. F. (1975), *Small is Beautiful: Economics as if People Mattered*,（小島慶三監訳，酒井懋訳（1986）『スモール・イズ・ビューティフル』講談社。）

Schumacher, E. F. (1998), *This I Believe, and Other Essays*, Resurgence Books.（酒井懋訳（2000）『スモール・イズ・ビューティフル再論』講談社。）

Shanchez, R. (1999), "Modular architectures in the marketing process," *Journal of Marketing*, 63: pp.92-111.

城田真琴（2015）『パーソナルデータの衝撃：一生を丸裸にされる「情報経済が始まった」ダイヤモンド社。

Stiglitz, J. E. (2015), *The Great Divide: Unequal Societies and What We Can Do About Them*, W. W. Norton & Company.（峯村利哉訳（2015）『世界に分断と対立を撒き散らす経済の罠』徳間書店。）

（諸上茂登）

事項索引
―和文―

人名索引

<編著者紹介>

諸上 茂登（もろかみ しげと）

明治大学商学部教授。明治大学大学院商学研究科博士課程修了。博士（商学）。明治大学商学部助教授，ペンシルバニア大学経営大学院ウォートンスクール客員研究員を経て現職。専門は国際マーケティング論。多国籍企業学会会長，国際ビジネス研究学会常任理事，財団法人貿易奨励会（現・公益財団法人三井物産貿易奨励会）評議員等を歴任。

2019年5月30日　初版発行　《検印省略》
2021年3月25日　初版３刷発行　略称：ケイパビリティ

国際マーケティング・ケイパビリティ
―戦略計画から実行能力へ―

編著者　©諸　上　茂　登

発行者　中　島　治　久

発行所　同文舘出版株式会社
東京都千代田区神田神保町1-41　〒101-0051
電話　営業（03）3294-1801　編集（03）3294-1803
振替　00100-8-42935　http://www.dobunkan.co.jp

Printed in Japan 2019

印刷：萩原印刷
製本：萩原印刷

ISBN 978-4-495-64981-4